JN298003

建築再生へ

リファイン建築の「建築法規」正面突破作戦

青木 茂

建築再生へ

リファイン建築の「建築法規」正面突破作戦

建築資料研究社

はじめに

ここ数年、地球温暖化は人類にとって避けられない問題となってきている。1997年に京都議定書が議決され、建築界も無関心ではいられなくなり、様々な研究が模索され始めた。そのひとつとして建築の長寿命化が盛んに叫ばれ、日本では200年住宅など、設備機器を含めて新たにつくられる建物の研究開発が実績をあげてきている。ただし、既存建物再生の研究と開発は緒に就いたばかりで、それほどの成果は見られない。僕は、建築の長寿命化が叫ばれる以前より、旧い建物を再生させる設計を手掛けて22年が経過する。そして、2001年にそれをリファイン建築と名付け、独自に研究と実践を積み重ねてきたが、建築の長寿命化を模索する中で、どのようなことが障害となっているかを考えてみた。問題は大きくはふたつに分類される。

ひとつ目はクライアントと建築界内部の問題であるが、建物の老朽化に伴い、見てくれが悪くなった、また構造的な懸念があり地震に対して不安だ、設備系統のトラブルが発生する等が建て替え、あるいは新築に踏み切らせる大きな要因となっている。以前に比べれば建築の長寿命化に対する評価の動きは活発化し、国土交通省ではベルカ賞、日本ファシリティマネジメント推進協会では日本ファシリティマネジメント大賞などが設立され、社会的な認知を広めようという動きが高まってきているとはいえ、一般的には建築関係者はスクラップアンドビルドのほうが安上がりであると何の検証もなく考えているし、またそのほうが環境的にも優れていると思われている。ある大手ゼネコンが、築15年ほどのビルを壊し、省エネに対応した新しい本社ビルに建て替えるという話を聞いたが、これは建築がエアコンを取り替えるのと同じ発想でつくられるということであり、それがまだ建築界の一般的な思考だと思われる。

ふたつ目は金融の問題である。金融の世界では借入金の返済が終われば、同時に建物の寿命が尽きたと判断されている。これは、ＪＩＳ規格でコンクリートの寿命が60年と定められていることも一因ではあるが、コンクリートの強度が本当に規定以下に落ちているのか、個々の建物の検証はなされないまま、スクラップアンドビルドとなっている。僕は、リファイン建築を含めた再生建築に積極的な融資がなされるよう制度を変えれば、建築の長寿命化に向けて大きく舵を切ることができるのではないかと考えている。また、景気刺激策として規制緩和による都市改造が行われ、容積率の大幅な緩和によって収益性が大幅にアップすることになり、建て替えが促進される。以上のようなことが、日本の都市がスクラップアンドビルドから抜け出せないでいる原因と考えられる。

これらのことに加えて建築の法規の問題もある。建築基準法は時代と共に改正されてきた。時代が変わればそれに則して法も変わってくるのはある意味で当然のことであるが、近年、建築基準法は姉歯事件を境としてめまぐるしく変わってきた。姉歯事件の余波はそれだけでなく、新築でなければ地震に対して不安だというような風潮に包まれている。しかし、起こらないといわれていた福岡で２００５年に起きた西方沖地震では、新耐震法の下でつくられた建物のほうがダメージが大きく、旧耐震でつくられた両隣の建物は無傷だったという笑えない話もある。僕は、「旧耐震＝壊れる」という認識は間違っているのではないかと思っている。

姉歯事件以降の法は、建築を再生する上で大きなハードルとなってきている。通常、確認申請が受理された後着工し、完成、そして検査済証を取得するが、姉歯事件以前までは、検査済証はたいした意味は持っていなかった。リファイン建築において融資を受ける際のひとつの証明としての扱いであった。ところが現在、建築を再生する際に確認申請を提出しようとすると、この価値のなかった検査済証があるかないかが大きな差となってあらわれる。検査済証がない場合は、建設当時の法に基づいて適切な設計や工事が行われたことを証明しなければならない。これを既存不適格建築の証明という。この証明のためには、かなりの労力と費用が必要となる。この著書では、それを乗り越えてきた事例を紹介する。

僕が取り組んできたリファイン建築について、環境への影響の調査はかなり早い時期から進められてきた。２００３年に東京大学清家剛研究室、首都大学東京角田誠研究室、東京理科大学真鍋恒博研究室の３研究室が「福岡市西陵公民館」と集合住宅「イプセ都立大学」（東京都目黒区）のふたつのリファイン建築についてCO_2発生量の調査を行ったところ、同規模のものを新築した場合に比して83％削減できると

◀

CO_2発生量の調査が行われた福岡市西陵公民館（２００３）。そのリファイン前（右）とリファイン後

いう調査結果が出た。今後、地球環境や膨大なストックを考える上で、建築の環境への配慮は欠かせないものとなってきているが、現在日本では、工事過程で発生するCO_2の削減についてはカウントされていない。僕は、リファイン建築におけるCO_2の削減効果を認めていただければ、現政権が抱えている「温暖化ガス25％減」は夢ではなくなると考えている。

以上のような観点より、リファイン建築を行っていく上において、自分自身の中で決まりごとを定めた。

それは、既存建物に対する都市計画法、改正建築基準法を遵守し、また構造の調査を行い、現行法規に適合するまで構造補強を行うと同時に、設備の一新、デザインの向上を行い、野城智也東京大学教授が提唱する工事過程の「家歴書」の作成を行うことである。このことにより、現状の建物の遵法性および構造躯体の信頼性を明確化することができる。結果として、新たに確認申請書を提出し、着工、完成後に検査済証の交付を受けることで、新築と同等の強度と性能を有することができ、ストック活用の促進が期待できる。

今日、日本においてリファイン建築に取り組む際に、いかなる困難の下にこのようなことが行われたかということを、ぜひ、読者の皆さんに理解してほしい。

目次

contents

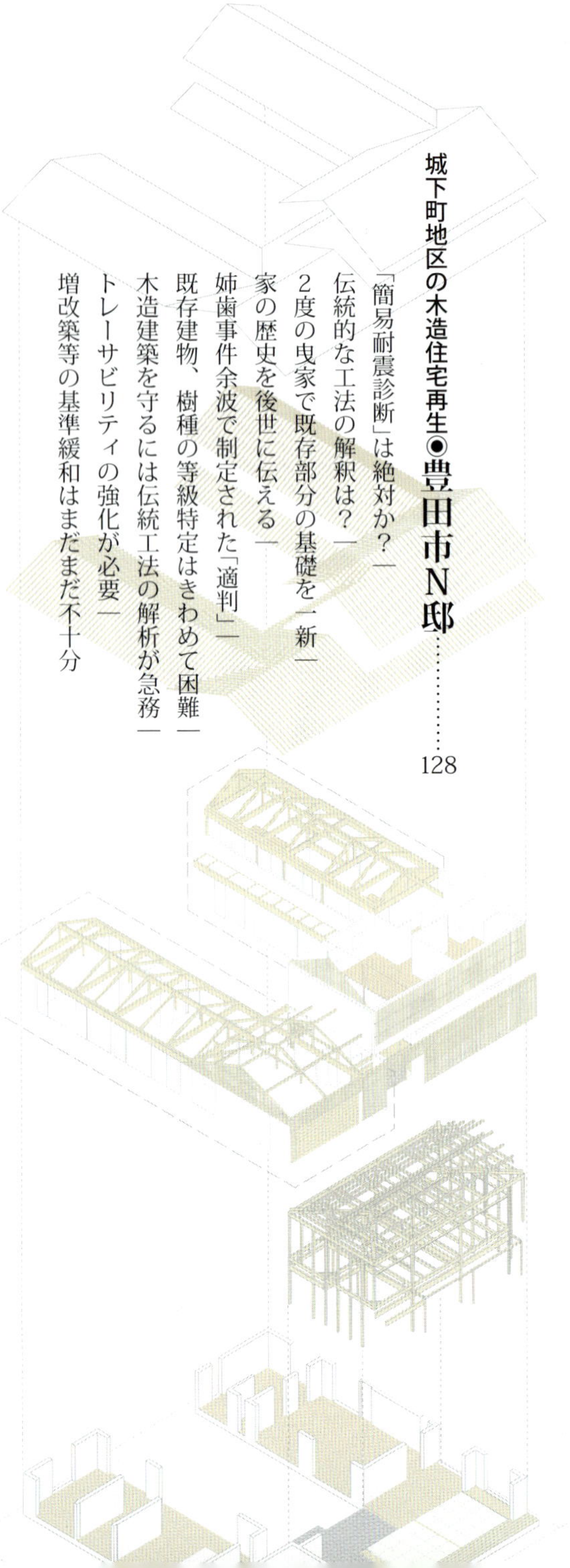

● 1995.1 阪神淡路大震災

● 2005.03.20 福岡県西方沖地震

		既存建物完成時期	既存建物主要用途	依頼が入った時期	初回現地確認	初回提案	計画再開	リファイン後主要用途	設計・監理契約
FTK BLD.		1972年	診療所、個人住宅	2004・09	2004・09	2004・09・09	2006・05	貸店舗、診療所、共同住宅	2007・10
田川後藤寺サクラ園		1966年頃	寄宿舎	2005・09	2005・09	2005・09	2006・06	デイサービス付き高齢者賃貸住宅	2007・10
ルミナスコート壱番館		1969年	共同住宅	2006・09	2006・09・11	2006・10・17	ー	共同住宅	2007・02
福岡市T邸		不明（築約100年）	専用住宅	2005・08	2005・08	2005・08・25	ー	専用住宅	2006・08
豊田市N邸		不明（築約60年）	専用住宅	2007・10・31	2007・10・31	2008・02・14	ー	専用住宅	2008・04
クローチェ神宮前		1968年	事務所	2008・03	2008・03・11	2008・06・05	ー	事務所・店舗	2008・12
高根ハイツ		1963年	共同住宅	2007・10	2007・10・29	2008・03・24	2008・09	共同住宅	2008・09

● 2005.06.01 建築基準法改正

● 2005.11 姉歯元一級建築士構造計算書偽装事件

● 2007.06.20 建築基準法改正

	初回行政協議	確認申請（申請先）	確認済証取得	着工	補助金交付	完了検査	検査済証取得	引き渡し落成	設計期間	完成
	2007・09	2008・06（日本ERI）	2008・07	2008・09	2008・02	2009・05	2009・05	2009・06	2004・09〜2008・08	2009・05
	2007・06・21	2008・8・11（日本ERI）	2008・10・20	2008・11	2007・10	2009・06・16	2009・06・19	2009・06	2007・10〜2008・11	2009・06
	2006・09・13	2007・09・11（千葉市）	2007・12・14	2007・12・15	—	2009・05・25	2009・06・16	2009・06・17	2007・01〜12	2009・06
	2005・08・19	①2007・01・16 計画変更 ②2007・04・10 ③2007・05・15（福岡市）	①2007・03・22 計画変更 ②2007・04・24 ③2007・06・05	2007・04	—	2007・12・18	2007・12・20	2007・12	2006・08〜2007・04	2007・12
	2008・03・12	2008・11・06（豊田市）	2008・12・11	2008・12	—	2009・09・01	2009・09・02	2009・09	2008・04〜12	2009・09
	2008・04・30	①2008・11・18 計画変更 ②2009・06・30（渋谷区）	①2009・02・20 計画変更 ②2009・07・23	2009・02	2009・11	2009・07・27	2009・08・06	2009・07	2008・06〜11	2009・07
	2007・11・02	①2009・02・24（中野区） ②2009・03・30（日本ERI）	2009・05・19	2009・07	—	2010・01・08	2010・01・14	2010・01	2008・09〜2009・05	2010・01

被災建物をリファイン

FTK BLD.

FTK BLD. リファイン計画

◉計画の概要

一日1万人が行き交う六甲本通商店街の中心部に医院建築があった。この地域は 1995 年の阪神淡路大震災で多大な被害を受けたが、震災で残った建物がわずかながらあり、そのひとつがこの建物。ふたつの医院が運営されていたが、近年、入院の受け入れを取りやめて外来診療のみとしたことによる規模縮小に伴い、この機会に「被災を知る古い建物を再生しながら、地域を活性化させたい」というクライアントの強い思いから計画がスタートした。

◉旧建物の状況

既存建物は 1972 年に建設された鉄筋コンクリート造および鉄骨造の5階建て。被災で既存建物のＬ字型平面コーナー部分に応力が集中し、被害が大きかった。そこで、コーナー部分を解体、５階建て部分と２階建て部分の２棟に切り離し、それぞれ個別の建物として耐震診断を行うことで、効率よく耐震性能の向上を図った。

◉設計のポイント

増築は容積率いっぱいとせずに、構造基準で定められた限界の既存面積の 1/2 以内の増築にとどめ、アーケードと連続した中間領域を生み出した。アーケードに面した1、２階は店舗。奥の店舗はアーケードと連続した中庭に面することにより、高い賃料設定が可能となった。３～５階の共同住宅へのアプローチは店舗部分とは別に設けている。

プロローグ――大震災を乗り越えて

２００４年夏、神戸のお医者さんより、インターネットでリファイン建築を知り、相談したいという連絡があり、おうかがいすることにした。

場所は神戸市灘区森後町３丁目の「六甲本通商店街」と呼ばれるアーケード街の中で、クライアントは古くからこの地域に密着して耳鼻咽喉科を開業しているご主人と、産婦人科開業医の奥様というお医者様のご夫婦であった。電話をくださったのはご子息の和雄さんで、当時、京都大学医学部の助教授をされているということであった。入院患者の受け入れを取りやめたことによる規模縮小に伴い、この機会に「震災を知る旧い建物を再生しながら、地域を活性化させたい」という強い思いをうかがった。

現地を訪れ、ありったけの資料と建物本体を見せてもらった。周辺は、時間の経過からか阪神淡路大震災の爪痕は表面上はまったくなくなっており、穏やかな商店街に見えた。隣には大きなスーパーマーケットの建設が始まっており、これが出来上がると、この敷地は商店街のアーケードを通過してしか工事ができないと教えられた。

地震の被害を受けた地区におけるリファインは初めての経験で、この建物がどのような被害を受けているかは表層だけでは判断できないが、仕上げの上から見るかぎりにおいては、梁や柱といった主要構造部にはそれほどの被害はないように思えた。しかし、階段室等の裏側に回ってみると、壁面に相当クラックが入っており、

リファイン前のアーケード側外観

かなりのダメージがあることが推測された。
その日の夜は丁重なもてなしを受け、夕食をいただきながら楽しい時間を過ごし、新神戸駅のホテルに宿を取ってもらい、後日、提案計画書を提出するということで別れた。翌日、事務所に帰り、すぐさま提案書の内容作成に取りかかった。この提案計画書は、どのような調査が必要か、どれだけの費用がかかるかということを文章で明記したもので、以上のことを了解していただければ基本構想に入ります、と書き添えた。

数日後、計画を進めてほしいとの回答があり、早速、作業に着手した。ちょうどその頃、岐阜の駅前通りで日興コーディアル証券が入っているＮＦビルの工事が竣工を迎える寸前で、ついでといっては何であるが、僕の事務所のヘッドオフィスがある福岡と神戸との距離や時間をあまり感じずに作業を進めていった。

ＮＦビルは、地元の有力ゼネコンである内藤建設が所有しているもので、同社がリファインのモデルとなるようなものをやってみたいということでスタートした。この建物は後述する２００５年の法改正による増築の規制、既存部分の２分の１規定ができる前に計画し着手したので、既存建物と同規模の増築を行い、増築部分に既存部分の耐震補強を負担させるという新しい手法を考案し、完成を見た。この手法はその後、既存面積に対して増築部分が２分の１以下の場合でも、既存躯体と一体化する時は、既存部分も許容応力度を求められることとなり、また、２分の１を超える場合は、現行基準に適合させるという法改正があり、現在は不可能に近い工法となった。許容応力度を求めるということは、既存部分も新築とまったく同じ強

ＮＦビル、リファイン前（右）とリファイン後（岐阜、２００５）

度を要求されることになる。しかし、築年数が異なる建物を同じ強度と認めて計画することは不可能である。以上のような理由でこの手法は1作で終わってしまったが、後に違った手法で再生した事例を扱った。法がどのように決められているのか、われわれにはまったくわからないが、この日興コーディアル証券のビルを見ていただき、コンクリートや地盤の強度が一定以上であれば、2分の1規定があまり意味を持たない、ということを考えてもらいたいと思っている。

基本構想 ― 計画は中断に継ぐ中断を繰り返した

さて、船曳医院であるが、当初、スクラップアンドビルド、つまり新築案も検討してみたが、この建物へのアプローチはアーケード街の商店街をまたいでのこととなり、解体に伴う廃材の排出や、また解体のための建設機械、新しくつくるための杭打ち機やレッカー車など大型の建設機材の持ち込みは、かなりのコストと時間を費やすことが徐々に明らかになったため、基本的には既存建物をリファインし、敷地内に増築を行い、クライアントの条件を満足させることがベストであると判断し、基本構想をまとめて提出することとした。

リファイン建築の場合、通常、敷地の状況の都市計画法や建築基準法の調査を行い提案するが、ここではそれと同時に、この建物をリファインし増築を行うことよって収益性が見込めるかどうかが大きな鍵となったため、基本構想の提案資料作成には、そのことの検討に大きな時間を費やした。

　そして２００４年９月９日、基本構想の第１回プレゼンテーションを行った。敷地内に増築を行い、さらに既存建物の上に増築を行うという提案である。

　資料提出後、クライアントはこれをもとにしばらく親族会議を行い、ずいぶん検討したようであるが、なかなか結論が出なかった。ミニバブルで、建築のコストは右肩上がりになっていたし、提案では１、２階が店舗、３〜５階が賃貸住宅となっていたため、入居者確保への不安が拭いきれなかったのであろう。計画はここで一旦休眠に入ることになった。

　それから１年数ヵ月が経過し、２００６年５月になり、あらためて長男の和雄さんから連絡を受けた。京都駅近くでお会いし、再スタートを切ることとなった。しかし、この１年数ヵ月の間に、２００５年の建築基準法改正があり、大幅な計画変更を余儀なくされたのである。当初の案は、既存建物の軽量化を図った後、その上部に増築を行う計画であったが、これがまったく不可能になっていた。法改正についてクライアントに説明し、その結果収益性が変わることを伝えた。ここでまた、計画はいったん休眠となる。それからさらに約１年半という時間があき、２００７年に再度連絡をいただいた。そして２００５年の法改正に適合した提案書をつくり、プレゼンテーションを行い、２００７年10月に設計契約を締結、ついにリファイン建築初の「震災を知る建物」の設計がスタートした。

　振り返ってみれば、阪神淡路大震災から10年以上の時間が経過し、その間、姉歯事件により建築基準法の厳格化が求められた中、手探りの状況で再度この設計に着

第1回プレゼンテーション案

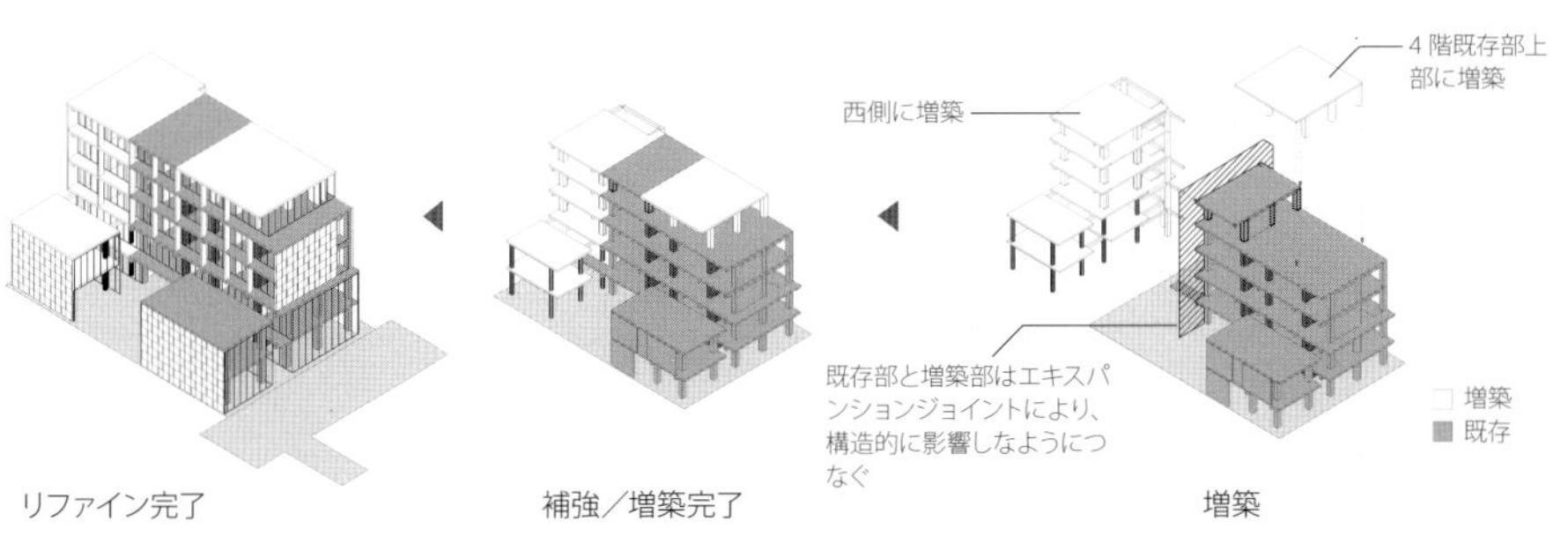

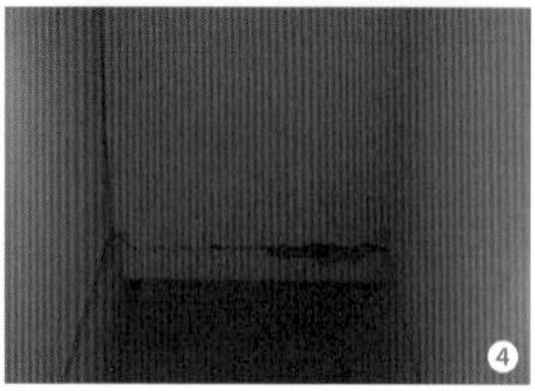

①５階部分もクラックが多かった。塔屋を撤去し、躯体を軽くする
②西側外壁にもクラックが多く見られた
③三角屋根の部分は漏水が原因で、屋根の上に屋根をかけていた。防水をやり直す必要があった
④躯体はクラックが入り、コンクリートが剥離した部分もあった
⑤クラックだけでなく、ジャンカ、コールドジョイント等の欠損も見られた
⑥リファイン前のアーケード側外観
⑦写真③の内部の状況
⑧建物内にもクラックが見られた

手した。

既存建物の調査──図面の3D化で被災状況を正確に把握

既存建物は1972年11月完成で、築36年（2007年当時）を迎えていた。構造図、構造計算書、確認済証、検査済証は保管されていたが、意匠図は一部見つからなかった。これらの資料をもとに、いったんすべての図面をデータ化し、コンピューターで3Dを起こすこととした。この3Dを起こす作業は、後々、すべての建物で行うこととなるが、それはわれわれ意匠設計者、構造設計者、そして現場に入ってからは現場監督をはじめ、この工事に参加するすべての人々に、現在どのような状況であるかを説明するために必要であると考えたからである。このことにより、例えば地震により被害を受けた場所の特定にも有効に働く。復元した意匠図をもとに現場の実測調査を行い、既存部の設計図と実際の建物との不整合などの調整も行い、かなり正確な3Dが出来上がった。同時に、構造調査を行った。各階3ヵ所のコンクリートのコア抜き、圧縮強度試験、各階3ヵ所の柱の破壊検査による鉄筋のかぶり調査、さび調査と配筋調査、コンクリートの中性化検査を行った。また、今回は被災物件のため、さらに既存軀体の被災による劣化状況の確認として一部仕上げを解体し、目視での確認も行い、なるべく正確な被災状況の把握に努めた。特に、既存建物のL字型のコーナー部分は、構造力学上、被災を受けたことが想像できた。

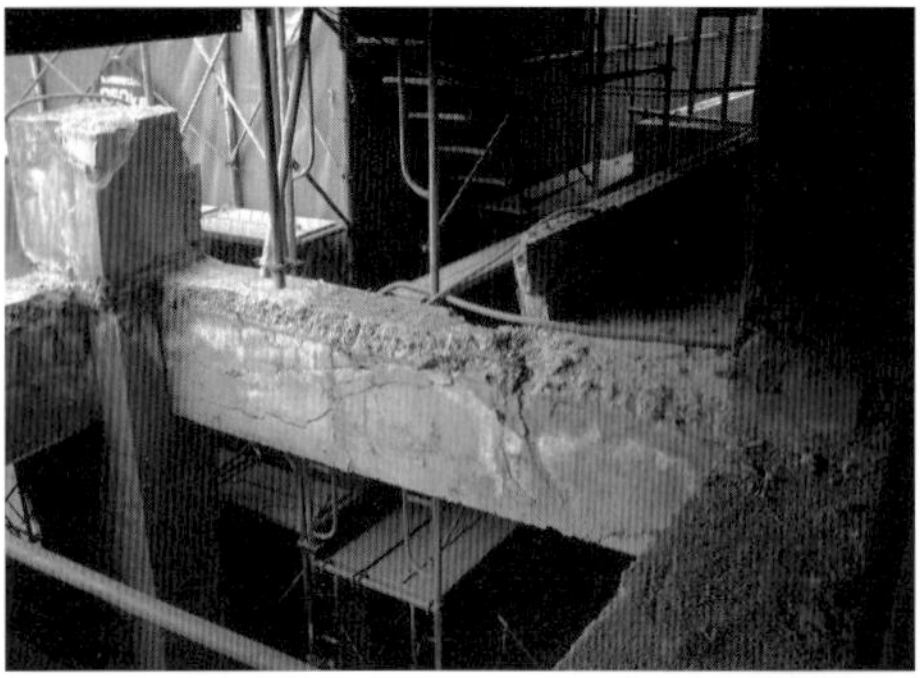

高層と低層の接合部

高層と低層の接合部

仕上げ解体時の軀体状況

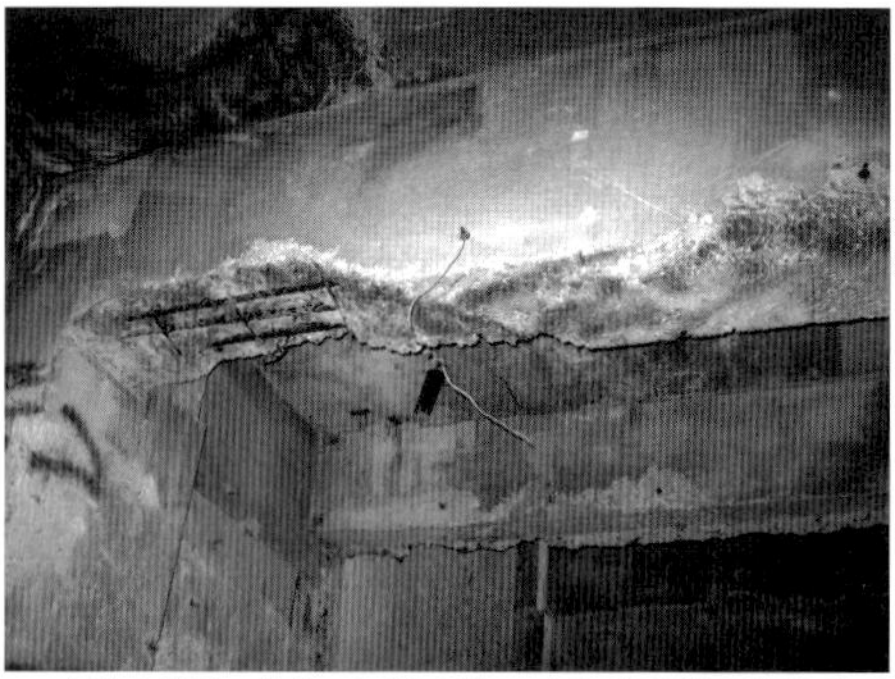

大梁の状況。前施工不備のジャンカによる影響が見られる

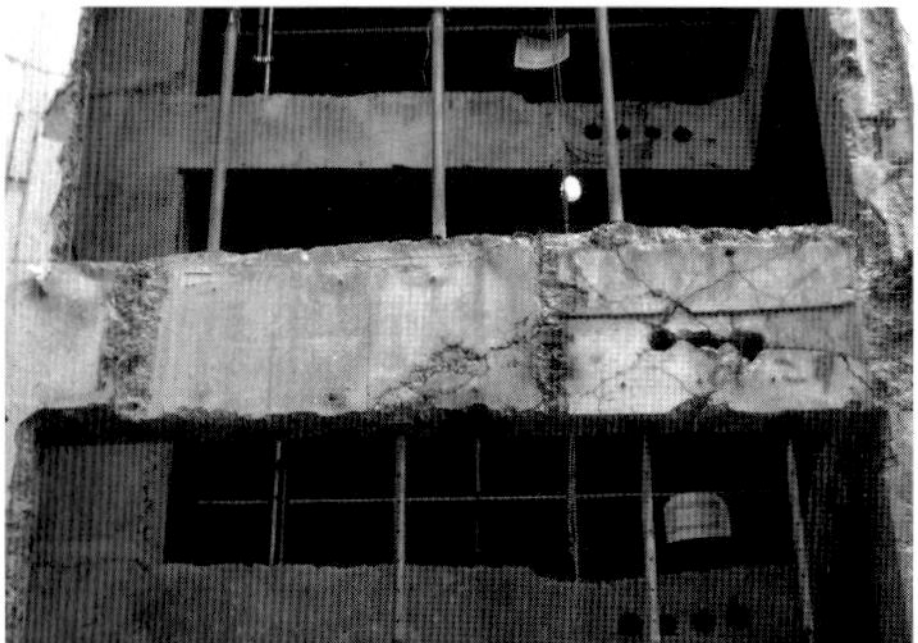

増築部分との接合部

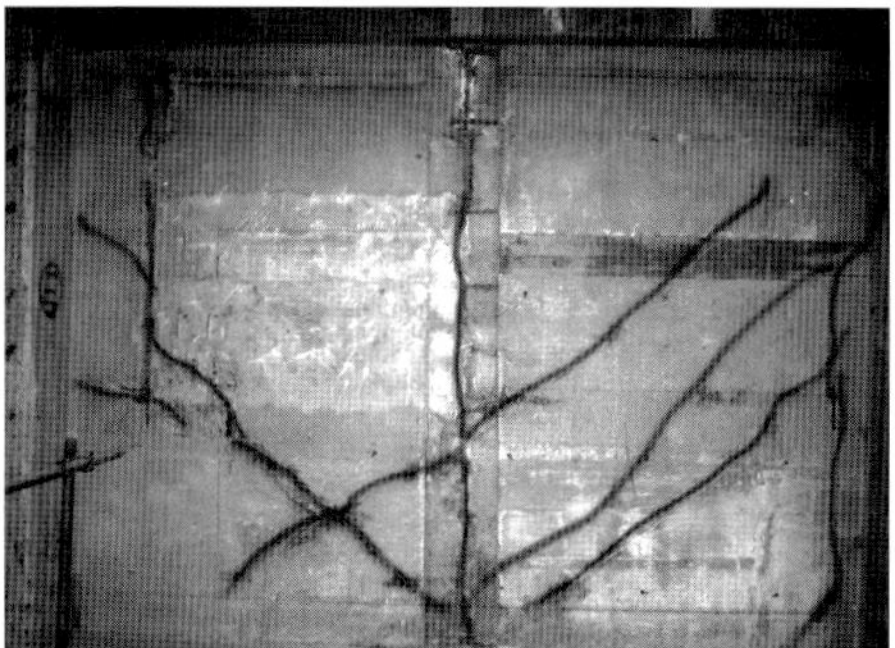

既存耐震壁の状況

このことから、この建物をふたつに切り離すことを当初から計画し、2棟の扱いとして、切り離した部分に階段をつけ、商店街から2階に直接上がれるようにした。近隣の建物がほとんど地震で破壊されたとうかがっていたので、そのことを考慮した上での対策であったが、結果的にこのことは正確な判断であった。コンクリートの圧縮強度は最小値が13・9N／㎟であったため、躯体についてはこれまでと同じ補強手法によりリファイン可能であると判断した。

行政対応 ― 異例づくめの耐震診断で安全性は折り紙付きだが……

リファインを行うためには、まず、既存不適格建築物であるかどうかという確認を行う必要がある。この船曳医院では、確認済証、検査済証があるので、新築当時の建築基準法に基づいて適正に設計され、施工されていることが確認された。

行政協議では、確認済証、検査済証があるということで、既存不適格が証明できた。また、既存部分の現行基準に及ばない構造については、増築部分とはエキスパンションジョイントで切り離し、耐震診断を行い、ＩＳ値（Seismic Index of Structure：耐震指標）0.6以上を確保することを確認した。意匠図に関しては、集団規定についても同様で、建設当時の法に基づいた建物であることが認められ、既存不適格建築であると確認された。以上のことを踏まえて、この計画は進められた。

このプロジェクトでは診療所から店舗、共同住宅への用途変更を行う増築である

右頁
1995年の阪神淡路大震災被災後、倒壊することなく現在まで使用されてきたが、被災による衝撃は少なくなく、建物内外には構造クラック（ひび割れ）が多く見られた。また、被災による構造的な不安があり、クラックからの漏水もあった。だがコンクリート強度の調査を行ったところ、強度は基準値以上に保たれていることがわかった。

ＩＳ値
1981年以前の旧基準の建物は、設計法が現在と異なるため、現在と同様な「保有水平耐力」に基づく方法で耐震性の検討を行うことができない。このため、耐震診断では建物の強度や粘りに加え、その形状や経年状況を考慮した耐震指標ＩＳ値を計算する。耐震改修促進法等では耐震指標の判定基準を0.6以上としており、それ以下の建物については耐震補強の必要性があると判断される。

梁、柱に激しいクラック、ジャンカが見られた

ジャンカ部を取り除き、プライマー処理を行う

梁、両端部の著しい欠損のため鉄板巻き補強を行った

柱頂部の欠損、鉄筋露出のため鉄板巻き補強を行った

ことから、基本的には単体規定ではほぼすべての面において、現行の建築基準法への遡及を行うように指導された。

また、増築面積が既存建物の延床面積の2分の1を超えると、既存部分にも現行法の適合を求められるので、2分の1を超えないように計画を進めていった。このことは、採算性と法の両睨みを行いながら、計画を進めることになった。そして、既存部分も用途変更が発生したこと、また店舗、共同住宅という複合建築物となったため、あらためて確認申請を取得することとなった（建築基準法第6条「建築物の建築等に関する申請及び確認」）。また、増築に関しては、法86条の7「既存の建築物に対する制限の緩和」規定があり、この中で、建築基準法施行令137条の2「構造耐力関係」において2分の1規定（令137条の2　1項1号）を守ることにより、既存建物の増築が可能となった。

増築部分については必然的に現在の新耐震および現行法規の適合が義務づけられるが、既存部分においては耐震改修促進法による基準（IS値0.6以上）をクリアすることによって適法な建築とみなされる。

このことは、次頁の「既存建築物の増・改築ルート」図で示す。

さて、計画を進めるに当たり、L字型の建物のコーナー部分に応力がかかり、ダメージが大きいことを懸念していたが、構造家との対話の中では、切り離さなくても大きな影響はないだろうという判断がなされた。しかし、僕はそのことに対する不安が消えず、やはり地上部分を切り離す計画を立て、1棟の建物を2棟とする計画とした。そのため、この建物は既存部分が2棟となり、2棟部分の耐震診断を行

太矢印は「FTK BLD.」の場合の増・改築の流れ

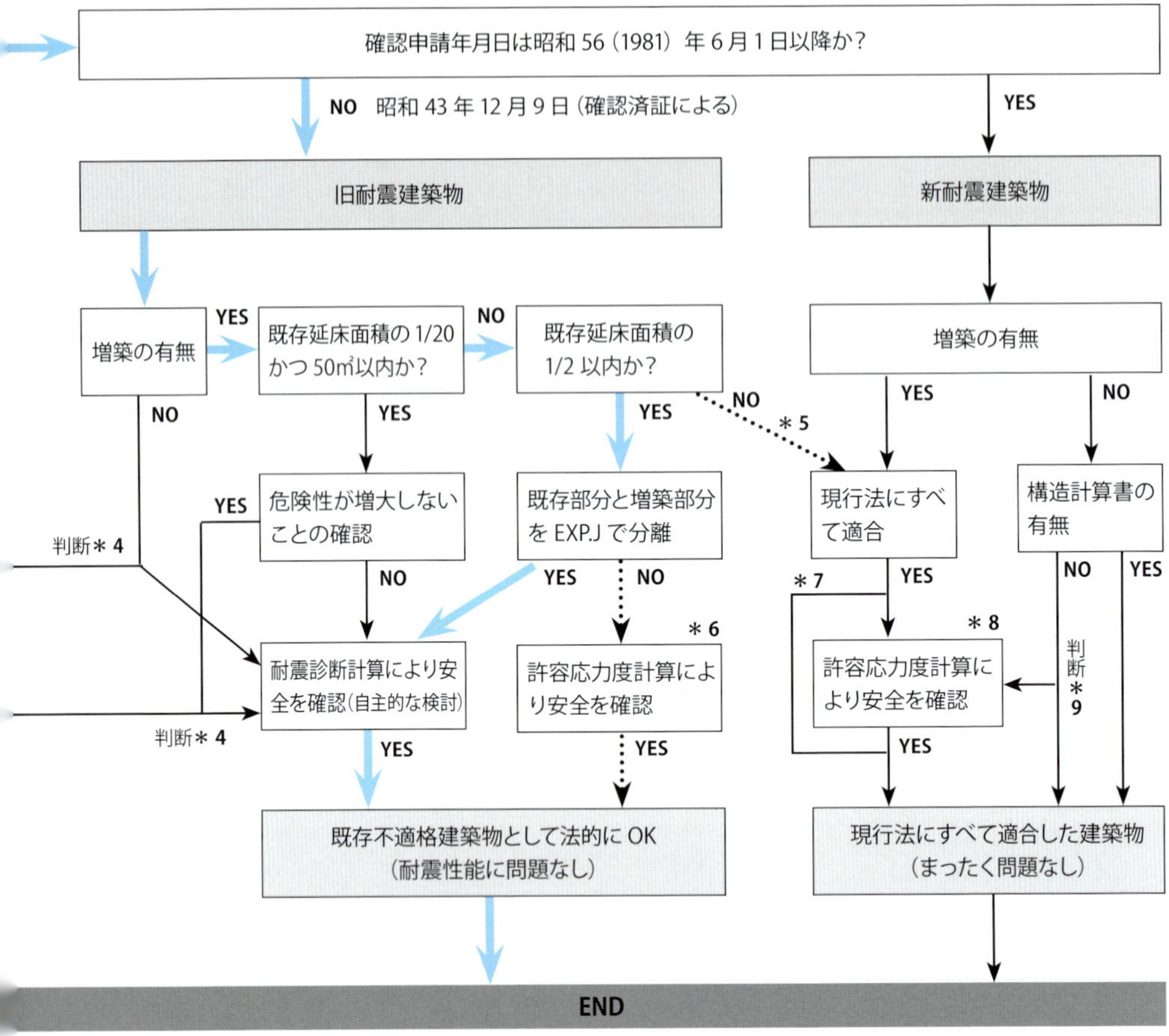

されたことを立証できない（検査済証がない）ため、信憑性に欠ける。

＊4　法的には構造検討なしで設計可能だが、自主的に検討を行って耐震性能を確保することも可能。

＊5　旧耐震建築物を現行法にすべて適合させることは、実質的には不可能な場合が多いと思われる。

＊6　旧耐震建築物を許容応力度計算にて耐震性能を満足させる場合は、比較的壁が多く、かつ 3 階建て程度の小規模な建築物に限られる。

＊7　新耐震建築物に限りエキスパンションジョイント(Exp. J)を設ける等で、既存建築物の検討が不要な場合がある。

＊8　新耐震による設計であっても、設計の考え方によっては満足できない場合もある。

＊9　構造計算書が必要であれば、作成することは可能。ただし、元設計の考え方を復元することは困難なため、補強を要する可能性がある。

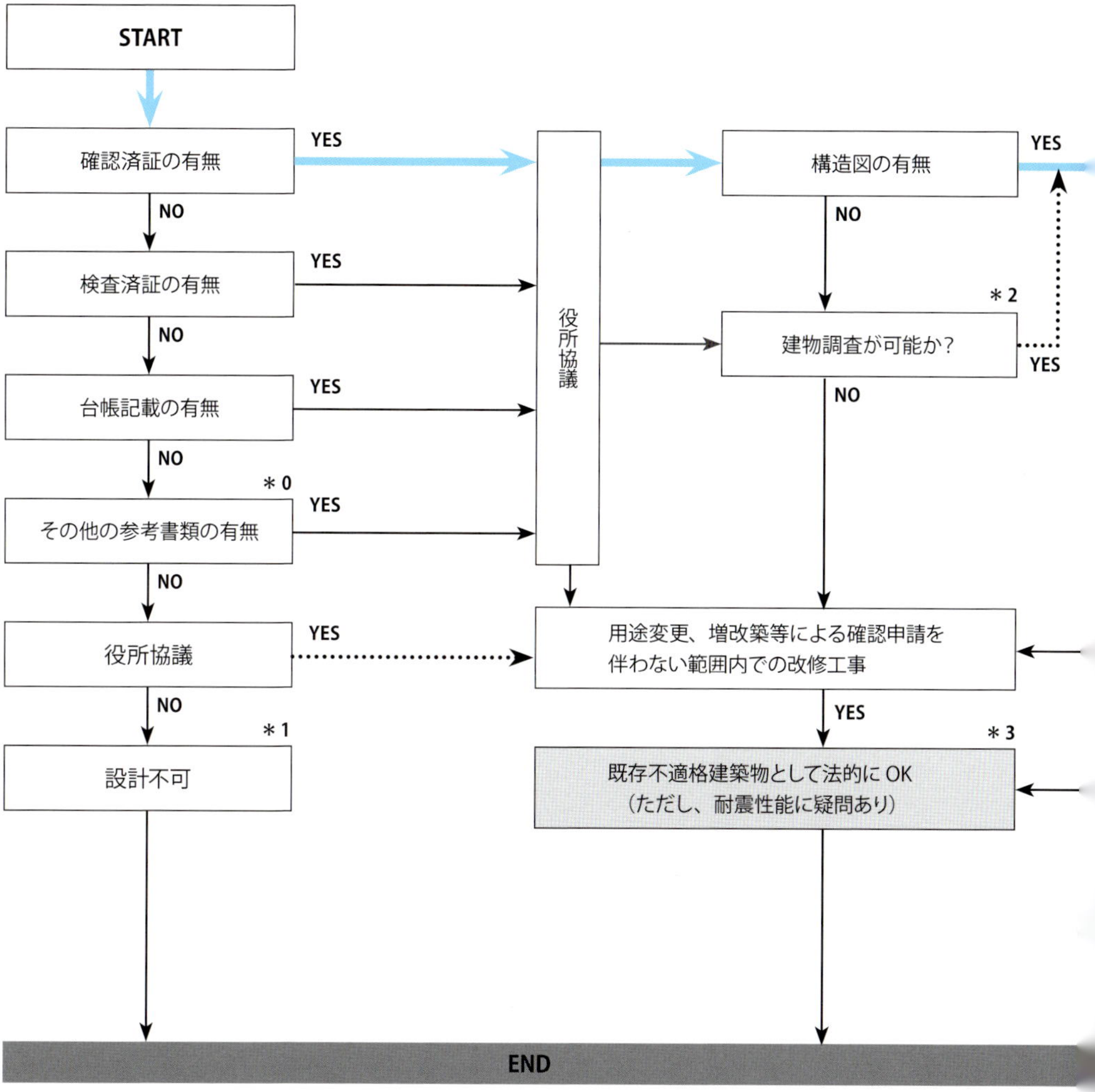

註

このルート図は一般的なものであり、各行政庁や指定確認検査機関によって取り扱いや見解が異なるため、最終的な決定は行政庁や指定確認検査機関との協議が必要となる。
上図で破線で示しているルートの適用は、基本的には困難であると思われる。

参考：平成 17（2005）年 6 月 1 日施行の改正建築基準法・同施行令等の解説

＊0　定期調査報告書などにより既存不適格を判断し、着工日については登記書類、固定資産税の課税証明、航空写真、市町村の地図、電力会社との契約書などを参考とすることができる。
＊1　場合によっては違法建築物扱いとなる可能性も考えられる。
＊2　建物の構造調査は実質的には不可能な場合が多いと思われる。（基礎、配筋調査等）
＊3　既存構造図がある場合に限り、自主的に計算を行い、耐震性能の確認をすることが可能。ただし、構造図通り施工

うことになって、必然的に既存部分の構造計算書も2棟分作成した。

当初、確認申請は神戸市役所に提出する予定であったが、市役所と協議を行ったところ、神戸市においては申請業務はほとんどの建物が民間申請機関に提出しているとの指導を受け、日本ＥＲＩに提出することとした。

日本ＥＲＩでの確認審査は、既存部分の構造に関しては評定が必要となったため、この年設置された日本ＥＲＩ評定部での対応となり、そこで耐震診断は3次診断まで行うようにとの指導を受けた。既存の状態で耐震診断を行い、さらに補強後の耐震診断を行うように求められ、既存建物を切り離して2棟となったために、結局、既存部分の構造軀体に関しては計4回の耐震診断を行うこととなった。増築部と合わせるとこの建物は5度の構造計算を行ったことになる。クライアントにとっては、安心を確認できる作業となるが、われわれ設計者にとっては大きな負担となった。工事が終わった後、このことに関し、追加の構造計算料をクライアントに交渉したが、契約が終わっていたため通用しなかった。

このような複雑な構造の場合、つまり、耐震診断が3次診断までいくようなケースは、評定委員会による評価がほぼ必要となる。評定委員会は大学教授など学識者によって構成されるが、この建物もここの判断を仰ぐこととなった。専門委員会3回と判定委員会1回が開催され、必然的に時間と労力と費用がかかることとなった。このような苦労はクライアントにはなかなか理解が得られにくく、一般の建物と同じような評価しかされない。また、震災に遭った建物やリファイン建築のような再生建築に関しては審査するほうも経験が少ないのが実情であり、専門委員会を3回

アーケード側外観（リファイン前）

リファイン後

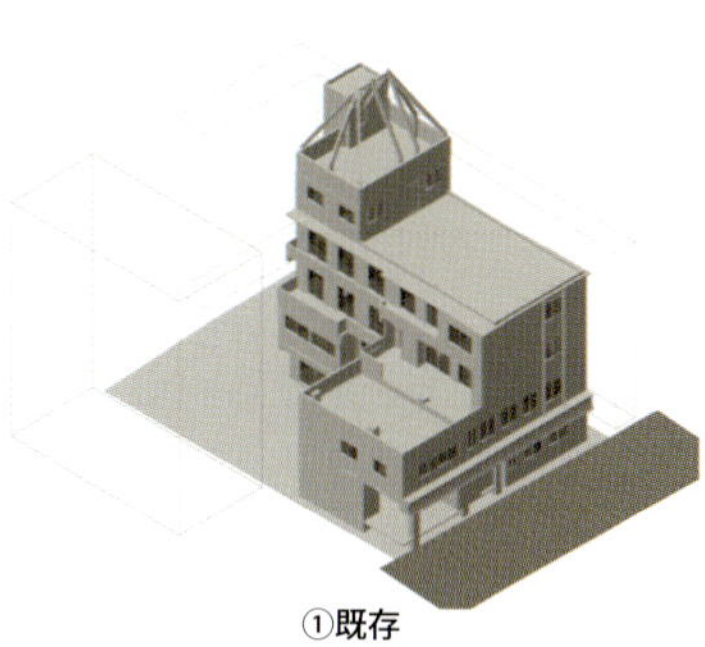

①既存

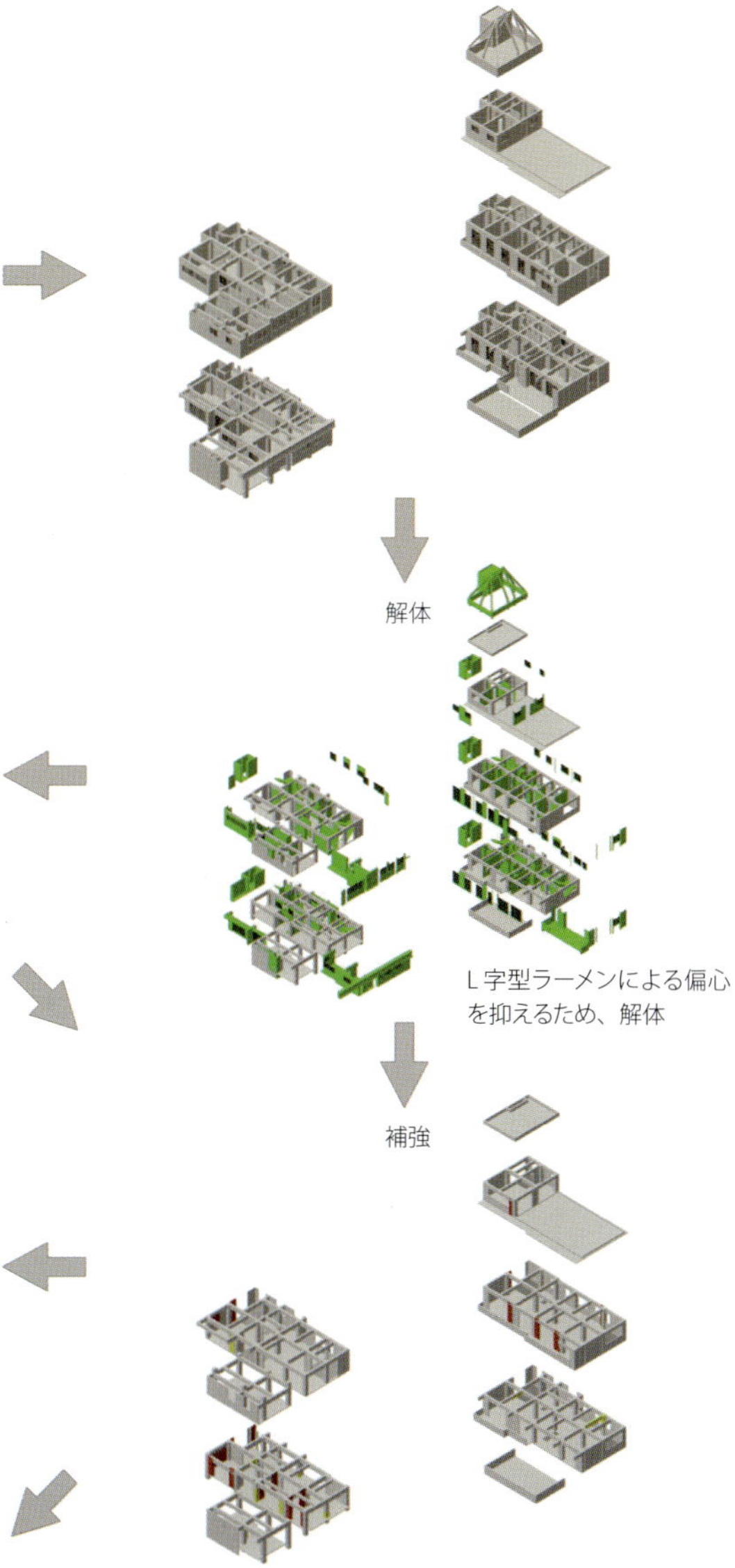

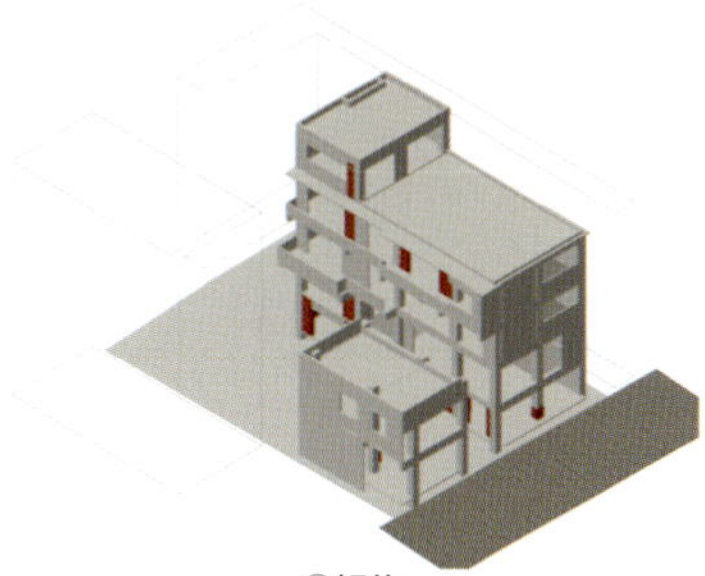

②解体

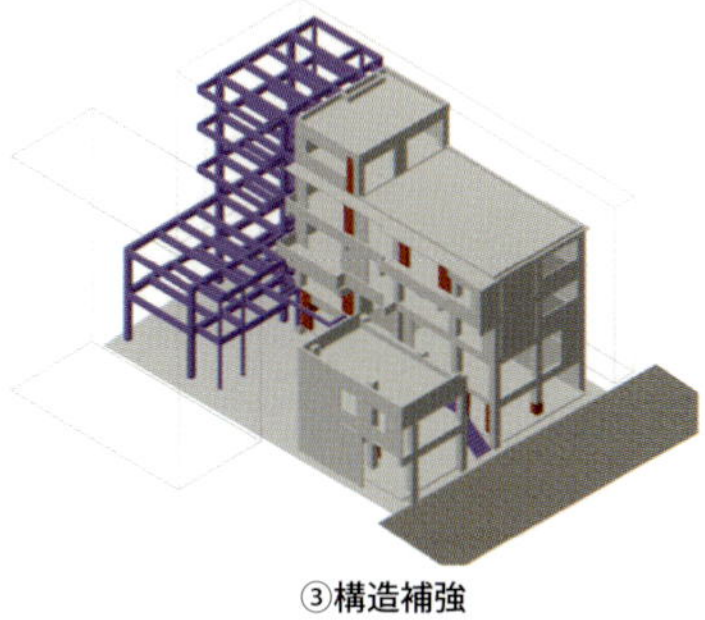

③構造補強

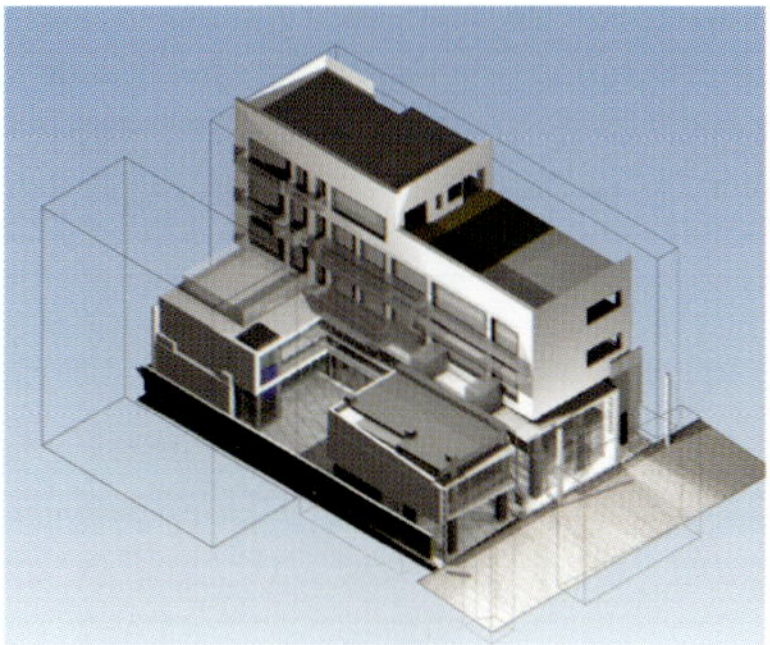

④完成

行うというのは異例のことで、それが建築再生の難しさを示しているのではないか。

耐震診断の中で経年変化の予備比を見るのだが、通常0・98であるところ、被災物件ということもあり、あらかじめ0・95として計算することを求められたことも今回の特徴のひとつである。われわれにとっても、今後経験することはあまりないのでは、と思う事例であった。

構造設計事務所とのやりとりは多岐にわたった。通常、耐震補強は鉄骨ブレースにより補強を行うのが一般的であるが、テナントビル、共同住宅としての機能上、また、商店街に開いている建物というデザイン上の配慮から、大きな耐力壁、ブレース等は可能なかぎりつくらないようにし、耐力壁を分散させながら補強できないかと考えた。同時に、構造上不要な部分は極力解体して建物を軽量化することにより、補強する壁等の少量化に努めた。通常の構造補強とはかなり異なった対処法となり、構造を担当した川崎薫氏にはずいぶんと迷惑をかけた。

特に1、2階の耐力壁の位置については、かなりのやりとりを行い、また、日本ERIの追加指導もあり、プランニングと構造補強、日本ERIとの協議の繰り返しの中で作業を行うこととなった。

リファインのポイント　中庭で敷地の奥行きを逆転利用

次にプランニングについて述べる。既存用途は医院であったが、リファイン後は

右：リファイン前、L字型につながっていた部分の解体工事の様子
左：構造耐力を向上させるためにこの部分を切り離して、2階のデッキウォークへ至る階段を設けた

左頁：リファイン後
上：アーケード側からの外観
下：中庭への導入口。左側奥に見えている壁は既存躯体壁。かつての階段の跡が残っている。被災の記憶を残す壁として、額縁を設けて保存した。床面右下の角には階段下の侵入防止用に既存梁を解体したコンクリート殻を敷き詰めている

医院は一部分でよいとのことで、店舗と共同住宅を付加し用途変更をすることで計画を進めていった。

建物は5階建てだが、アーケードからは1、2階のファサードのみ見えることとなる。そのため、1、2階を店舗として計画し、プライバシーの観点からも、アーケードから見えない3～5階部分を共同住宅とする提案を行った。1、2階の店舗にはアーケードに面して中庭を設け、特にクライアントからの希望もあり、この中庭は商店街のプレイスポットとして活用できるように計画した。また、前述の構造的理由により、L字型の既存建物を切り離した部分に新設階段を設け、アーケードから直接2階のテナントにアクセス可能とした。このようなことにより、奥のテナントにも抵抗感なくアプローチできる計画としている。通常、奥の店舗部分はテナント料が低く設定されるが、ここでは不動産業者のかなり強気な賃料設定を可能としている。

3～5階の共同住宅は、近隣の市場調査を行い、3、4階は単身、DINKSをターゲットとし、5階部分のみ家族向けのバリアフリープランの設計を行った。設計では、既存建物の柱スパンは4～6mとばらつきがあり、耐震補強との兼ね合いも考えながらのプランニングとなった。ニーズに合った面積を確保するために、かなり変形なプランとなり、1フロアすべてタイプの異なる住戸となった。

エレベーターの設置位置については多くの議論を重ねた。まず、テナント部分についてだが、道路正面に階段を設置したことにより生まれる2階デッキウォークへの動線の終点でもある中庭に設置した。このことにより中庭からの回遊する動線を

2階デッキウォークおよび中庭への導入口

左頁
上：リファイン後の中庭側外観。増築部にはエレベーターが設置された
下：2階デッキウォーク

誘発している。エレベーターはガラス貼りとし、アーケードからも動きが視覚的に認識できるように「青」のカラーにて着色した。そして、共同住宅部分についてだが、構造的判断から増築部に設ける必要があり、アーケードから見れば、一番奥に設置することとなった。そのため、必然的にエントランスからエレベーターまでは20mという長い動線となったが、この長さを利用し、セキュリティや自転車置き場を確保し、さらに、このアプローチの壁面に神戸の歴史を刻もうということになった。コンクリート壁に神戸開港から船曳医院開院、そして阪神淡路大震災という過去の記憶を経て当ビルのリファインが完了した現在、そして神戸開港200年の未来までを刻む年表を表し、記憶が風化しないようにしている。また外観は、中庭、店舗へ引き込む動線をそのままデザインとして反映させた。

計画のポイント ― 近隣対応の大切さ

さて、新築であろうがリファインであろうが、確認申請提出時には近隣説明が求められる。これは、事務所の担当者の仕事で、今回は神本豊秋に役割が回ってきた。案内を出して説明会を開くだけでもよいのだが、商店街の中での工事ということもあり、周囲のご理解が必須であると考え、まず、商店会の会長さんをはじめ役員の方々に挨拶に回り、リファイン建築の意義、本物件の計画の説明を十分に行い、近隣説明会を開きたいとお願いした。計画案のパース等をお見せして概要を説明すると、快く理解を示してくれた（2007年2月19日）。中庭を地域のコミュニティスペースとして利用する提案など、クライアントである船曳先生の思いを理解していただき、商店会会長さん自らが一緒に近隣に協力を呼びかけてくれた。そのおかげもあって、あまり大きな混乱もなく近隣説明会が開催された。

近隣説明会においてはパース等の資料をお見せし、説明を行った。このような建物は工事中周囲に大変な迷惑をかけることもあるが、商店街の活性化に大きく寄与することを皆さんに気持ちよく理解していただいた。これは会長さんのご尽力と共に、地域医療に貢献してきたクライアントの船曳さんの人柄等も幸いしたのではないかと考えている。

施工のポイント　追加補強は認定できない？

このようにして現地調査、構造調査、プランニング、デザイン、収支計算、行政対応、近隣合意形成という作業を繰り返し行い、無事、確認申請を取得し、着工することとなった。

現場に入り、まず解体工事を行うのだが、仕上げを剥がしてみると、まるで地震被害建物の教科書に出てくるようなクラック等が数多く見られた。特に現地調査で不安を感じ、構造的に切り離したL字型の部分については、梁が割れてしまい、補修も難しい状況であった。不幸中の幸いか、事前調査の判断が正しかったと証明された格好となった。

解体後、既存躯体が露しとなり、廃墟のようになった姿を見て、クライアントは本当にリファインできるのだろうか、と不安を感じたらしく、また施工会社の現場監督もクライアントの前で「上階でジャンプしたら揺れる。もう壊したほうがよい」という暴言をはいてしまうほど不安に押し潰されていたようだ。そのような不安から現場の雰囲気も悪く、完全にネガティブ思考になり、僕の事務所の担当者とも毎週のように「できない、無理だ」と言い争いになっていたようだ。

僕はそのような不安を緩和するため、あえて現場で「今回のダメージは想定の範囲内」と伝え、このような地震のダメージに対してすべて調査を行い、前施工不備を含めてすべて補修、補強計画を行った。構造設計者と共に建物の全箇所について入念に対策を練っていった。特にダメージの大きいフープ筋が切れてしまった柱、大きなクラックが入った大梁については補修だけでは足らないと判断し、新たに鉄板巻き補強等を行うようにした。本物件は耐震評定委員会の認定を受けていることから、念のため、追加の補強を行うことに対して評定委員会側に質疑を行うことにした。すると、評定は任意評定であり、評定側の判断ではないので、現場の方針の変更等はすべて所轄確認機関（今回の場合は日本ＥＲＩ）に問い合わせてほしいとのことであった。そこで日本ＥＲＩに補強内容をメールで送り、問い合わせたところ、「改修実績の豊富な青木工房と構造設計者が明らかに安全であると判断して補強までしてくれるなら逆にありがたい」という旨のコメントをいただいた。

しかし、その後、メールにて返信があり、「やはりこちらでは問題がないとはいえない。その判断は認定を出した評定委員会がするべきであるため、評定委員会側に聞いてほしい」という、前とは異なる説明があった。驚いて評定委員会に確認したところ、「本物件の認定はあくまで審査時のものであり、補強方法を追加するならば評定の出し直しとする」と伝えられた。評定の出し直しとなると、また数ヵ月の日数がかかり、その間工事がストップすることになる。

判断が覆ったことにさすがに唖然とし、「それではどうすればよいのか？　クライアントは多額の追加費用を払ってでも補強を行うといっている。評定委員会の判断は、評定時のままで補強を行わなくてもよいということか」という旨の質疑を行ったところ、「そうとはいっていない。このようなことを聞かれなければ、問題がないのに」というなんとも歯切れの悪い応答であった。

誰がどう聞いても安全側に働いている補強に対して、工事を止めてまで評定を出し直すという作業は理解しがたいものであった。結局、評定側は、もし審査機関の完了検査時に審査員が問題ありとした場合は、構造担当者が安全であるという見解書をつけることで問題はないと判断とする、ということであった。

後にわかったことだが、実は、日本ＥＲＩへ送ったメールが評定委員会側に転送されており、大丈夫と判断した場合の責任はどちらが取るのか、ということになったようだ。

リファイン建築では、仕上げをいったん解体し、すべてスケルトンとするため、今回のように震災による影響から発生する追加補強のほか、前施工不備による軀体劣化に対する補強も数多く発生する。特に震災の影響がある建物には、補強は必ず

といっていいほど発生すると見ていい。そのたびに評定の出し直しが必要となると、再生のメリットのひとつである工期の短縮という項目がなくなってしまうこととなる。昨今、莫大な数となっている既存不適格建築のストック改善のため、既存建物の改修の促進が進められているが、そうなると改修工事はまったく工期が読めない手法となり、逆に既存建物の改修を抑制する一方となる。

このように、再生建築については法の整備が不十分なところを解決することが、今後の課題であろう。

右頁
2階のテナントを結ぶデッキウォークが中庭を取り囲んでいる。この中庭はオープンカフェや小さなイベントなど、様々な利用が可能だ

エピローグ―現場監督の笑顔

紆余曲折がありながらも、建物は竣工に向かっていった。前述の現場監督も補強が完成し、建物の全容が見え始めると「ジャンプしてもびくともしません」とうれしそうな表情を浮かべ、完成が待ち遠しそうだった。監督さんも最後には、「これから古い建物は必ずリファインするべき」という発言に変わっていた。

この建物に携わったいろいろな人の思いを乗せたまま、震災を知る建物のリファイン建築は完成を迎えた。

生まれ変わった建物は、6月竣工というリーシング的に厳しい時期であったが、テナント、共同住宅とも9割がひと月で埋まった。現在、一テナントを残し満室となっている。中庭は、商店街の催し、近隣の大学の音楽会等にも利用され、地域の

before

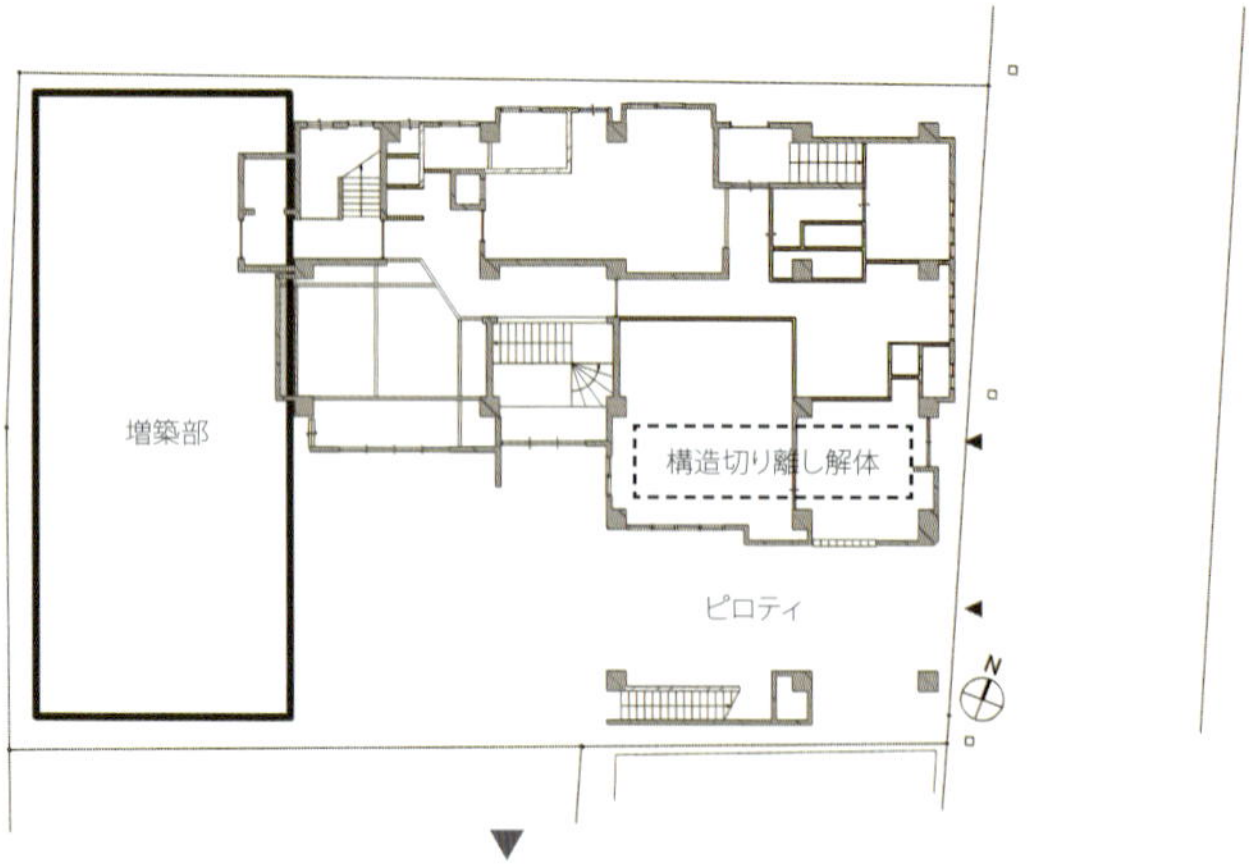
増築部
構造切り離し解体
ピロティ
N

▼

after

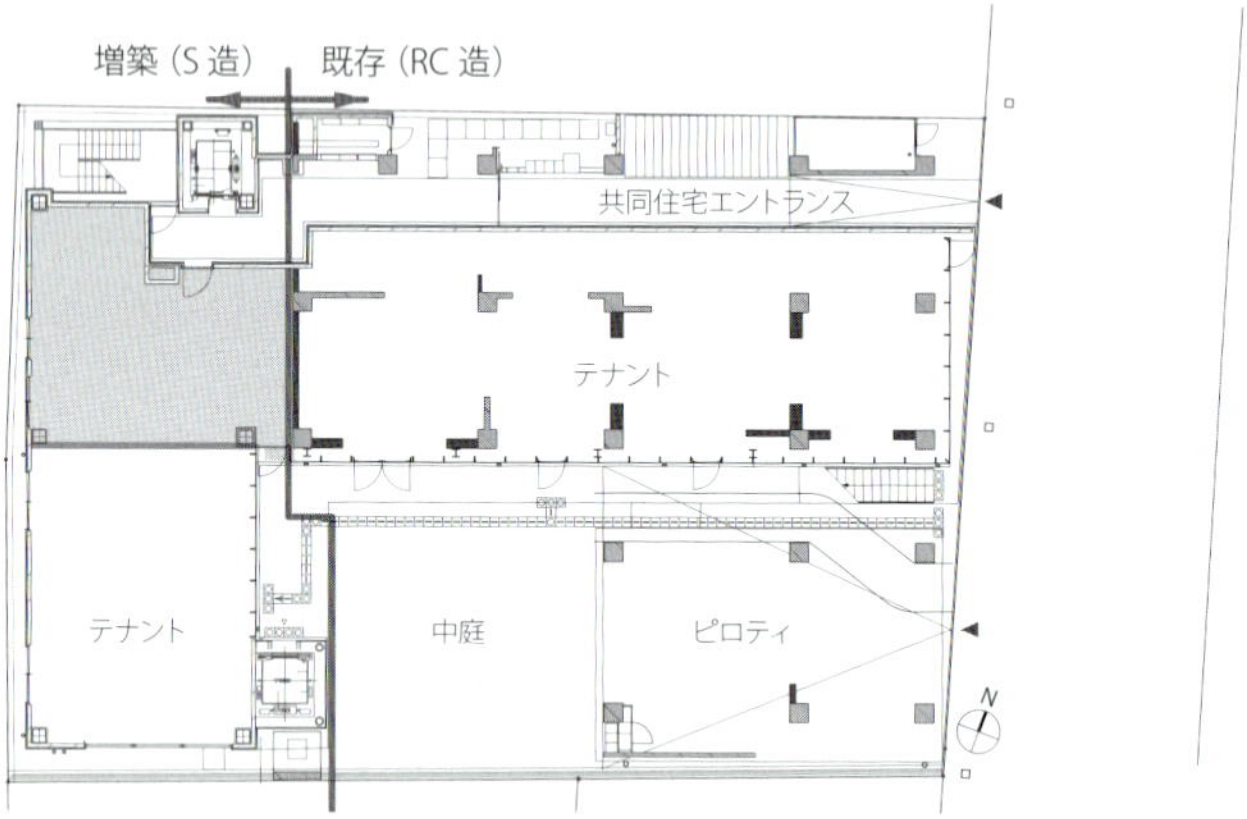
増築（S 造）
既存（RC 造）
共同住宅エントランス
テナント
テナント
中庭
ピロティ
N

1 階平面

顔として動き出している。9月末にはオープンカフェが完成、中庭にも席を設けてもらうようにしている。

生まれ変わったこの建物は今や地域で一番古い建物になった。37年前に竣工し、アーケードができ、阪神淡路大震災を経験し、そして震災復旧した。まさにここ森後地域と共に歩んできた建物である。

この建物はこれまでに、日本ファシリティマネジメント推進協会主催の「JFMA賞」と兵庫県の建築部門の知事賞である「まちづくり賞」のふたつの賞を受賞した。ファシリティマネジメントの視点からもリファイン建築が有効であるということが認められたのである。また、兵庫県のまちづくり賞では、現地審査の折、兵庫県庁に六甲本通商店街の松本会長より直々に推薦状が届いたとの話をうかがった。今回の受賞は、リファイン建築により、船曳先生の希望されていた「地域の活性化に貢献する」「地域に守られる建物」として生まれ変わることができた、ひとつの証として、うれしく思っている。

アーケードの中の光の庭。神戸の歴史、阪神淡路大震災を知るこの建物がリファインにより、地域のコミュニティスペースとして活用され続けることを願っている。

この建物は、2008年に新しく設けられた「住宅・建築物耐震改修モデル事業」に申請し、補助金を取得した。国家が民間の施設に補助金を出すことはまれである。リファイン建築を含む再生建築の励みになることが期待される。

右頁
写真3点：既存軀体を一部解体し、共同住宅のエントランスを新たに設けた。入口からエレベーターホールまでの壁には神戸開港から現代まで、神戸と船曳医院の歴史を刻んでいる

既存建物のファサード右端部（リファイン前）。ここに共同住宅のエントランスを新たに設けた（右頁写真参照）

before ***after***

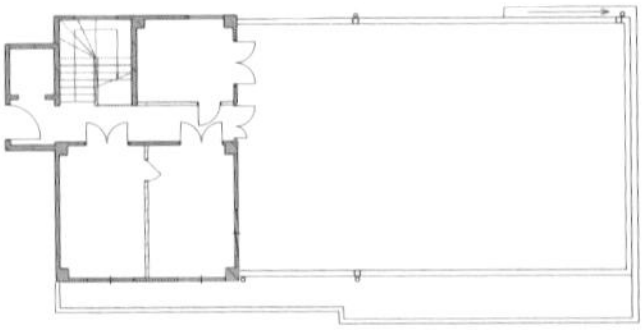

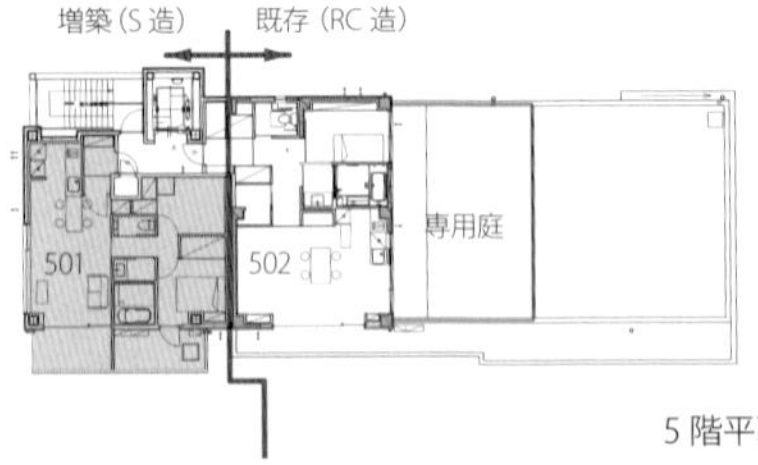
增築（S造）
既存（RC造）
501
502
専用庭

5階平面

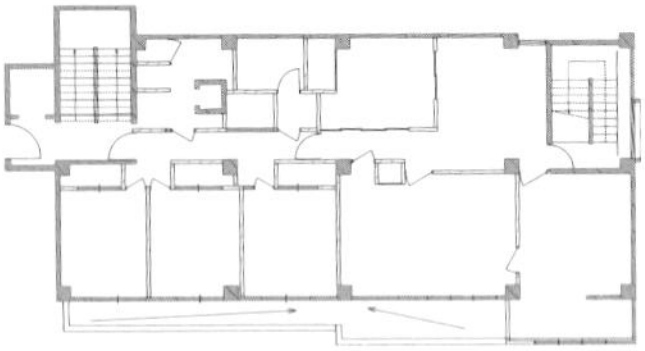

401
402
403
404
405
406
407

4階平面

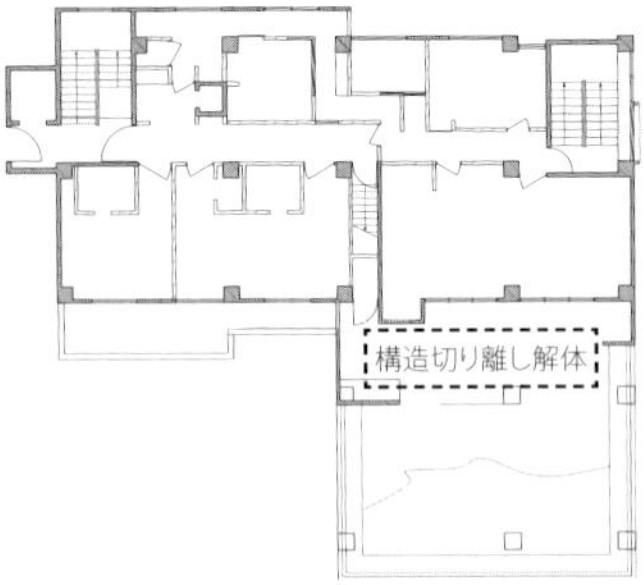
構造切り離し解体

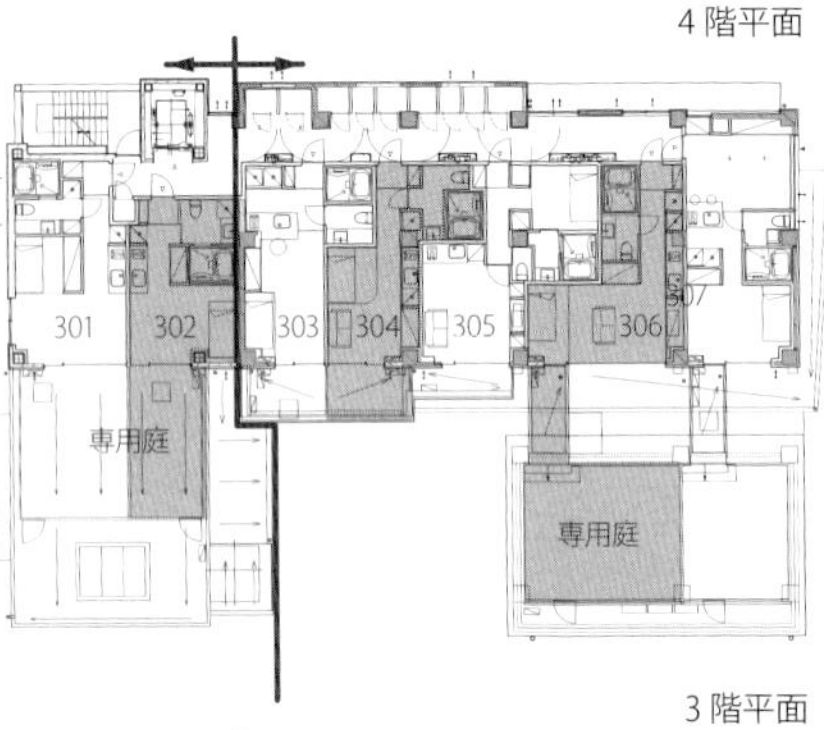
301
302
303
304
305
306
307
専用庭
専用庭

3階平面

構造切り離し解体
N

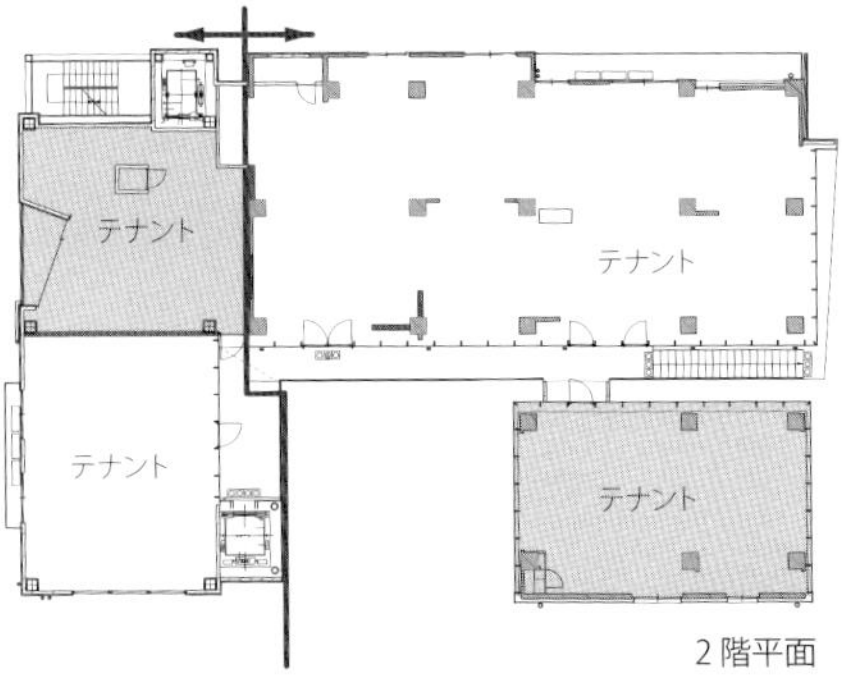
テナント
テナント
テナント
テナント

2階平面

クライアントから見たリファイン建築

船曳和子（産婦人科医、和雄氏の母）
船曳和雄（大阪バイオサイエンス研究所）
山岡淳一郎（ノンフィクション作家）
青木茂

阪神淡路大震災を経験して

船曳和子――阪神淡路大震災当時、私は今回リファインした建物の4階に住んでいました。私はいつも朝早いので、当日ももう起きていて、お風呂から上がったところでした。大きな横揺れと縦揺れが続いてあって、そのうちに電気が消えました。神戸には地震はないと思っていたので本当に驚きました。私は陶器が好きで棚に飾ってあったのですが、「ああ、割れる」と思っても動けないのです。寝室で寝ていた主人に「パパ！」と声をかけたら、「スリッパがほしい」と答えが返ってきました。大型テレビが主人の頭の上を飛び越えて行ったそうです。結局、みんな助かったのですが、部屋は足の踏み場がないほどめちゃくちゃでした。3階は主人がコレクションしていたミニチュアボトルが割れて、お酒のいい香りが長い間抜けませんでした。うちの隣には5階建てのコープのビルがあったのですが、地階と1階が完全に潰れて、いつも暗かったうちの4階が急に明るくなりました。

震災後、この辺りは区画整理地区に指定され、うちのビルには「全壊」というシールが貼られました。私は、「全壊」だったらすぐに潰すものと思っていましたし、地区のまちづくり協議会にはできるだけ出席するようにしていました。協議会では人の土地に線引きを何週間もやっていましたが、今では何のために行ったのかわかりません。あの時は行け行けどんどんで、市は本当にたくさんのお金を使ったと思います。今、その後の復興で神戸市はだいぶ逼塞しているようですが。

船曳和雄――建物の判定も、市の人がチラッと見て全壊のシールを貼る、そんな感じでした。取り壊す時には市がお金を出します、という補助も伝えられました。

青木――たぶん、全壊ではなく損傷程度だったのではないかと思います。

船曳――でも「全壊」で区画整理地区に指定されたのです。今思うと、もしかしたら区画整理地区にするために全壊にしたのかな、とも思うのです。

その頃、私には産婦人科を続けたいという強い気持ちがあり、入院も取っていましたし、助産師さんも震災後半年くらいで戻ってくれました。

和雄――だいぶお金はかかりましたが建物の補修をして、震災後半年くらい経って建物としては一応昔の機能は回復し、その状態が10年くらい続きました。

その後、両親が高齢化してきて、入院を取るのをやめるということになりました。

船曳――私と歳が同じくらいの信頼できる助産師さんがいて、その人が辞める時にはお産はやめて外来だけにしようと思っていました。病室が必要なければこんな

船曳和子氏

大きな建物はいらない、そう思い出してから5年くらい経ってしまいました。そんな時に、「この頃のことやから、古い建物をそのまま使えるで」と教えてくれたのはこの人（和雄氏）なんです。京大の建物も、この頃は全部新しくせずに古いものを使っている、といって、インターネットで青木さんのことを調べて、それで一回お会いしようということになったのです。

リファイン建築を選んだ理由

和雄――僕は2000年から2003年にかけてアメリカにいたのですが、向こうでは建物をそんなに簡単に潰さないし、コンバージョンとか何とかいって、どんどんペンキだけ厚くなっているような改修をやっています。それを見て、日本はすぐに潰して更地にするけれど、だいぶ価値観が違うなと思っていました。そこでネットで調べたところ、青木さんのリファイン建築というのを見つけて、大変共感を覚えました。コンクリートの建物を何でそんなに早く潰さなくてはならないのか？というところに非常に共感して、ちょっと話を聞いてみよう、ということになったわけです。

船曳――私は、本当に古い物を捨てないんですよ。

和雄――姉が童話作家で、『もったいないばあさん』という絵本を書いたのですが、母のそんなところも姉の発案に関係しているのかもしれません。

船曳――親戚中医者ばかりですが、その子だけちょっと違うのです。童話作家は

船曳和雄氏

そんなに売れないものらしいのですが、その本で売れっ子になってしまいました。

ところが、リファインをするのにも銀行の融資がないと困るので、メインバンクに相談したところ、その時の支店長がけんもほろろで、リファイン建築ではあと10年ということになる、そういうものに融資はできない、と。もう、びっくりしてしまって、頼りにしていたメインバンクにそういわれたものだから、計画は頓挫しました。親戚もみんな反対でした。それでもあえてリファインにしたのは、この建物が商店街に面していて、アーケードがありますから、その脇で掘ったり、壊したりという工事が難しかったからです。リファイン建築なら工期が2カ月短くてすむというし、地下部分はそのままで大丈夫という話だったので、それだったら、そんなに高い建物を建てたい気持ちもなかったし、そこそこの建物ができればそれでいい、と。

融資の問題が一番困りましたが、知り合いの社会保険労務士の方が、自分も介護施設を借りてはつくり、借りてはつくりしながら広げてきた、といって徳島の銀行を紹介してくれました。私は阿波の出身なので、その銀行をよく知っていましたし、融資はこの土地と建物で見ましょう、ということでしたので、なんとか計画がスタートすることになりました。メインバンクに、ここの土地と建物だけではアカン、私たちが今本宅にしているところも全部担保だ、というふうにいわれたものですから、そんなに次々と担保を取られては不安で、それで計画が頓挫したわけですが、その後、支店長が替わったら話がコロッと変わって、融資するといってきました。それも利息をぐーっと下げてきたので、それこそ一晩寝られないくらい考えました。しかし、ここまできたのはもう一方の銀行のおかげだからと思い、決心したのです。

本当に銀行というところは困ります。

青木――僕が初めてこの建物を拝見した時、一見したところそれほど損傷を受けていないように見えましたが、階段の裏は仕上げの上からクラックが入っているなど、見た目よりは損傷があるのではないか、と思いました。図面を見ると建物はL字型をしていて、その付け根の部分が一番気になったので構造的に切り離そうと当初から考えていました。もうひとつ思ったことは、地震に遭った建物が本当にダメなのかどうか、これは腹をくくって取り組む価値があると思ったのです。計画がスタートしてから、2度ほど船曳さんのご都合で中断した時期がありましたが、状況は何となくわかりましたので、あまり急がせずに腰を落ち着けてお付き合いしてきたことが、結果的によかったのではないかと思います。

船曳――親戚中リファイン建築に反対で、賛成は私たち2人だけでした。

和雄――そうするとよけい意固地になって、2人で孤立していたわけです。

船曳――この人は普段は京都にいますので、何をやるにも時間がかかりました。

この建物が本当に大丈夫かどうか、何回もチェックしましたね。

青木――確認申請について神戸市と協議したところ、神戸市はほとんど民間の検査機関に頼んでいるというので、日本ＥＲＩに行ったのです。

当初の計画ではこの上にもう1階分載るはずだったのですが、その案は姉歯事件の影響による法改正でまったく不可能になりました。

船曳――それがあったために、またよけいに反対が出ました。

解体時に、地下部分についても不安があるというので調べてもらったのですが、大丈夫でした。周りから、青木さんだけでなく第三者の一級建築士を入れて調べたほうがいいといわれ、私としては、いくらでも見てもらうのはいいし、会議に出てもらうのもいい、とそう思ったのです。

しかし、既存建物の検査（構造評定）といっても、実際に見に来るわけではなくて、図面だけなのですね。結局、行政もいい加減かなあと思うところがありますね。

和雄――評定委員会を通ったら、あとはチェックしに来ない。

船曳――ペーパーだけなのです。万が一、青木さんがインチキしていても、わからない。

青木――構造計算はコンピューター上でやるものですから、仕上げをはぐってみて構造体がどうかというリアルさがない。ですからリファイン建築では、補修の必要な箇所をすべて調査し、ちゃんと補修したことを証明できるように「家歴書」をつくっているわけです。そうしないと、仕上げをしてしまったら、まったくわからないということになります。

当時、僕がやっているリファイン建築のように、建物の軽量化を図って、しかも増築するなんてとんでもないことでした。それが安全かどうかを検証する以前に、周囲の空気がそうなっていたのです。姉歯事件で建築士に対する信頼が一遍に失われました。

アーケード街

リファイン建築を巡る金融・税制・法律の問題

船曳――先日、テレビでコンクリートの寿命は65年くらいといっていましたが、この建物は築40数年経っていますから、劣化がどの程度なのか心配でした。その点、ヨーロッパでは200年前の建物でも、1年中修復しながら使っていますね。古くて、エレベーターもないような所でも住んでいる。

和雄――日本も、これからはヨーロッパのようにならざるを得ないのではないでしょうか。明治時代くらいまでは、日本でも木造で何代も住み継いでいる家がありましたね。ですから、スクラップアンドビルドという日本の現状は、戦後できた文化ではないですか。

青木――金融のシステムがそうなっているのですね。

和雄――そうそう。メインバンクの新支店長がいっていました。彼はものすごくよく考えてくれたのですが、結局、融資をストップした根拠は建築がどれだけもつかということではなくて、税法上の問題だと。

青木――今、僕がやりたいと思っているのはそこなのです。リファイン建築に関しては建築基準法にしても、金融、税制にしても不十分な部分があるので、そこを何とかしたいと思って本を書いたり、講演したりしているのです。

和雄――今、社会は基本的に右肩下がりで、大学でも、昔とは学生の空気が違う、といわれています。どう違うかというと、僕らが10代、20代の頃はまだバブルで、そういう時代も経験して、今右肩下がりになっているわけですが、彼らは生まれて

アーケード街から敷地内へ

からずっとそうで、若い人はそれを感じているというわけです。今後25年間の人口を考えても、今ある建物以上に器をつくる必要が果たしてあるのだろうか、と思います。

山岡――現時点の世帯数と住戸の割合を比べてみると、4、700万世帯に対して5、200万住戸、すなわち住宅が12～13％過剰です。短期的には、都市は単世帯が増えるのでしばらくは世帯数が伸びるが、それもすぐ頭打ちになって、結局住宅余り現象が今後続いていくだろう。そうすると、今までのような、アパートから始まって庭付きの家がゴールという考え方は変わっていかざるを得ないでしょう。戦後の日本は、最後は庭付き一戸建てというパターンを経済発展の一番の動機にしてきましたが、これがたぶん続かない。

和雄――今やペンペン草が生えて自然に帰るしかない、という空き地がたくさんありますね。そういう所がどんどん増えていくのではないでしょうか。

山岡――住宅ローンも、これまでは年収の5倍、6倍、下手をすると10倍くらい貸し込みましたが、これがもう成り立たないでしょう。国民所得が下がっている状態で、年収の5倍も6倍も貸すということは難しくなります。ということは、住宅の値段全体がかなり下がっていくわけで、そのまま自然に下がっていくと、どこまで下がるかわからないということになりかねません。そこで、ある程度の水準にとどめるためにはどうしたらいいかというと、今まではローンが払えなくなると、家を差し出しても借金が追いかけてくる。例えば5、000万円借金をして家を買ったとしても、実際には3、000万円くらいの価値しかないから、2、000万円は借金として背負わなくてはならない。そういう仕組みで日本の住宅ローンは成り立ってきたわけですが、これをアメリカ的に、住宅の価値イコール貸しているお金、つまり家を差し出せば借金もきれいになるという仕組み、ノンリコースローン（non-recourse debt, nonrecourse loan：非遡及型融資。返済の元手とする財産の範囲に限定を加えた貸付方法）に変えていかないとだめですね。

先ほどのお話で、銀行が担保はこの建物だけではダメで、本宅も差し出せといってきたというのは、彼らに抵当権をきちんと査定する能力がないからです。だから、安全パイを見込んでとにかく自分たちで何でも抱え込んでしまわないと融資しませんよ、ということだったのでしょう。しかし、本来、この建物と土地にいくらの価値があるときちんと査定できれば、その分は貸せるはずなんです。そこを見極めるだけの目利きが、今の金融界には育っていない。

青木――今、福岡でやっているマンションのリファインも、1棟のうちまず縦1列だけリファインし、その分だけ貸し出してもらう、というやり方を試みようとしています。ひとつの建物でリファイン前の部分と、リファイン後の部分を見ることができるわけで、これはちょっと感激する風景です。

愛着のある場所をより良い場所にする

船曳――計画が一時頓挫した時、私は、このままでは逼塞して落ち込むしかないと思い、それがすごく嫌でした。何とか突破口をつくりたい、という気持ちでした。

◉山岡淳一郎略歴
1959年生まれ。ノンフィクション作家。「人と時代」をキーワードに政治・経済、建築、医療など旺盛に執筆。『田中角栄　封じられた資源戦略』（草思社）、『後藤新平　日本の羅針盤となった男』（草思社）、『医療のこと、もっと知ってほしい』（岩波ジュニア新書）他、著書多数。

私は単純ですから、いいと思ったら飛びつくし、やろうと決めたら後ろを振り向かないのです。青木さんを信頼できるかどうか、これは運に任せました。私は月に一回水子供養に行っているのですが、10人くらいの名前を書いて持って行くと、霊能者というのか、そういう人がいて、私が診察しながらこの人のお産不安だなと思っている人を名前だけで当てるのです。私にはそういう世界は見えませんが、そこへ行き出してから別世界があるということがわかって、困った時に聞きに行くことがあるのですが、その人が「青木さんでいい」というので食いついた。それともうひとつ、青木さんのお洋服が素敵だった(笑)。ほんのちょっとしたところが違う。で、この人はなかなかデザイン感覚がいいな、任せられる、と思ったのです。

和雄――青木さんに決める前、ゼネコンの人たちがいろいろ絵を描いて持ってきてくれました。

船曳――7、8件ありましたが、だいたいワンパターン。

和雄――ここは容積率がいくつだから、10階建てにして、ちょっと引っ込めて、どうのこうの。パッと見て、彼らにとってはいい仕事になる、リスクは僕ら、そういう構図が見て取れました。どれも、こちらがものすごい借金を背負い込むような案ばかりで、この右肩下がりの時代にリスクを一生負うの?　と思いました。それよりも青木さんの案のほうが、明らかに現実的な気がしました。

青木――既存建物の2分の1しか増築できないということもありましたし、商店街との関係性を見ると、中庭があったほうが素敵な建物ができるのではないかと、まず思いました。中庭はお祭りの時などに利用してもらうと、もっと価値が出てき

2階デッキウォークよりアーケード街を見る

ます。

和雄――中庭になっている所は、僕が生まれた時には日本庭園がありました。

青木さんはデザインをよく考えてくれていて、中庭の奥に座って見ていると、商店街を歩いている人がかなりの割合で中庭をチラ見していきます。2階のテナントはちょっと入り難いのではと心配したのですが、いったん中庭に入ることでスムーズにいくのではないかと思いました。

先日、神戸大学の留学生が日本文化と親しむ会があって、この中庭でコーラスをやったところ、囲われているので音が良かったそうです。

船曳――ここは立地条件としては周辺に大学が多いし、駅に近いので単身者が入るのではないかと思い、それで広めのワンルームがいいと思いました。病室の形がそのまま残った形でできているのですね。現在、住居部分は一住戸を残して満室です。あえて残してあるこの住戸はいずれ私が住みたいと思っています。結婚して以来50年ここに居ましたから、やはりこの土地に愛着があります。この商店街の住人としては私が一番古くなりました。

和雄――ここの現場に入っていた職人さんの中に、「僕、ここで取り上げてもらったんです」という人がいました。

青木――地域とそういうつながりがあったから、おかげさまで工事中も本当に近隣とのトラブルがありませんでした。

中庭

悪い所を全部チェックして、ちゃんと処置すれば、それでいい

青木――ちょっと心配だったのは、工事費がピークの時だったことです。ちょうど北京オリンピックの直前で、石油も鉄の値段も上がっていました。工事費の競争入札をして、リファイン建築は初めてという建設会社に決まったのですが、施工側は最初はおっかなびっくりでした。それが耐震工事が終わった途端に、「ああ、こんなふうになるのか」と納得したのか、それから現場の雰囲気がガラッと変わりました。

和雄――解体中は、仕上げを剝ぐたびに「こんなん出てきた」「本当にやるの？」みたいな雰囲気があって、解体現場ではみんなの気持ちが落ち込んでいきました。僕自身は、それは不良箇所はあるだろう。だけど、この建物は地震で残ったんだ、と。僕は、地震は耐久テストみたいなものだと思うのです。それをいったん裸にして、悪い所を全部チェックして、ちゃんと処置したら、それでええやん、と思っていました。それの何が悪いのか、わからなかったのです。実際、阪神高速も地震で橋脚がボキッといったものを、鉄板で抱いて、ぎゅーっと締めている。僕はあれでいいと思うのです。裸にしてきちんと処理して、その集合体として全体を考えたら何がアカンの？　いけるんちゃうか、と思ったわけです。

青木――いかにもお医者さんらしい考え方ですね。

和雄――鉄筋がボキッと折れ曲がってさびて、そのさびが全体に回っているというのがもしあれば、「やめましょう」といったと思いますが、仕上げを剝いでみたら、

●賃貸住宅インテリア（3～5階）

Aタイプ

Dタイプ

そんなことなかったですものね。

青木——柱部分で3箇所、鉄筋が見えているところがありましたが、それを鉄板で巻くということをやりました。ですから、本当に外科手術ですね。

和雄——それは阪神高速の橋脚の手当てよりはずっといい。

青木——この家が阪神淡路大震災の際に何でもったのか、専門家に調べてもらったのですが、解析できないというのです。僕は柱のピッチが4mとか6mだったことがよかったのではないかと思っています。

和雄——隣のコープはうちよりも古い建物で、売り場でしたから柱が少なかった。それで、ぐしゃっといったのかもしれませんね。

建物を裸にし終わって、補修の必要な箇所を全部リストアップしたところ、補修費が思っていた以上にかかったということはありましたが、補修が進むうちに現場の雰囲気がぐわーっと変わっていきました。確かに、鉄板を巻いたのを見たら、これは絶対大丈夫だ、という気がしました。

船曳——途中で2回ほど、見学会をやりましたね。

青木——すべてオープンにして見せることによって、クライアントも安心するし、現場も引き締まります。その頃になると、現場主任が、「これ新築だったら大変でしたよね、道路も狭いし」と言い出しました。

船曳——今、私たちの心配は税金のこと。

和雄——税務署が急に手のひらを返すようにして、これは新築と同等だ、と言い出したのです。

Gタイプ

Hタイプ

船曳――新築ではなく、リファイン建築だと主張せなあかんね。青木先生も助けてください。

青木――新築ではなく改修ですので、新築と同等には取得税はかからないと判断していましたが、税務署によっては法解釈が違い、判断が異なっているようです。

船曳――一度全部空にして住めない状態になりましたから、去年1年間は固定資産税が止まっていたのです。

青木――住みながらリファインする方法もありますが、リファインするために一度空にするというのは当たり前のことですから。

和雄――要するにリファインに関する法律がまだ整備されていないのですね。5年の間、青木さんに会うたびに「建築基準法が変わった」ともいわれました。

ところで、この建物は30年後どうなりますか？

青木――30年後、外壁をもう一度直さないとダメです。そうすれば、またもちます。それをリファイニング建築といっているのですが、そうすれば１００年建築も可能です。

和雄――１００年後はどうでしょう？

青木――僕はリファインして１００年、と思っています。建物がもつか、もたないかを外観上の問題で言い過ぎるということもありますね。設備に関することは古くなっても更新することでクリアできますし、コンクリートの強度については、躯体をパッケージしていますので、これによって劣化が防げると思っています。

和雄――阪神淡路大震災後、うちは全壊シールを貼られましたけれど、一応立っ

屋上庭園がある最上階住居。左はその内部

ていた。ところが工事中の鉄筋鉄骨の建物で壊れているものが結構ありました。それを見ていると、新耐震法の前とか後とかいうことでは安全性は判断できないのではないか、と思いました。それに書類で審査して、そのあと役所は絶対にチェックしに来なければいけないのではないか、とも。あまりに無責任だと思います。

書類を山ほど用意して構造評定委員会を開いて、その経費はえらいこっちゃと思いましたけれど、途中で構造の専門家に1回か2回来てもらって、現場を見てもらう費用をなぜその経費に含めないのかな、と思います。

リファイン建築の「家歴書」とは、その建物が過去にどんな病気をしたかという、カルテみたいなものですね。

青木―――「家歴書」があれば、あとで誰かに何かをいわれても、ちゃんと説明ができます。

廃墟をリファイン

田川後藤寺サクラ園

after

田川後藤寺サクラ園
リファイン計画

◉計画の概要

旧国鉄寄宿舎を高齢者向け優良賃貸住宅としてリファイン。施主の要望を実現するには既存建物の延床面積の2分の１以上の増築が必要だった。

◉旧建物の状況

昭和 40 年頃建設されたコンクリートの建物だが、何度か所有者が替わり、長い間放置されたまま廃墟のようになっていた。既存建物について確認申請書類、図面等の資料がなかったため建物の調査から始め、確認申請を行い検査済証を取得した。

◉設計のポイント

既存部分には 10 戸の住戸と共用の食堂を、事務室とエレベーターは既存建物面積の２分の1以内で増築した。その他の必要な 20 戸の住戸とデイサービス、浴室等の共用部分は別棟として敷地西側に増築。既存と増築棟とは別棟となっている。

プロローグ――建物は廃墟だった

建物は廃墟だった。

福岡県田川市後藤寺駅の裏に当たる高台に、築40年を過ぎ、廃墟になった建物があった。この建物は、もともとは旧国鉄の官舎としてつくられたが、その後民営化に伴って三井鉱山に売却され、三井鉱山田川タイル工場の施設として使用された。しかし、しばらくして工場が閉鎖されて住み手が誰もいなくなり、長期にわたり放置されていた。周辺には草がぼうぼうと生え、もちろん樹木の手入れなどもされていなかった。開口部はベニヤ板等で覆われていたが、何者かが侵入し、落書きや火遊びの跡などが発見された。この建物を買い取ったのが、今回のクライアントの吉田孟氏である。

吉田氏は、この地区でガソリンスタンドや福祉施設などの事業を手掛ける地域の名士である。70歳を超えているが、いつも生き生きとしていて、事業に対し前向きな姿勢で、僕は会うたびに刺激を受けている。吉田氏はこの建物が廃墟同然になっていたことに心を痛めて買い取ったが、何に使うというはっきりとした目的があったわけではなく、しばらくそのままになっていた。そんなとき、偶然にも福岡市内で行われた僕のリファイン建築に関する講演を聞き、この建物を吉田氏が所有し運営している福祉施設に類似した施設にリファインできないか、と考えたらしく、僕の事務所に相談に来られた。そして僕は、2005年9月、現地を訪れた。若い頃何度か訪れたことがある場所だったので、辺りのことは少しは知っていたが、この建物が国鉄の官舎であるとはまったく知らずにいた。もちろん、その建物が放置されていることも知らなかった。

既存建物の調査 既存建物の資料ほぼなしでのスタート

まず外観、内観を目視することから始め、ハンマーを借りて打音検査をしてみたが、「カーン」というコンクリートの強度のある音が聞こえてきたので、大方のことはできるのではないかという確信を持ち、そこから計画をスタートした。

吉田氏の計画への思いを聞き、プランを進めたところ、30室程度の部屋をつくらなければ、事業として成り立たせるのは難しく、かなりの増築が必要だということがわかった。そこで、何か面白い増築案が提案できないか、と試行錯誤を重ねた。同時に、コンクリートの調査が必要であることを吉田氏に告げ、それを先行させてほしいとお願いした。ただ、何にしても、吉田氏にとっては雲をつかむような話で、すぐにことが進むというわけにいかないのはいつものことである。

また、現存する資料を見せてもらったところ、吉田氏が持っていた資料は、敷地の測量図と知り合いの工務店が実測した簡単な平面図だけで、確認申請書類や構造図などは一切なく、また検査済証もないような状態であった。古い建物の再生において、このようなことは珍しいことではないが、この後かなりてこずるであろうことが予想され、また、現在の建築基準法ではいろいろな問題をクリアしなければな

らないことを吉田氏に告げた。
吉田氏に基本構想案を提示し、話が少しずつ進もうとしていた、ちょうどその頃、2005年11月、耐震偽装事件（姉歯事件）が起こった。この事件により、最初に僕が考えたプランは、日の目を見ることはなく闇に葬られた。また、吉田氏の諸事情により、構想案のみを提示し、しばらく休息に入った。

年が明けて、2006年6月、吉田氏より計画を再度進めてほしいとの申し入れがあり、一からの仕切り直しとなった。既存建物は図面がほとんどなかったことと、また完了検査を受けていないことが明らかになっていたため、JR九州にいる友人に連絡を取って、こういう建物の図面を探しているのだが、とお願いすることにした。すると、この建物の建設当時は、かなりの量の建物をつくるために、基礎部分は別として、地上にできる建物については「○○式」という型式番号によって設計されていたことがわかり、ほぼこれで間違いないだろうという類似の図面をいただくことができた。この図面をベースにして実測を行い、それに伴ってコンクリートの調査、探査機を用いた鉄筋のピッチなどの調査を行い、構造図の復元を行った。もちろん、そのために諸費用がかかることをクライアントに承諾してもらい、進めていった。そして、その図面をもって耐震診断を行い、必要であれば構造補強を行うことを考えていたが、内心は、100%自信を持って上手くいくという確信はなかった。ただ、会うたびに吉田氏の熱意に突き動かされていた。

廃案となった案は、既存建物に十字にクロスさせるように増築を計画したものであったが、姉歯の事件で断念し、線路側に増築するT字型の案で検討を始めた。

右頁
上：南側外観（リファイン前）
下：西側外観（同）。増築棟はこの妻側、線路と平行に配置された

補助金申請をめざして「既存不適格」の証明に奔走

事務所の担当であった秋山徹は、まず、地元の確認申請機関である田川土木事務所に行き、確認申請の相談をしたところ、資料が一切ないということで、確認申請の有無を調べるため台帳の閲覧を勧められた。台帳の閲覧は、土木事務所の職員が倉庫より該当する数十年分のファイルを出してきてテーブルに置き、それを秋山が年代の大方の検討をつけ調べていった。当初、吉田氏から既存建物が建ったのは昭和30年頃と聞いていたので、前後10年分ほどを調べたが、この建物に該当するような面積、用途、構造の建物は見当たらなかった。その後、田川土木事務所の建築指導課で、増築を伴うリファインに関して相談を行った。既存建物は旧国鉄が建てた建物であることを説明したところ、既存建物の安全性を証明するためには、耐久性等関係規定に適合していることを証明する必要があると指導された。また、500㎡以上の物件は飯塚土木事務所で管轄するのでそちらに相談するようにといわれた。すぐさま飯塚土木事務所に出向き、また一から計画に関して相談を行った。既存図や構造計算書、工事の記録などが一切ないので、耐久性等関係規定をすべて満たしているかどうか、証明は不可能である。しかし、できるかぎりの調査をするということで調査内容を提示し、飯塚土木事務所の担当者と協議を行った。その後も幾度となく相談を繰り返し、暫定的に確認申請を行う方向に話が進み始めた。ただし、確認申請が下りるかどうかは、既存建物が既存不適格として扱えるかどうかにかかっており、そのことに関しては建築主事の判断によるものであり、担当者レベルでは何とも言い難いとのことであった。つまり、その時点では確認申請を出しても確認が下りないことも予測された。

しばらくして、秋山が「実は道がないんです」と言い出した。この建物が接道していないことがわかったというのである。そのことを吉田氏に告げると、接道部分にかかっている民家ごと敷地を買い上げるということで、さっそく着手し始めた。こちらもびっくり仰天である。それに伴い、道路の申請等が後々に必要となることが予想され、この時点で、予定していた完成時期に間に合うかどうかが懸念されたが、とにかくわれわれは与えられた作業を間違いなく進めることに努め、土地の買収などの問題は吉田氏に任せて結果を待った。今思えば、非常にアクロバチックな計画であった。

構造調査に関しては、構造設計者や土木事務所の担当者とやりとりをしながら調査項目を決定したおかげで、基本的なことはクリアしていた。圧縮強度は平均して19・8N/㎟あり、中性化も10㎜以下となっており、大変良好な結果を得ることができた。中性化に関しては、この建物がしばらくの間、使われていなかったことが中性化の促進を遅らせることになったと考えられる。簡単にいえば、建物にとっては人間が一番害を与えることが中性化の低数値として示されたということであり、大変面白く感じた次第であった。構造的には問題なくリファインできると確信した僕は、吉田氏に計画案を数案ずつ見せながら、事業としての要望を聞きつつ基本計画案を作成し、その一方で、実施設計の作業を進めながら、既存建物の安全性について土木事務所と協議を繰り返した。

この頃、吉田氏から、福岡県の高齢者優良賃貸住宅の助成制度に申し込みたいという話があり、そのことをクリアするためにもいよいよ既存不適格の御墨付きが必要になった。

以下は、秋山の弁である。

「改めて飯塚土木事務所に出向き、再度、倉庫から昭和30年以降の確認台帳を出してもらい、ふたりで一日がかりで探した。事務所が閉鎖する時間になったので、その日は見つけられずに帰った。その時は、やはり計画通知は出していないものとあきらめかけていた。それを青木に報告したら突然怒り出し、自分が行くと言い出したので、翌日、もう一度足を運ぶことにした。土木事務所の方が田川後藤寺の近辺でRC造の建物が建ち始めたのは昭和40年頃だというので、その前後の台帳を調べたところ、『昭和40年11月18日、建築主氏名　門鉄管理施設、建物の位置　田川市奈良字植松、建物の用途　寄宿舎、建築物の申請面積　651・1㎡』という記載があった。建物の場所、旧国鉄の建物であること、実測によって得た延床面積と申請面積が一致したことから、その記載が既存建物の計画通知であることは間違いないということで、やっと2007年10月3日に、建築確認済みである旨の証明を取得することができた。検査済証がないことに関しては、耐久性等関係規定に関してできるかぎり調査を行うことや、耐震診断で安全の確認を行い、必要があれば耐震補強も行うことを前提に既存建物を既存不適格扱いとしてもらうこととなった」

さて、2007年10月、高齢者優良賃貸住宅の補助に関して、福岡県の住宅課に計画案を持って相談に行ったところ、竣工後35年以上の建物は補助対象外だといわれた。最初に述べたように、この建物は築40年を過ぎている。しかしながら、今回の計画は通常のリフォームとは異なり、増築に関して確認申請を出すこと、既存建物の耐震診断を行っていること、それにより現行法規に適合するまで耐震性を向上させ、安全が確保されること、また、当事務所独自の家歴書を作成していることなどを申し出て、補助対象として認定を受けることができた。家歴書はリファイン建築を始めて以来、安全性と長寿命に関してわが事務所で取り組んできたものであり、このことが認識されたことが大変うれしかった。

リファインのポイント――「用途上不可分」で増築をクリア

吉田氏の希望する用途は、高齢者向けの賃貸住宅とデイサービス施設であった。高齢者の事故は入浴時に起こることが多いので、基本的には住戸内に風呂は設けず、ベッドを置くスペースとトイレ、洗面、ミニキッチンだけを用意し、1階部分に大浴場と食堂を設けて、入浴と食事は1階のパブリックスペースで行う、ということで計画が進められた。

賃貸住宅部分は、最低30戸ないと採算が合わない。だが既存の建物だけでは30戸の住宅は到底収まりきらず、予想どおり増築が必要となった。増築の検討をしている時に、県の高齢者優良賃貸住宅（高優賃）の認定事業者の申請を吉田氏の名義で行い、補助が確定した。このような施設を建設、運営する面で財政的なサポートがあることは大きな支えとなるが、補助を受けることができたことで施設としての信頼度が増し、安定した経営につながる。しかし、その一方で、補助を受けるための要件を満たすために、われわれ設計する側は結構大変であった。高優賃が規定している住宅の広さを確保し、デイサービス機能を併設させると既存建物の倍以上の増築面積が必要となった。

２００５年の建築基準法改正により、既存建物の2分の1以上の増築をする場合には、既存建物も新築と同様の性能を求められるという法律ができた（僕から見れば天下の悪法だと思うのだが）。その規定により、増築可能な面積が限られるので、既存の建物にはエレベーター、事務室のみを増築し、残りは敷地西側に別棟として増築を行った。利用者であるお年寄りたちのことを考えると、本来であればエキスパンション・ジョイントなどで構造体のみを別のものとして考え、機能的には一体としたほうが便利ではあるが、そうはならない。法は法として守らなければならない。そのため、「一敷地一建物」という原則を守るために、既存と増築棟はお互い用途上不可分（住宅でたとえるなら「母屋」と「離れ」のように、分けてしまうと、両方、または片方の建築物が使用用途上の機能が失われてしまう）の関係であることが必要であった。これは計画上、既存建物に食堂、増築棟に浴室を設けているので、それぞれの建物は用途上不可分の関係となった。ふたつの建物は物理的に分かれるが、1階部分でお互いの庇が重なり合い、日常の往き来に支障をきたさないように

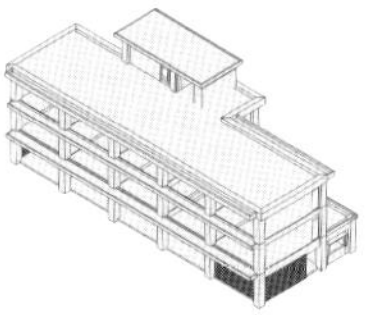

④補強後建物

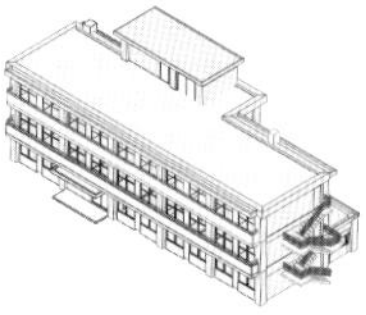

①既存建物

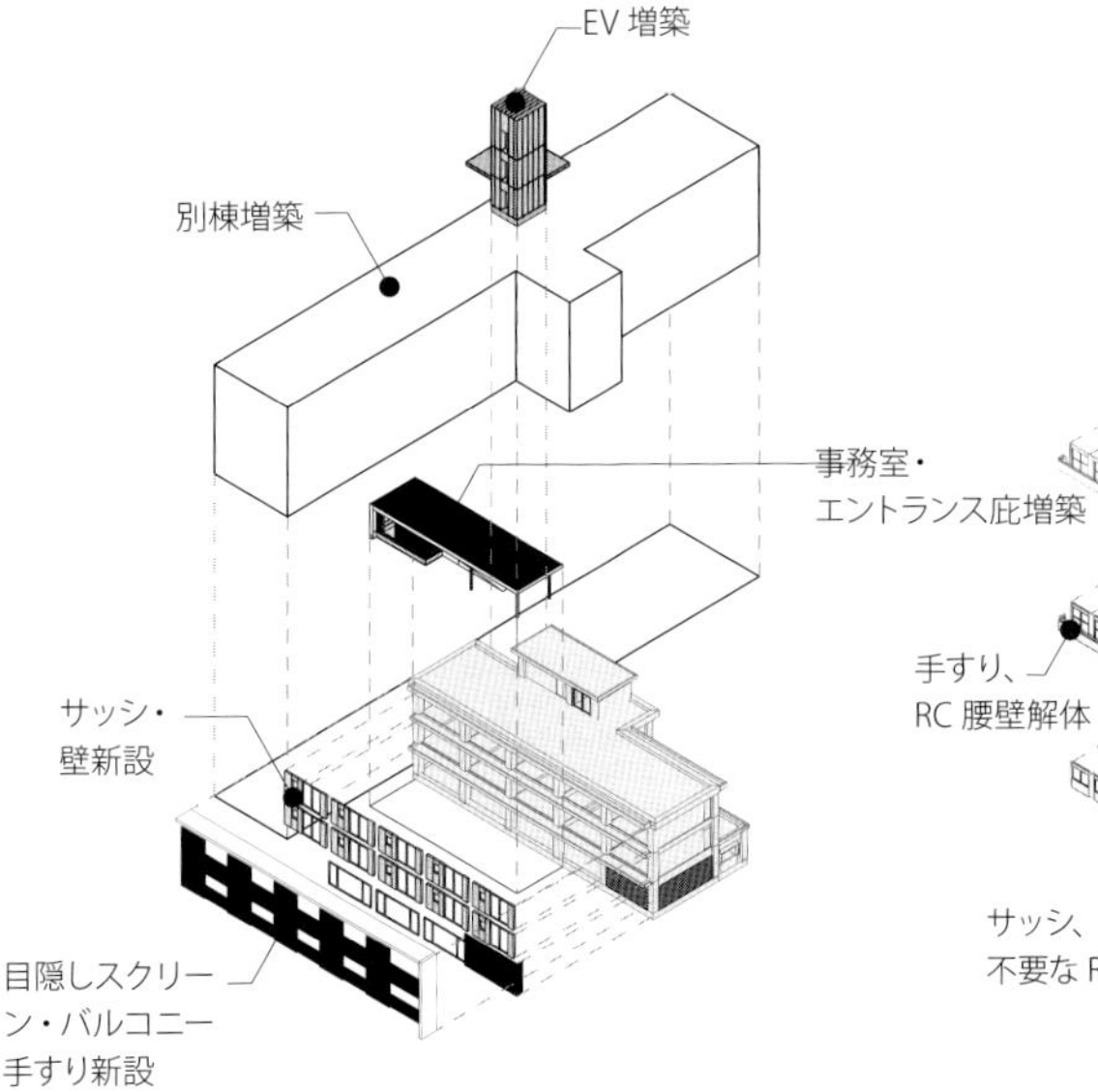
EV 増築
別棟増築
事務室・
エントランス庇増築
サッシ・
壁新設
目隠しスクリー
ン・バルコニー
手すり新設

⑤増築・新規外装

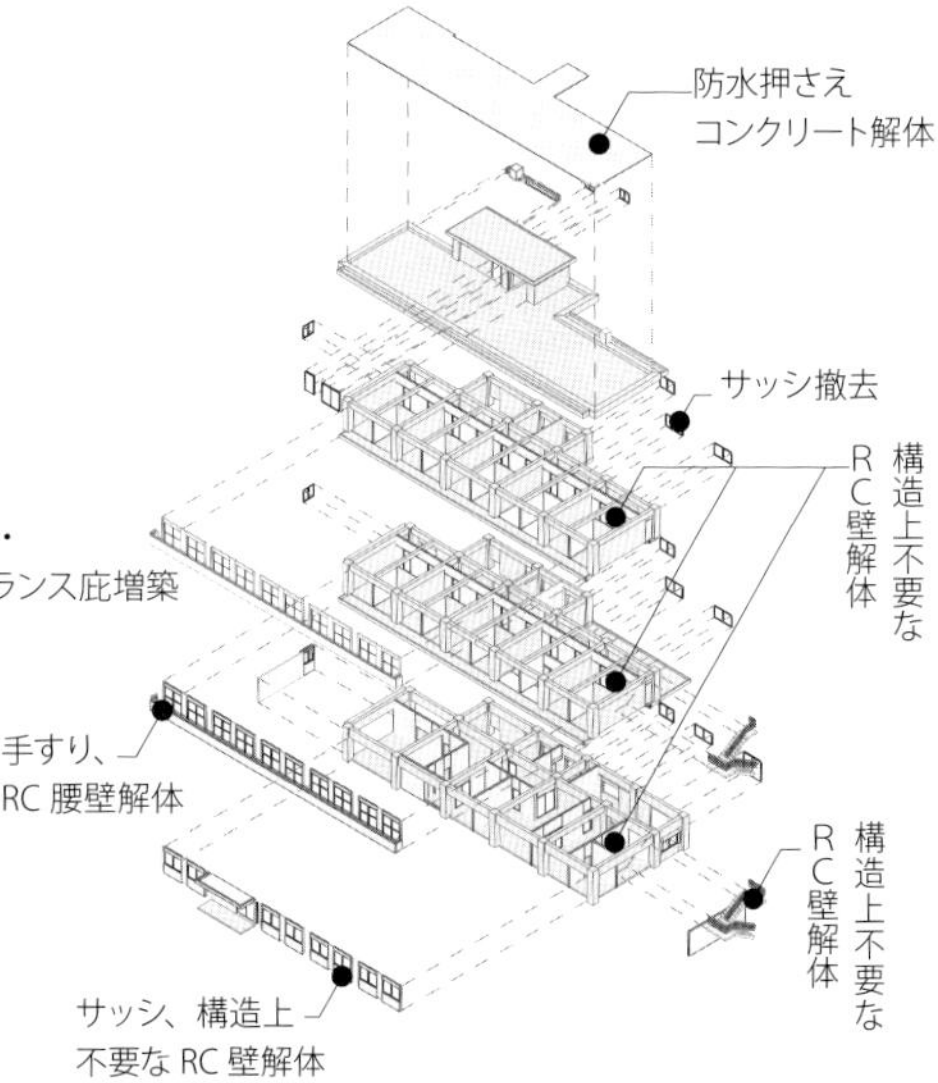
防水押さえ
コンクリート解体
サッシ撤去
構造上不要な
RC壁解体
手すり、
RC 腰壁解体
構造上不要な
RC壁解体
サッシ、構造上
不要な RC 壁解体

② RC 解体による軽量化

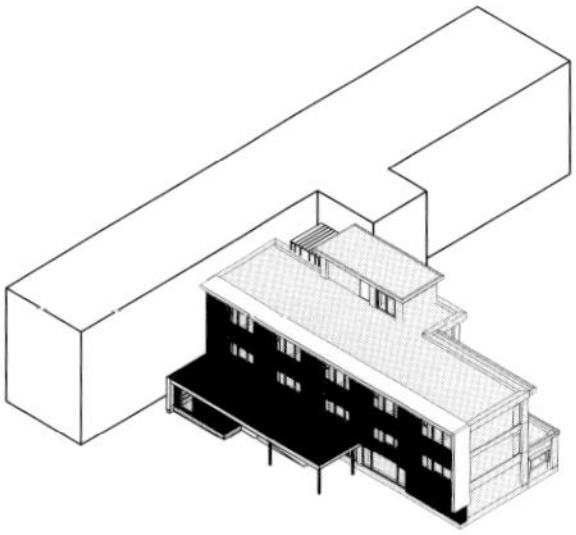

⑥リファイン完成

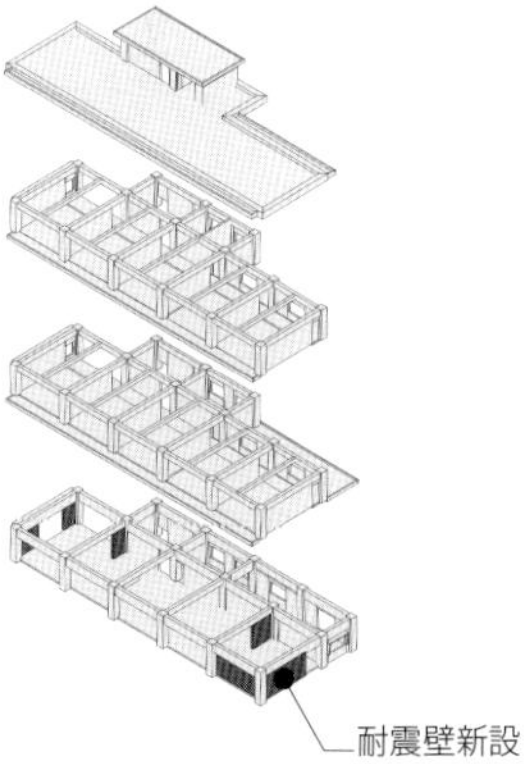
耐震壁新設

③耐震補強

計画されている。これはせめてもの法に従った合理的な方策を探った結果である。

既存建物には、エレベーターや事務室など、既存建物の面積の2分の1以内の増築をし、構造的にはエキスパンション・ジョイントで切り離しているので、耐震診断による安全の確認が必要であった。耐震診断を行ったところ、壁が少なかった1階部分のＩＳ値が足りなかった。ＩＳ値とは、耐震改修促進法で定められた構造耐震指標であり、耐震診断の判断基準となる値である。１９８１年以前の旧基準の建物は設計法が現在と異なるため、耐震診断では建物の強度や粘りに加え、その形状や経年状況を考慮した耐震指標：ＩＳ値を計算する。耐震改修促進法等では耐震指標の判定基準を０・６以上としており、それ以下の建物については耐震補強の必要性があると判断される。そこで、平面計画上支障にならないよう、構造のバランスを考えて耐震壁を配置した。既存建物の用途を区切る間仕切りの大部分がコンクリートでつくられた耐力を負担しない雑壁であったため、計画上不要な雑壁を撤去、また屋上の防水押さえコンクリートを撤去するなど、耐震的に有利になるよう軽量化を図ることで最小限の補強でＩＳ値を満足する計画とした。

増築棟は、ルート1で構造設計を行い、構造計算適合性判定対象外となる計画とした。固定荷重・積載荷重に加えて地震力などの短期荷重を想定し、応力を算出する。そして、それぞれの部材が、そこにかかる応力に対して耐えられるかどうかを計算する。これを「許容応力度計算」と呼び、ここまでの流れを1次設計「ルート1」と呼ぶ。また、構造計算適合性判定とは耐震強度偽装事件の再発防止を目的に２００７年6月20日に施行された改正建築基準法に基づき創設されたピアチェック

before

after

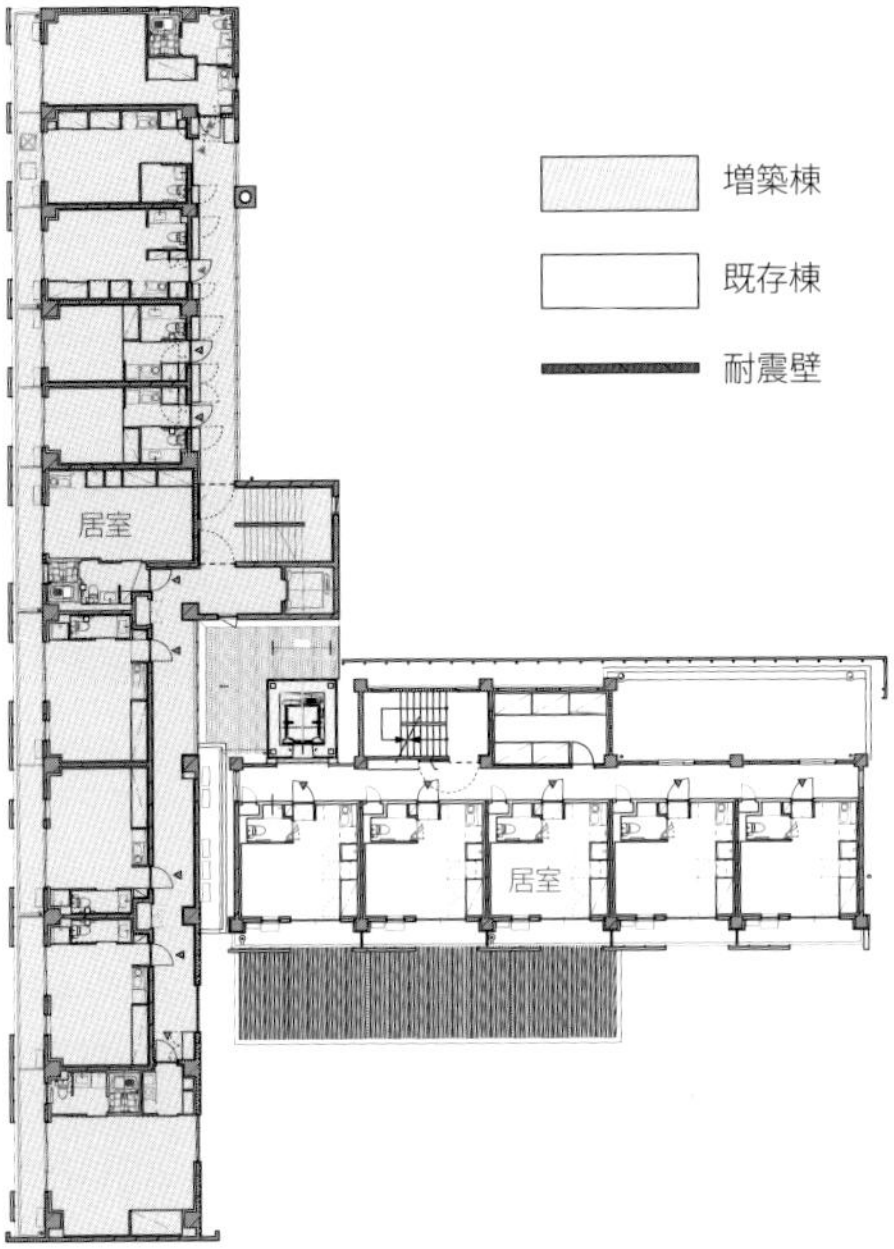
居室
居室
増築棟
既存棟
耐震壁

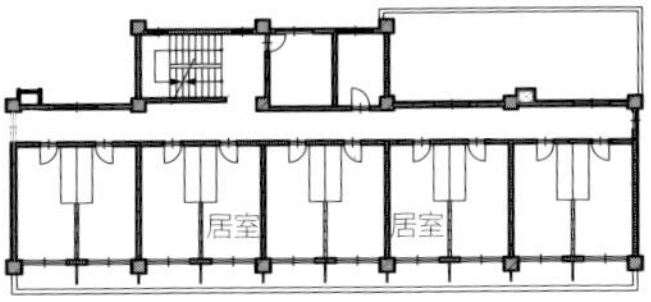
居室
居室

2 階平面

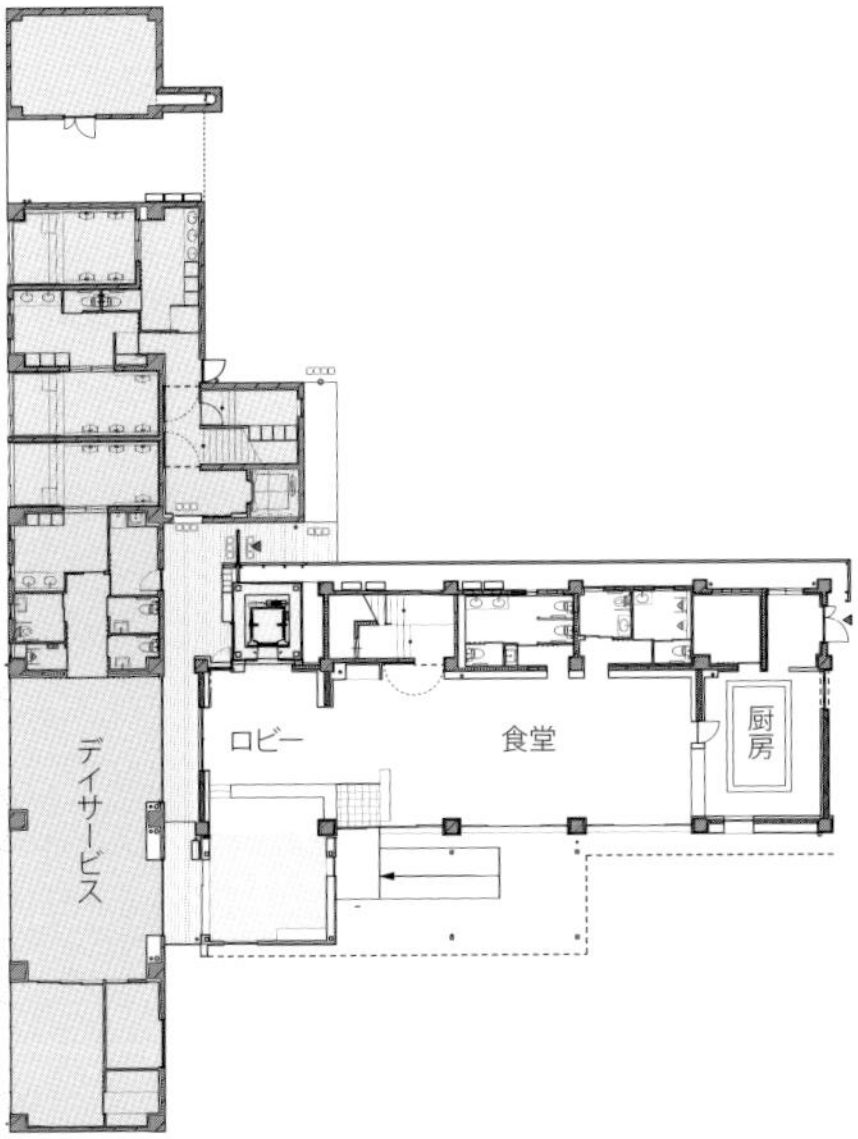
デイサービス
ロビー
食堂
厨房

浴室
和室
食堂
厨房

1 階平面

制度であり、一定規模を超える建築物などは、建築主事や指定確認検査機関が審査している建築確認について、第三者機関である指定構造計算適合性判定機関による専門家の再審査が義務付けられたのである。そして、必要な書類をそろえ、飯塚土木事務所に確認申請の事前申請を提出した。その後、消防から何点か質疑を受け、それに対して回答した。消防のチェックがすみ、しばらくして飯塚土木事務所の担当者に事前申請の進捗状況を確認したところ、他の物件で手いっぱいで、まだチェックできていない、との回答があった。

行政対応② ― 土木事務所から民間確認検査機関へ変更

その間、補助金の申請書類を作成しながら、事前申請のチェックを首を長くして待っていたが、いっこうに着手してもらえなかった。着手可能な予定を聞いたところ、「予定が立たないので、民間の確認検査機関に申請してはどうか」と飯塚土木事務所の担当から提案を受けた。以前、別の案件で民間の確認検査機関に事前に相談に行った時に、検査済証のない物件は受け付けないといわれた経験があったが、しかしこれでは引き下がれないので、民間確認検査機関である日本ＥＲＩに行き、「この建物は旧国鉄、つまり日本国家が建てたものである、そのことをどのように解釈するのですか」と食い下がった。すると、国が建てたものであり信頼できるということ、そして、建設当時土木事務所が受け付けた建物であるならば、うちでも

右：増築棟バルコニー（Bタイプ）
左：増築棟西側外観見上げ
左頁：リファイン後
上：既存棟南側外観
下：既存棟東側より既存棟北面および増築棟東面を見る

受け付けられるかもしれない、内部で検討するので明日まで待ってほしい、といわれた。翌日先方より連絡があり、確認申請を受け付ける、という返答をいただいた。そこで、土木事務所に出していた申請書類を取り下げて、再度日本ＥＲＩに確認申請の事前申請を行った。日本ＥＲＩでは、計画上２棟になっていることについて指摘された。すなわち、明らかに平面上ひとつの建物にしか見えないが、なぜ別棟として判断したのか根拠を示してほしい、とのことであった。そこで、土木事務所の担当者に連絡を取り、ふたつの建物が別棟扱いとなる根拠を確認したところ、昭和26年３月６日の通達「部分により構造を異にする建物の棟の解釈について」を準用している、とのことであった。それにより、２棟の間の屋根がかかった半屋外空間に面している開口部に特定防火設備を設けることを条件に、確認を受け付けると指導された。その他、数点指摘事項があり、それらに対して回答を行い、本申請を行った。申請先を民間確認検査機関日本ＥＲＩに切り替えてから、２カ月後に確認申請が下りた。（２００８年10月20日）

施工のポイント

地中から埋設物出現で思わぬ難工事に

着工後、増築棟の土工事の際に、地中より炭坑時代のものと思われる巨大なコンクリートの基礎のようなものが出てきた。鉄筋は丸鋼で、骨材は玉石であった。それらが出土するたびに工事をストップし、解体、撤去する作業を繰り返した。また、

右：既存棟食堂
左：既存棟Ａタイプ居室

左頁：リファイン後
上：既存棟ロビー。奥は食堂
下：増築棟２階共用廊下。右手ガラス越しに見えるのは既存棟南側外観（２、３階部分）

既存建物に近い位置での杭打ちの際に、杭打ち機と既存建物の一部が干渉してしまい、施工上、杭の配置変更が必要となった。その部分の工事をやめ、構造計算をやり直した。増築棟は新築工事であるが、ＪＲの敷地に隣接していることと地中の埋設物のために、大変な難工事となった。施工者はもちろんであるが、吉田氏にとってはそのたびに費用が発生し、そのたびに決断を下していただくことになり、誠に頭が下がる思いであった。

　また、敷地北西部を掘削していると隣地側より石積み擁壁が出土した。もともとこの部分はＧＬよりも２ｍほど地盤が高くなっており、躯体工事が完了した後に埋め戻して隣地側の土が崩れてこないように緩やかな法面とする計画であった。そして、増築棟北端部のピロティーになっている1階部分はこの法面に埋まる計画であった。しかし、擁壁があるので埋め戻す意味が希薄になり、外構工事に着手するまで埋め戻しは保留事項となった。

　既存棟は、仕上げを撤去したところ、梁に設備の配管を通すために後からはつったと思われる穴（コンクリートを違法に壊したところ）や、天井下地が設計どおりにできていなかったために、梁と天井下地が干渉する部分の梁をむりやりはつって下地をつくったと思われる箇所、コンクリートの詰まっていない梁などが見受けられた。解体が終了したところで躯体の再調査を行い、劣化部分や欠損部分の補修を行った。この補修をしないと、構造計算で得られた耐力が確保できないので、これはきわめて重要である。このことについて、僕の事務所では、すべての箇所について、既存の状態と補修後の状態を人間でいうカルテのように記録し、正確に補修工

右頁
上：既存棟と増築棟の間にある外部廊下
下：増築棟デイサービスから外部廊下を見る

右：増築棟デイサービス
左：増築棟浴室

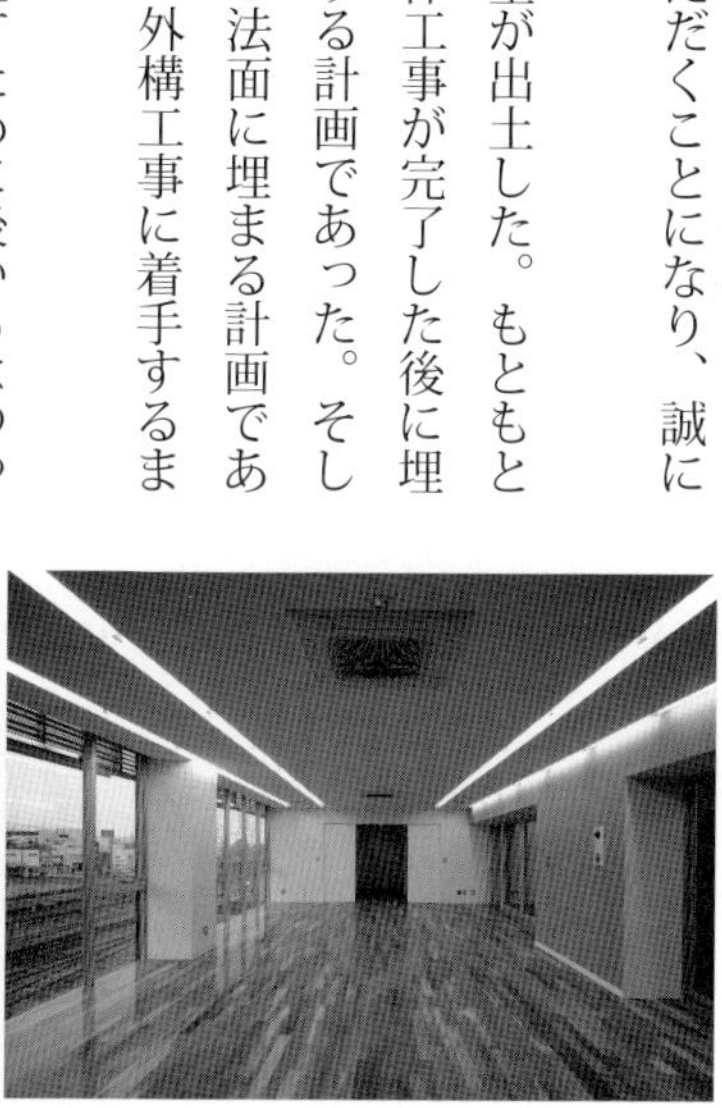

事が行われていることを後世に残すこととしている。野城智也東京大学教授のいう建物の「家歴書」の実践である。

エピローグ――リファイン建築は感動を呼ぶ

このような埋設物や既存軀体の問題を解決しながら、工事は順調に進み始めた。しかし、既存棟の内装下地に着手して間もない頃の2009年3月19日、群馬県で、無届けの老人施設でお年寄り10名が亡くなるという痛ましい火災事故が起こった。この火災事故が新聞に載った朝、吉田氏より秋山の携帯に連絡があり、「スプリンクラーを設置してほしい」と要望があった。消防法上、本物件の規模ではスプリンクラーは不要である。しかし、万が一の事故を考えて、クライアントは即座にスプリンクラーの追加工事を決断した。夜間は職員の目が届かない住戸内にスプリンクラーを設置し、そのためのポンプと消火水槽は埋め戻しを保留していた増築棟北端のピロティー状のスペースに納めた。埋め戻しを中止したことにより、平均地盤面の高さと延床面積が変更になり、計画変更が必要となった。その後、追加の配管ルートの確保のために住戸の内装の設計変更に追われることとなったが、何とか建物は完成した。

落成式では、市長、市議会議長をはじめ、多くの方がお祝いに駆けつけてくれた。後藤寺駅という市を代表する駅の裏に、幽霊屋敷のように建っていた建物がよみが

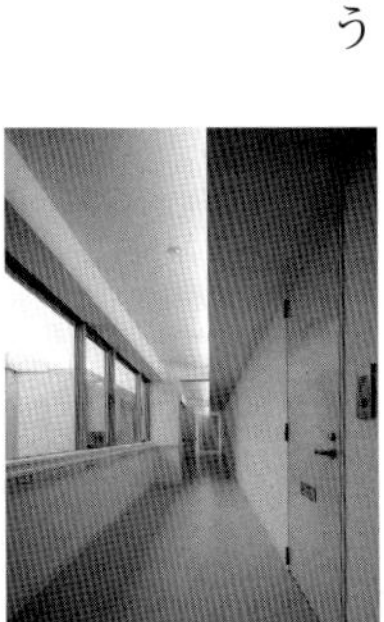

右：増築棟廊下
左：増築棟Cタイプ居室

えったことに感動されたようである。リファイン建築は新築よりも感動を呼ぶということを、僕はここで実感することができた。

リファイン後の西側外観(増築部分)

階段室型集合住宅をバリアフリーに

ルミナスコート壱番館

ルミナスコート壱番館
リファイン計画

◉計画の概要・・・・・・・・・・・・・・・・・・・・・・・・・・・・・・・・・・・・・

築 39 年の集合住宅のリファイン計画。耐震補強、補修、設備の更新、デザイン性を踏まえて内外装を更新し、使い勝手の悪い階段室型の既存建物に共用廊下とエレベーターを新設することで、新築同等の再生を図って、確認申請を行い、検査済証を取得。一部は社宅として、その他は賃貸物件として建物をよみがえらせた。

◉旧建物の状況・・・・・・・・・・・・・・・・・・・・・・・・・・・・・・・・・・・・・

既存建物はしばらく使用されないまま時間が経過し、廃墟と化していた。確認済証および検査済証ともクライアントの手元になく、建物の躯体自体に目立った傷みはなかったが、一部、柱が作為的に欠損している部分があった。

◉設計のポイント・・・・・・・・・・・・・・・・・・・・・・・・・・・・・・・・・・・・

外観は階段室型のイメージを一新。内部の間取りも地域の不動産状況に合わせ、基本プランを 3 タイプ計画した。また、施工はクライアント自らの自社施工とし、「低コスト」へのチャレンジを行っている。

中古建物市場が拡大しない理由

千葉駅から内房線に乗り、3つ目に浜野という駅がある。そこから歩いて5分ほどの所に川鉄コンテイナー（現：JFEコンテイナー）が保有していた寮があり、それを購入した、金属関連会社である株式会社メガテック会長の長尾繁氏から、リファインできないかという話を持ちかけられた。

クライアントの要望は、「一部を社宅、残りを賃貸住宅として貸したい」ということだけを伝えられ、寮として建てられた既存建物が賃貸マンションとして成り立つのか、またそれに伴い、コストのバランスを踏まえた提案を求められた。

このような仕事の場合、クライアントにとっては、収益率がどうなるかが最大の関心事であり、われわれがこの建物をどのようにリファインするかという作業には関心を示さないのが通常である。計画開始時、築何十年を超えた旧耐震設計による建物(註1)を現行法規に適合させるためにどのような法的な解釈が必要となり、また、どのような方針を立てて新築同等の建築として成立させるかに関しては、ほとんどのクライアントが関心を持っていない。大手デベロッパーなど、不動産のコンプライアンスに関する重要性を認識している人は、将来の転売のことを考えると法令遵守が重要であることを熟知している。しかし、個人オーナーの場合、そのような考えに至らないのはごく一般的であり、いってしまえば、法的な処理については建築家がすべてを問題なくスムーズにクリアしてくれると考えているようである。打ち合わせのテーブルでは、法令遵守の考え方や将来の転売時に起こるであろう問題に

註1
1981（昭和56）年6月1日以前の建物が対象。

関してはいくら説明しても議論もされないのが実情である。

したがって、どのような法令遵守に基づいた再生工事を行うかは、委託された建築家の個々のモラルと能力いかんに関わってくる。

このような状況の下に中古建物が再生されていることを考えれば、しばらくは、スクラップアンドビルドの呪縛から抜け出せないことは明白であり、このことが中古市場が拡大しない大きな要因のひとつとなっている。とにかく、中古建物は健全とは言い難いところで流通しているのが現状である。

既存建物の調査

敷地の一部が都市計画道路指定で増築・新築に規制が

さて、この建物の概要についてであるが、クライアントは、購入時に前の持ち主から建設当時の建築図書を部分的にしか譲り受けていなかった。僕の経験では、建物の売買の場合だけでなく、リファインを行う場合でも、すべての建築図書一式を含めた資料が残っていることは少なく、そのことが、再生建築時の行政対応を困難にさせている。

計画を進めるに当たり、われわれが役所（千葉市役所）に行き、台帳記載事項証明書を調べた結果、確認済証は取得されていた（建築確認番号　第４３３３号、建築確認年月日　昭和43年12月9日）。つまり、計画（設計）は合法的な建物であることが確認できた。同時に、鉄筋コンクリート造の5階建てであることと、昭和56

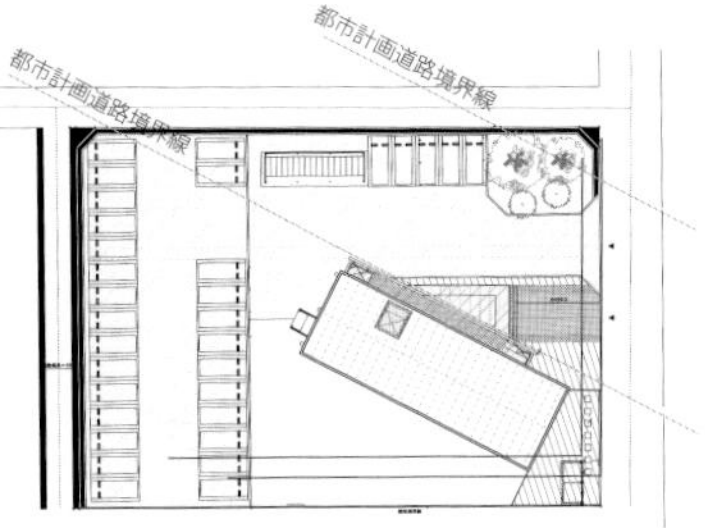

配置

▲

上はリファイン後、下はリファイン前の南東側外観

年6月1日以前に確認申請が下りているため、旧耐震であることが判明した。しかし、建物が完成した後に役所に提出する工事完了報告書と、正しく施工されていたという検査済証を役所から取得した経緯は見つからなかった。つまり、出来上がった建物の合法性は不明であった。

また、敷地の一部が都市計画法による都市計画道路に指定されており、そのため、増築および新築の規制が生じてくる。つまり、この計画道路にかかる敷地内では、簡易的な構造（解体しやすい建物、すなわち鉄筋コンクリート造でない建物）で、2階建てまでと定められている。このことが計画に大きく影響を及ぼすことになる。

計画のポイント ― 階段室型を変更し、EV、エントランスホールを設置

当然のことながら計画はクライアントの要望を聞きながら進めていくが、今回は計画について要望はまったくなかった。そこで既存の階段室型の建物に対して、耐震補強、軀体の補修、設備の更新、デザイン性を踏まえた内外装の更新などを行い、現代のライフスタイルにマッチするような計画とした。特に耐震補強は、現在の法規で定められているレベルまで建物を補強する。また、階段によって上階まで上がる、階段室型と呼ばれる形式は現代においては大変使い勝手の悪いものとなっているので、エレベーターを設置し、片廊下を付けるように変更した。それに伴い、エントランスホールを設けてセキュリティを確保するフルスペック案を提案した。

右2点：リファイン前の居室

KOBELCO

この提案は第一段階の基本設計としてクライアントの理解を得ることができた。そして、この方針に基づいて、周辺住宅事情および市場調査を含めて、工事概算金額、収支計算、利回りの検討を行ってほしいと要求された。周辺住宅事情の調査（地場の不動産業者およびインターネット等による）を踏まえた上で、住戸タイプをワンルーム、１ＬＤＫ、２ＬＤＫの３タイプで面積を仮定した後、事業収支を計算しながらプランニングを進めた。

リファインのポイント

旧階段室をエレベーターシャフトに

さて、エレベーターの位置であるが、どこにどういうふうにつくろうかと思考を重ねた。選択肢はふたつである。ひとつは、まったく新しくエレベーターのシャフトを建てて、片側廊下をつくり、そこからアクセスする方法。もうひとつは、ふたつの階段室のうち、ひとつを解体し、その中にエレベーターを設置する案。両者のコストを比較したところ、外部に新しくエレベーターシャフトをつくるよりは、階段室のひとつを解体してエレベーターを設置するほうが低コストでできることがわかり、この手法で計画を進めた。

ただ、この方法は言葉でいえば簡単であるが、いろいろな問題を含んでいた。エレベーターを付けるために階段室をひとつ取ることになるが、このような共同住宅においては、安全上、緊急時に2方向に避難することが求められているため、この

右頁
エレベーターを設置するために箱形階段室を撤去中
左の写真は、その前と後の状況

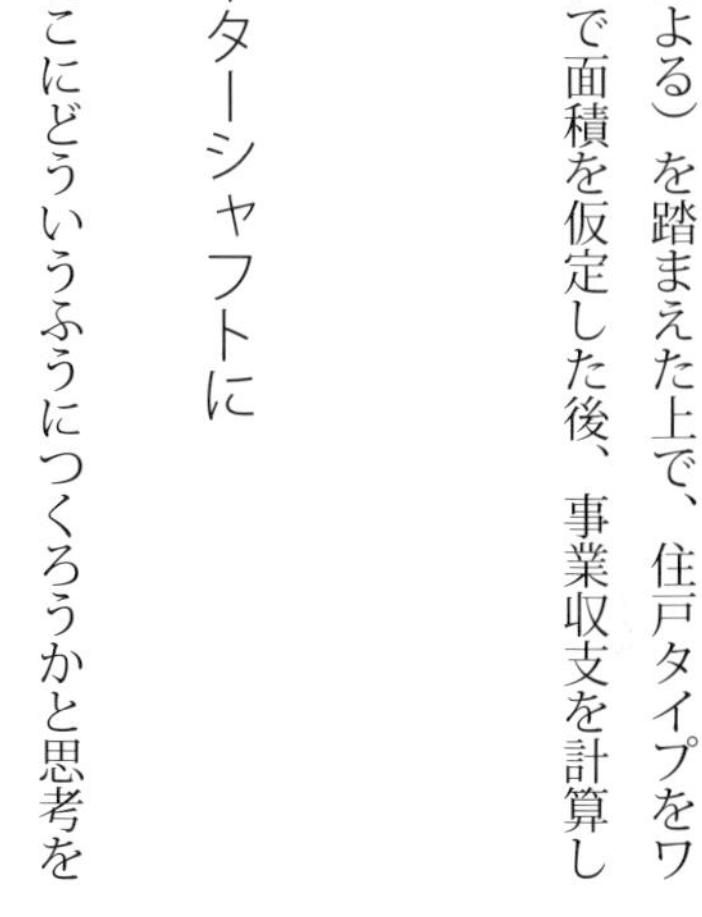

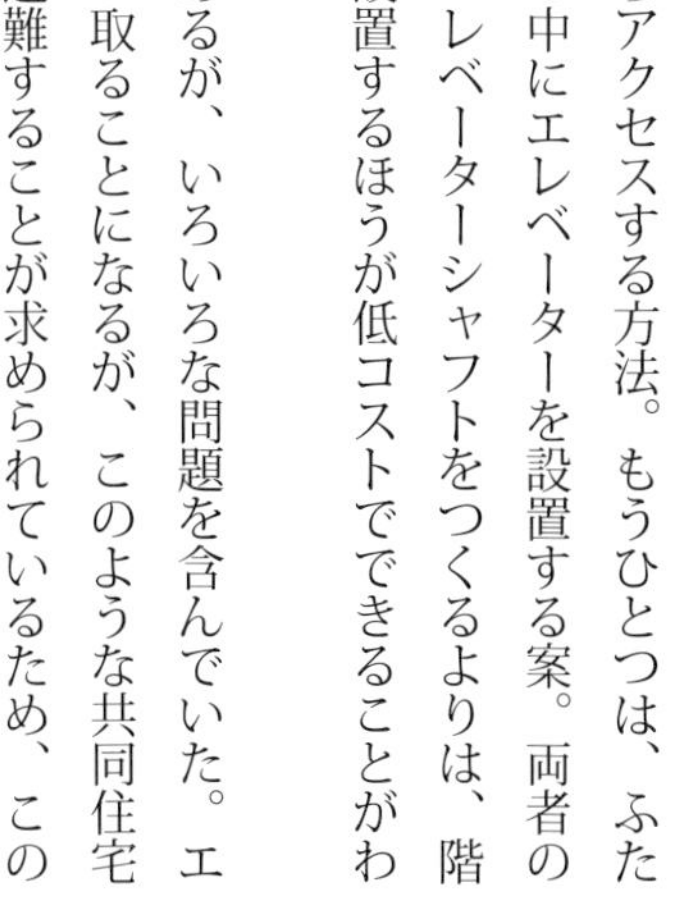

問題への対処が発生する。しかし今回は、各階で居室面積が２００㎡を超えていないので、階段はひとつでもよいという規定（施行令１２１条）があり、この問題はクリアできた。安全上の問題は、消防との協議により、各階の用途（ここでは共同住宅）によって人数の算定法が決められており、今回は「３階以上の各階の収容人数が10人以上」という規定には当てはまらないので、避難器具の設置は法的には求められていないが、非常時にはバルコニー間の仕切り板を破壊して隣の住戸へ逃げられるよう、２方向避難を確保している。また、階高が低かったため、エレベーターの構造上、オーバーヘッドと呼ばれる昇降路を確保するため、屋根スラブを解体し、この部分をつくる必要が生じることになった。

階段室と屋根スラブの解体と共用廊下の設置により、必然的に建築基準法上の「大規模の模様替え」＋「増築」となった。

行政対応①　検査済証なし、「既存不適格」をどう証明するか？

肝心の行政対応についてもう少し深く掘り下げる。

リファイン建築を行う場合、クライアントにとってはあまり重要と思われない問題が多く発生する。われわれは、その建物が将来どのような使われ方をするのか、また転売される可能性があるのかなど、遵法性を含め、将来問題視されるであろう事柄についての検討までを、リファイン建築を始めて以来20数年にわたり行ってきた。その目的はやはり健全な建物にしたい、という思いからである。そのため、この建物も、新しく確認申請を出し、検査済証を取得することを考えていた。このことにより、既存建物がリファイン後には新築とまったく同じ評価を受けることになる。ただ、本物件については確認申請を提出する前提条件として、特定行政庁（千葉市役所）からいわれたことは、「検査済証がないので、既存不適格を証明すること」、つまり、建設当時に違法性がないことを証明してほしいといわれたのである。

このような協議の場合、どのような方法をもって当時の遵法性を証明し、現在「既存不適格」であるということを証明するか、ということがポイントとなる。この既存不適格というのは、建設当時はその時の建築法規に則り間違いなく建設されたが、その後の法改正により、現在の法には適合していないと判断されるもので、決して違反建築ではない。今回は、この建設当時に適法であったということ（検査済証があれば適法性が認められる）を何らかのかたちで証明することを求められたのである。このようなことは、建築基準法のどこにも載っておらず、まったくリファインならではの、未知の解決方法を求められたのである。

現在の建築基準法が、新築のみを対象としてつくられており、リファイン建築を含めた再生建築にはまったく対応できていないことがこのような問題を引き起こしている。

そこで、わが事務所で過去に実行した事例を提示し、実績を強調した。また、今回、耐震診断を行う調査内容（コア抜き、はつり、現地図面照合）を伝えた。それならばということで、当時、千葉市役所の建築指導課と東京都の関係各課で法的な解釈の勉強会を行っており、まだ内部資料の扱いだった東京都の事例に基づいた指針（既存建物の判定要領）を本件の場合に適用することを、当時の構造担当の建築主事が判断してくれた。その過程の中で、既存不適格を証明するための調査内容および届出書の書式をいただき、調べてみることにした。このことで構造上の当時の遵法性解釈は解決を見ることになった。

また構造規定以外の当時の遵法性については、単体規定はすべて現行法規に合わせること、集団規定については、既存図と建設当時の法規の照合により、その時点での法規にマッチしているかどうかの確認を行うことを提案した。その結果、構造については判定要領に基づいて当時の遵法性を証明し、その他は新築と同じにするということで、行政との方針を決定したのである。

行政対応②——行政方針に対する具体的な対応

行政との方針に対して、どのように対応したかを詳しく述べれば、構造については、東京都の「増築等に関する既存建築物判定要領」に則り、コンクリートコア抜き調査（各階3箇所）、はつり調査（柱、梁について各階1箇所）、中性化深さ試験（コア抜き、はつり箇所すべて）、配筋探査（梁、壁柱について各階1箇所）、躯体寸法調査（柱、梁、壁厚）を行い、既存図との照合を行った結果、設計者の総合所見、着工時以後の改正法令等および適合状況のチェック、検査済証がない理由書を

①リファイン前

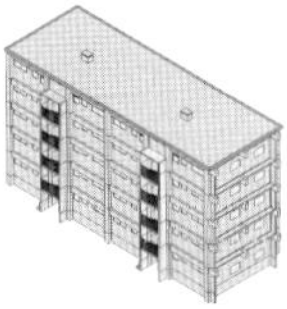

②解体・撤去（外部）

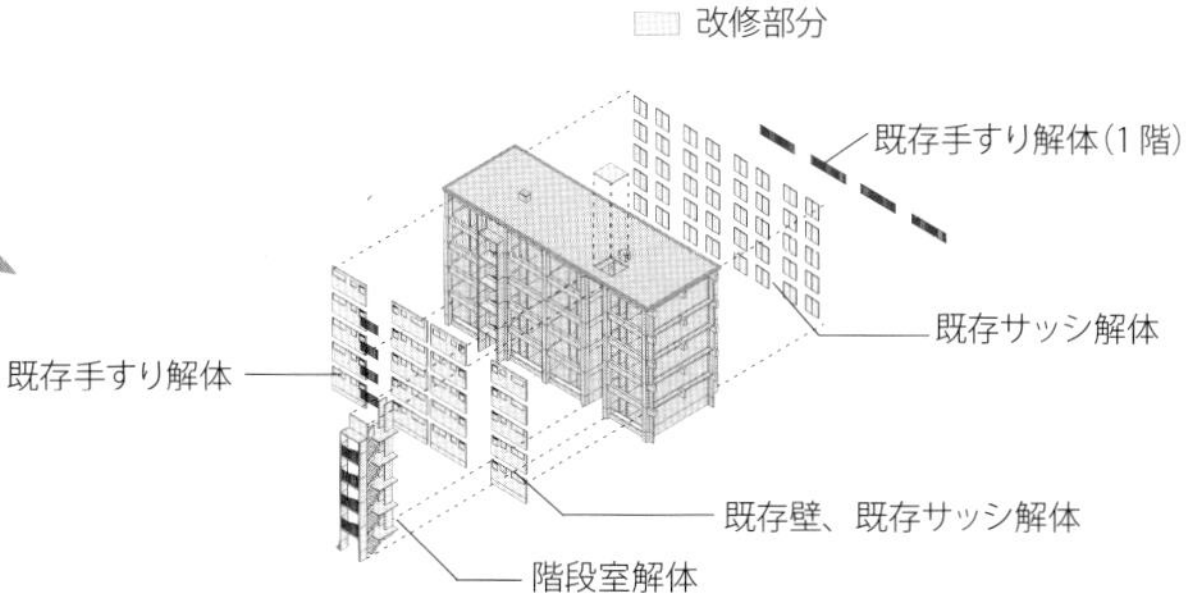
改修部分
既存手すり解体（1階）
既存サッシ解体
既存手すり解体
既存壁、既存サッシ解体
階段室解体

③解体・撤去（内部）＋補強

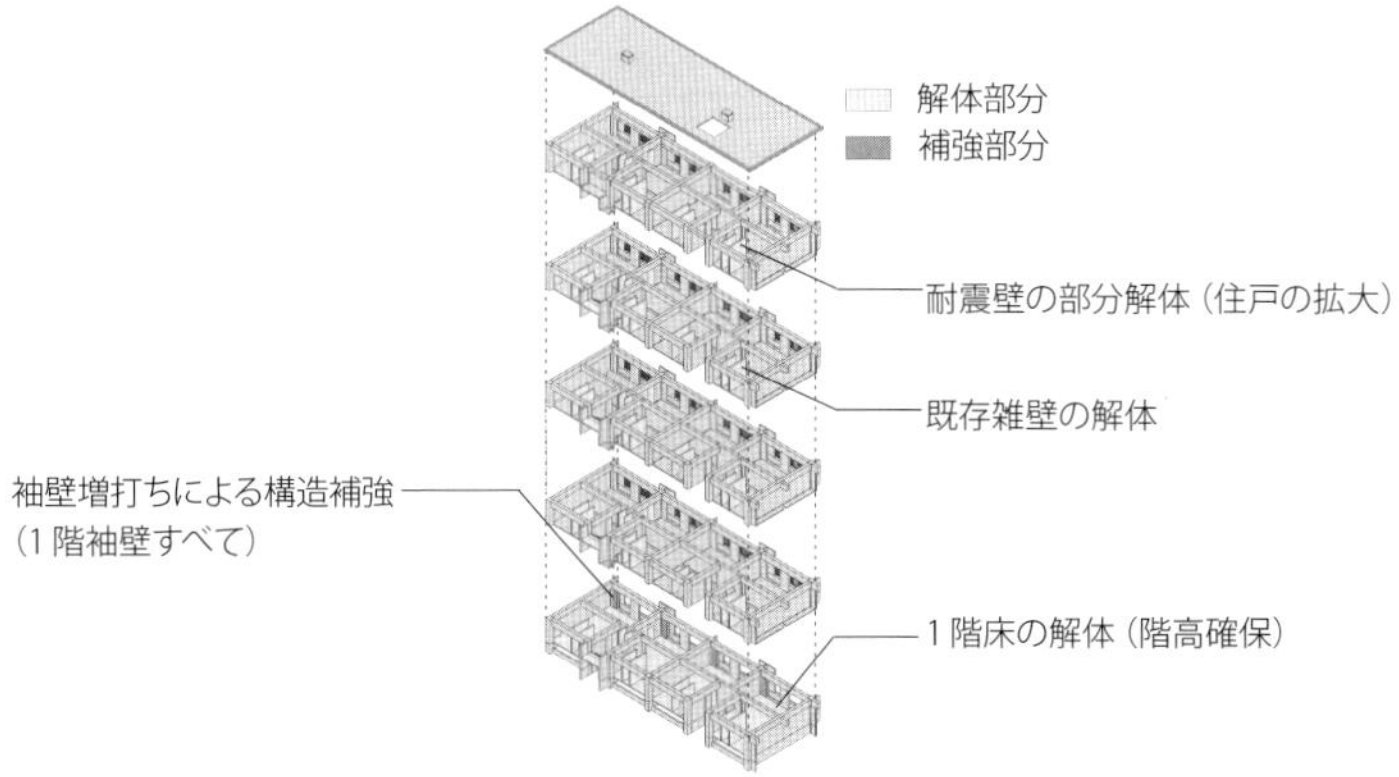
解体部分
補強部分
耐震壁の部分解体（住戸の拡大）
既存雑壁の解体
袖壁増打ちによる構造補強
（1階袖壁すべて）
1階床の解体（階高確保）

④新規外壁・設備

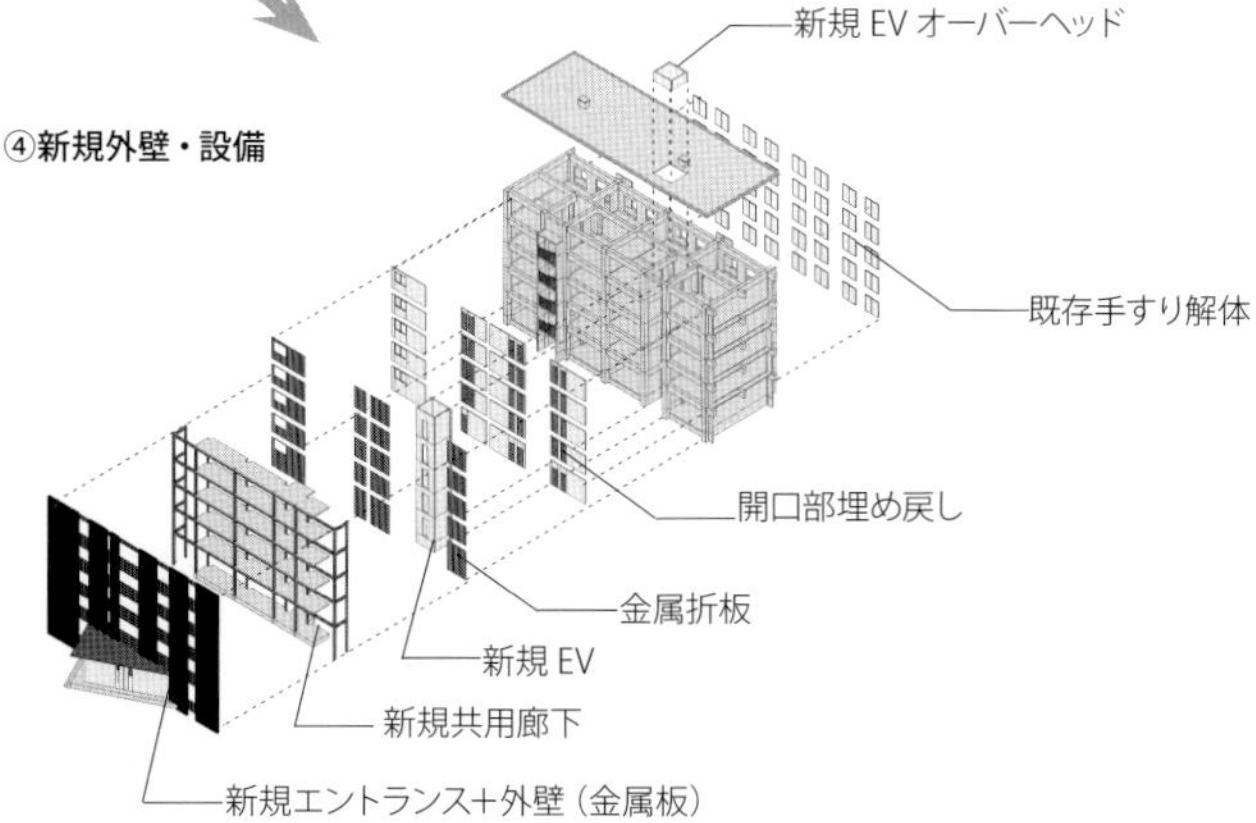
新規 EV オーバーヘッド
既存手すり解体
開口部埋め戻し
金属折板
新規 EV
新規共用廊下
新規エントランス＋外壁（金属板）

⑤リファイン後

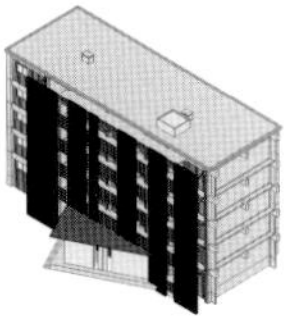

before ***after***

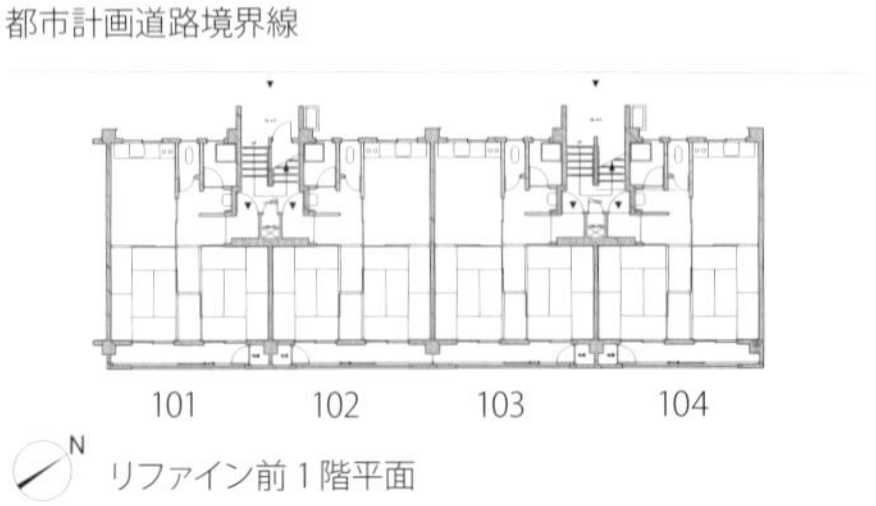
都市計画道路境界線
101
102
103
104
N

リファイン前１階平面

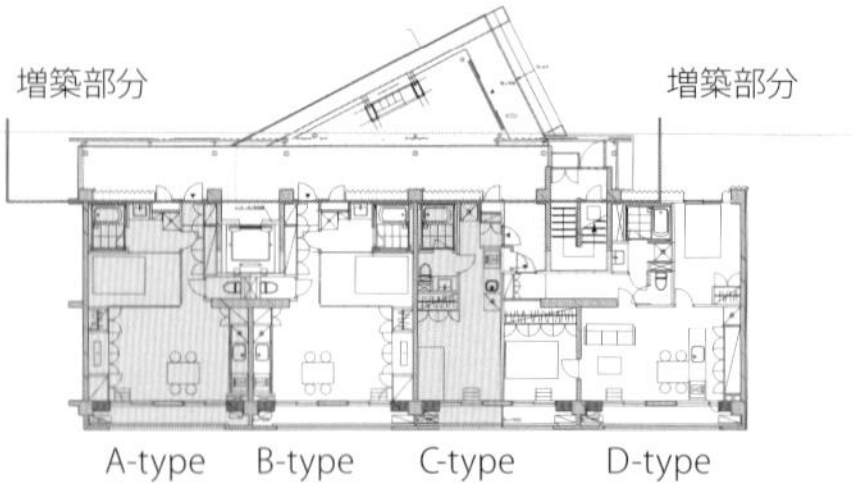
増築部分
増築部分
A-type
B-type
C-type
D-type

リファイン後１階平面

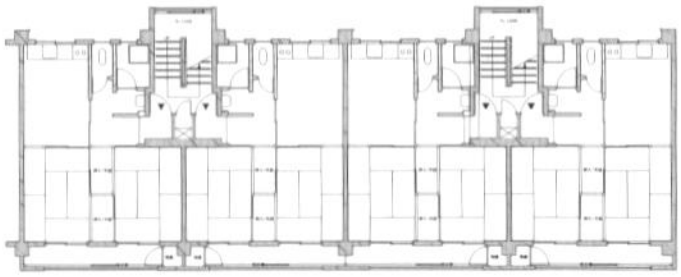

リファイン前基準階平面

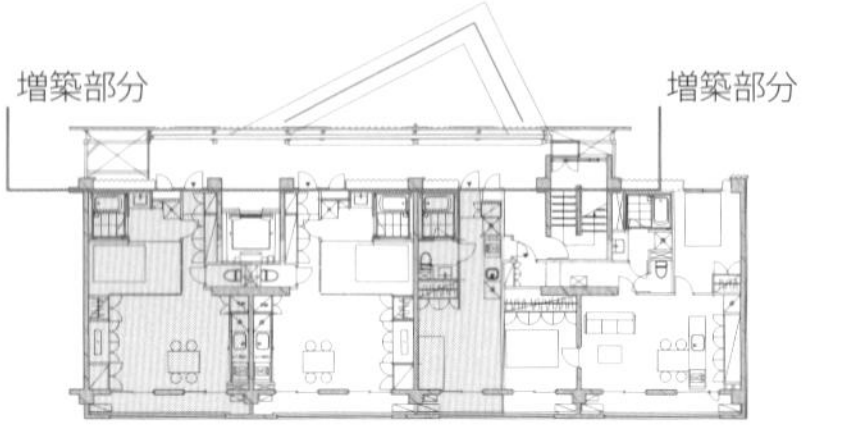
増築部分
増築部分

リファイン後基準階平面

居室　入口側

居室　窓側

まとめ報告書にして提出した。報告書をもとに、竣工当時の遵法性があったと判断された。

意匠については、集団規定のみ建設当時の法を検証し、当時の建築基準において適法であることを確認し、遵法性があったことを証明した。確認した項目は、敷地、接道、用途、容積率、建蔽率、道路・隣地・北側斜線制限、日影制限、各地域地区である。これらの作業によって、判定要領をもとにした構造調査によるチェックや当時の法チェックによって、この建物が建設当時、適法であったことが証明できた。

また、リファインするに当たって、当時の遵法性をベースに、現行法とのチェックも行う。当時はよくても、現在は改正法令などによって、既存不適格となっている事項が必ず出てくる。構造は旧耐震建物というだけで既存不適格であるし、意匠でいえば、本物件の場合、高度地区による高度斜線制限が既存不適格項目となっていた。確認申請前にこれらの処理をしておく必要がある。構造については、当時の計算書がなかったため、判定要領による調査結果を踏まえ、既存図と建物の状態が異なってる部分は、そのデータを用いて既存建物耐震診断（2次診断）を行い、診断結果とこの調査結果をもとに報告書を作成して提出した。高度斜線については「認定申請」をして、既存不適格であることを証明した。

確認申請に関する手続きは、新築と同じ流れ

さて、前提条件の既存不適格建物であることを証明したことで、本題の確認申請にやっと入ることができる。リファイン建築の作業は、ここまでが大変な作業で、新築時の設計にはない、最も神経を使うところである。こうしたことは、クライアントもまったくわからず、理解できない領域で、この作業に対するフィーはなかなか了解していただけないのが現状である。

確認申請の書類図面をつくる作業に入る前に、既存図を一度データ化する作業がある。このことは、前項で述べた既存建物全体の把握や、また、何を残し、何を解体し、どういうふうに平面計画やファサードの検討を行っていくかなどを、同時並行で進めていく上で有効である。この作業が終わった後に、確認申請の準備にかかる。

確認申請の方針であるが、ひとつ目は既存建物のデータをもとに構造計算を行い、既存建物で不足する耐力を補強する計画を立てて進めていく。当建物は、壁が多いため第1次診断で十分と考えていたが、より詳細に耐震性能を把握するため、第2次診断により安全性を確認した。これは、平面計画や法的な問題も含みながらの計画となるので、単純な作業ではなくなる。

ふたつ目は、増築部分の規模等の条件に対応して既存部分に適用される基準が決定される。増築部分が、50㎡以下かつ既存延床面積の20分の1以下であれば、既存建物の現時点の耐震性が維持できればよい。しかし、われわれは、今回の計画に当たり、より安全を期するために、耐震診断基準に適合する自主的な補強を行うとい

うことで補強案を提出した。つまり、増築をした後においても、既存建物が耐震診断基準のＩＳ値＝0.6以上の基準をクリアできる補強を行うこととした。（1階部分の柱の袖壁を補強）

３つ目は、建築基準施工令１３７条の12第1項に規定されている大規模の修繕または大規模の模様替えにおいて、既存建物の構造規定については、当該建築物の構造耐力上の危険が増大しない計画であることを確認した。

以上の結果、構造的には、耐震診断で判断するのではなく、荷重の増減で減になるよう設計することでの判断になるため、荷重を減にし、既存建物の危険性が増大しないという計画で進め、既存不適格建物の耐震性については、自主的にリファイン計画後に耐震診断で判定するという流れでクリアした。

行政対応④――「危険性が増大しないこと」を確認

構造方針を具体的に説明すると、既存部分に対しては、常時の状況で荷重が柱・大梁に対して応力が増大しないこと、かつ、中地震時で地震力の比較を行い、リファイン後の地震力が、現況の地震力よりも増大しないことを証明することで「危険性が増大しないこと」の確認を行った。また、大地震時に対しては自主的に耐震診断計算を行い、耐震補強することで、建物の安全性を確保するような計画とした。

「危険性が増大しないこと」の確認は、行政協議で「荷重の減」とするよう指導があったため、共用廊下を取り付けることで荷重に影響のある既存部分は、既存のRC壁をすべて撤去し、ALC板（工場生産のセメント形成板でコンクリートに比べ軽くつくられている）でつくり直すこと、また、既存階段室部分の階段を撤去し、エレベーターを設置することにより荷重の減少を図っている。

常時荷重に対しては、共用廊下が取り付く既存部の柱・梁について、リファイン前後の応力を比較検討し、応力が増加する箇所については、現状の断面で応力度が許容応力度以内に納まっていることを確認した。中地震時に対しては、増築部分を含めた建物の全荷重がリファイン前の荷重より減少することを確認することで、既存建物のフレームや杭に対して「危険性が増大しないこと」を証明している。さらに大地震に対しては第2次診断計算を行った。その結果、1階で耐震性能が不足することが判明したため、柱の袖壁補強により耐震安全性を確保する計画としている。

増築部分については、荷重の増加を極力減らすため、共用廊下のスラブに軽量コンクリートを使用し、設計は現行法にて行った。リファイン後の建物全荷重がリファイン前より軽くなるため、既存の杭に建物全体の水平力を負担させる考えでも問題はないが、安全を考え、増築部分に新規に設ける杭に対し、増築部分の荷重（水平力）を負担させる計画とした。

また、千葉市との協議の中で、都市計画道路に指定されている範囲には共用廊下を増築できなかった（都市計画法53条の許可）。そのため、通常はエキスパンション・ジョイントで既存部と増築部を分離すればよいのだが、そうすると共用廊下の短辺

エントランス部分（右）と、その内部

上：北側全景、エントランス部分、共用廊下、エレベーターを新設
下：共用廊下

方向が狭くなり、搭状比（建物の幅と高さとの関係、あまりにスリムでアンバランスな建築ができないようにとの考え方から設定された）の確保が難しい。これにより、既存建物と構造を一体化することが必要となったため、50㎡以内かつ既存延床面積の20分の1以内での増築計画とせざるを得なかった。

そのため、共同住宅の場合、開放廊下とすれば、この共用廊下は床面積にカウントされないという規定があり、開放性の高い廊下とした。

完成した建物をご覧いただくと理解していただけると思うが、この共用廊下は、開放部が天井高さの2分の1以上であることという条件を満たしていない部分が断続的にある。しかしこれは、エレベーターや玄関前の風除け、プライバシー確保のための防御壁を設けてもよいとの指導に沿ってデザインし、開放廊下として法を満足させた。建築法規を理解している人であれば、かなりアクロバチックな方法でこの建築が完成したことをご理解いただけるのではないか。

行政対応⑤ ｜ 法改正をまたいだ場合の確認申請の流れ

さて、新築にかぎらず、リファイン建築を含めた再生建築にも姉歯事件は大きな影響を及ぼした。むしろ、リファイン建築に関してのほうが、建築基準法上、大きな難問を残したことになっている。

今回の計画は、２００７年６月20日の建築基準法の改正により、意匠、構造、設

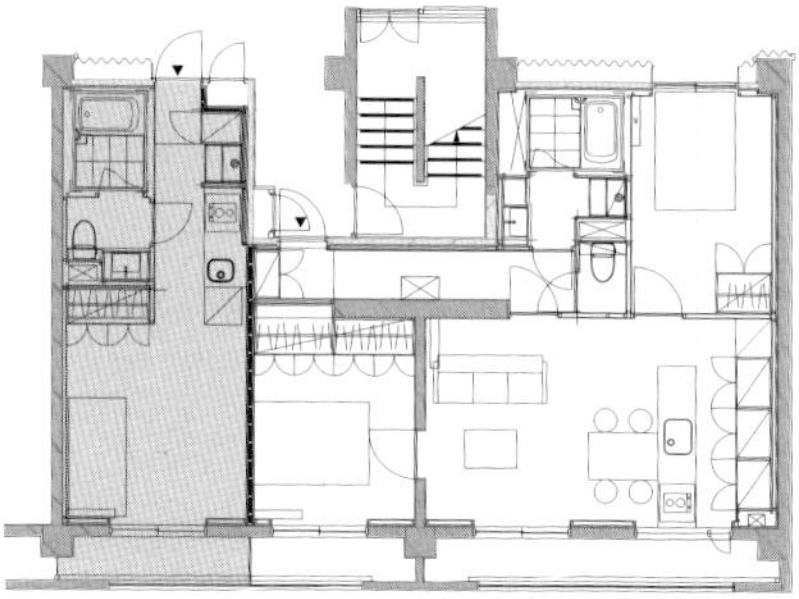

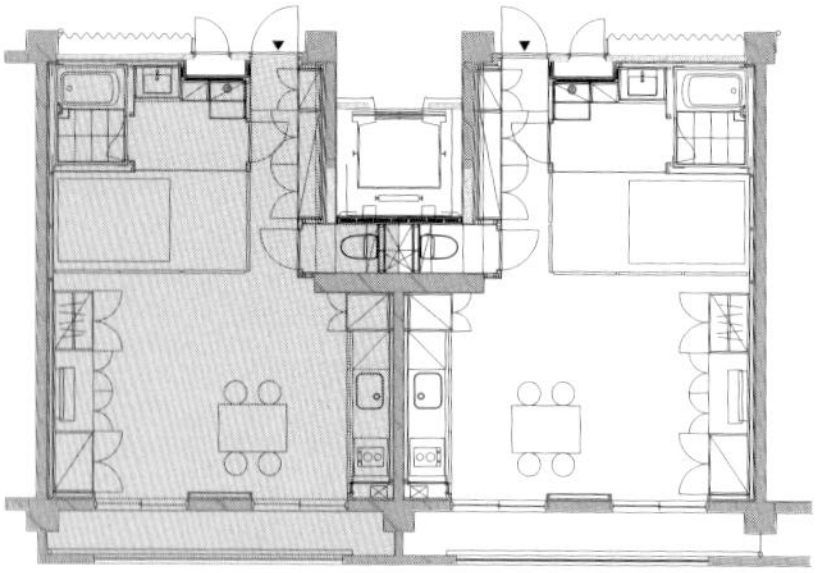

リファイン後の居室平面

after

before

解体工事を終えた室内

備に関して旧基準と新基準の法改正をまたぐことになったため、それまで準備してきた書類や図面に大幅な変更が生じ、スケジュールが大きく延びることとなった。今まで提出した書類を見直し、整合性をチェックする。この数年、毎年のように建築基準法の変更があり、われわれのような長時間にわたる設計活動は、そのたびに設計のやり直しや整合性の確認の必要に迫られる。これは確認申請を提出する場合に、特定行政庁による確認申請の事前チェックを行い、この建物が確認申請上、整合性があるかどうかを事前に相談に行く。これを繰り返しながら、確認提出時に間違いのない図面をつくり、確認申請を提出、審査、確認済証という流れになる。

具体的に千葉市役所の場合の法改正後の手続きの一例を次に示す。

・2007年6月21日、法改正により行政との調整を行う。

・8月22日、今までに提出した書類、図面等の変更申請を行った。中身は、高度斜線制限の認定手続きの変更申請、都市計画法53条の変更申請、中高層条例に基づく近隣住民へ変更部分の再度の説明、変更図面による消防協議等である。

・9月11日、確認申請の仮受付をしてもらう。この時点で、確認申請における大方の目処がついたので、着工のための準備を行う。

・10月3日、空き家となった現地に入り、リファイン建築で最も重要となる解体工

リファイン後の居室内部（左頁とも）

事に先立ち、仕上げとの取り合いを含めた解体部分を明確に現場に伝えるためマーキングをする。その過程で、今までOKとして進めてきた共用廊下の外部仕上げの開口率がダメとの指摘を受けた。そこで再度協議を行い、外壁のデザインを変更し、確認の本申請へと進むことになった（意匠の担当者には、グレーチングの開口率が2分の1以上あると解釈していただいていたが、建築主事がNGを出したようである。そこで前述のアクロバチックな方法での外壁デザインとなった）。

・12月14日、やっと確認済証が交付され、15日着工の運びとなった。

施工のポイント―CM方式とチャイナ・メイドのマイナス面が続出

さて、この間、クライアントとの打ち合わせでは、当初数社の建設会社に見積もりを取っていたが、出された見積書の金額が納得できないこと、また、クライアントの会社は金属関連会社で板金工事の施工をしているということがあり、どうも建設会社には不信感を持っているらしく、自分の会社の社員に現場監督をさせ、またできるかぎり、自分の会社の職人による工事を行いたいということであった。

はっきりいって、これは大変なことだと思ったが、まぁ、リファイン建築の新たな挑戦のひとつと受け止め、気分を入れ替えて現場監理にのぞんだ。

そして、着工時の少し前、中国・大連にコネクションのあるクライアントは、資

中国での買い付けの様子

材の買い付けに行きたいと言い出し、僕が計2回、スタッフ2名がそれぞれ2、3回、大連に行くことになった。中国での買い付けは面白いものではあったが、打ち合わせは大変である。こちらはクライアントを含め4人ほどで行くが、ガラスひとつ買うにしても、向こうは10人出てくる。通常、このような打ち合わせをする時にはそれぞれ担当者が付き、違った箇所や品目ごとに各担当者との打ち合わせをしながら、短期間で終わるように作業を進めていくが、中国は違っていた。ひとつのことを10人全員であぁでもないこうでもないとしゃべりまくり、収拾がつかない。こういうことを2、3度繰り返していると次第に苛立ってくるので、その場を仕切ることにした。10人それぞれに別々の課題を与え、仕事を指示したのである。

こうして、予定時間を少々オーバーしたが、目的は達成された。テレビなどで見たことのある方も多いと思うが、中国の建材の展示施設は僕の想像を遥かに超えていた。例えば、ドアノブであればドアノブが、膨大な広さのフロアに膨大な数が展示されている。大理石の展示場は、ほぼ一日回っても見きれないほどの広さがあり、目的を持って買い付けに行かないことには何も決められないことがわかった。初めて訪れた時も、仕上げリストをつくっては行ったが、2回目以降は、詳細な図面を起こして、その場所にフィットするかどうかで決めること、また、蛇口や便器などの衛生器具は、将来メンテナンス等で問題が起きた時にすぐに対応する必要があると思い、日本製でなければならないものは日本製とし、またコストの安い中国製が使えるものは中国で決めるという方針を立てて対応した。

実際に工事が始まると、中国製品で予想だにしないことが発生した。大判のタイ

キッチンの壁は中国で調達した大判タイルで白一色のはずだったが、数量が足らず、縦に20㎝ほどの隙間ができた。苦肉の策で、余分に買ってあった色タイルを貼り、デザイン上のアクセントとした

ルは数量が足らず、現場でいい加減に貼ったせいか、縦に20㎝ほどの隙間ができ、にっちもさっちもいかなくなった。そこで仕方なく、余分に買ってきたタイルをはめ込み、デザイン的に見せる努力をした。家具を例に取ると、すべてのドアのパネルの色が微妙に違っていた。また、梱包方法が悪いせいか、隅が欠けたり、どこかに傷があるのは当たり前で、呆れてしまって文句もいえないという感じであった。

エピローグ——挑戦は限りなし

着工からちょうど1年半、２００９年６月16日に引き渡しをしたが、工事は遅れに遅れた。これは結局は、コスト削減を考えたＣＭ方式（クライアント自身が各建築の業種、例えば左官は左官、大工は大工にそれぞれ分離発注する発注方法）になったため、途中で各業種とも数度の見積もりの取り直しや、そのための時間のロスなどが発生した。また現場監督の段取りの悪さなども指摘されるが、竣工間際になって設計事務所が悪いと怒られたことにはいささか僕も呆れてしまった。

まぁ、このようなこともあるかと思い、ひとつの勉強にはなったが、大変な作業であったことは間違いない。何の仕事でも同じであると思うが、人がやらないことをやるということは、大変な困難を伴うということが身にしみてわかった次第である。完成見学会の日、建設費について見学者からオーナーに質問が飛んだが、坪単価28万円で完成した模様である。

最後にクライアントへの恩返しができたと思っているのは、この「ルミナスコート壱番館」が第22回千葉市優秀建築賞を受賞したことである。選考委員会による審査の結果、ノミネートされた55作品の中から6件の入賞の中に選定され、２００９年12月１日の千葉市報「ちば市政だより」で発表された。そして、12月21日の「千葉市優秀建築賞シンポジウム２００９」にて表彰を受け、その後で開催されたシンポジウム「建築文化の向上と都市景観に対して建築を考える」では発表の機会をいただいた。そこで、「リファイン建築（再生建築）を広く普及させるためには、建築行政の多大なる協力が必要である。また、建築行政の方は建物をストックとして活用していくことについていまだに無知な部分が多い」と今後への期待の意を込めてはっきり申し上げたところ、主催者である千葉市の方から前向きな答えをいただいた。クライアントからは、当初は社宅として考えていたが、民間からの賃貸要望が後を絶たず、うれしい悩みを抱えている、という喜ばしい報告があった。審査委員長からは、リファイン前後を比べてみると魔法をかけたような見事な作品であると高評価をいただき、完成までは大変なこともあったが、それもすべて報われた思いであった。

築100年を超えた木造住宅をリファイン

福岡市T邸

after

福岡市T邸リファイン計画

◉計画の概要

築100年を超える木造住宅のリファイン。当然のことながら確認済証や検査済証、設計図書は一切ない。伝統工法による木造建築を生かしつつ、親世帯と子世帯が良好な関係を保つ2世帯住宅にする。

◉旧建物の状況

昔ながらの間取りで使い勝手が悪く、100年の間に何度か増改築が繰り返された結果、光や風が通らない建物になっていた。老朽化も進んでいて雨漏りが激しく、また福岡県西方沖地震でダメージを受けていた。

◉設計のポイント

既存建物を吊り上げて90度回転させ、西側に7.6m移動。風の通り道をつくりながら、採光の良い、また隣のマンションからのプライバシーも確保できる配置計画とした。移築する場所にコンクリートで6枚の耐震壁をつくり、木造骨組みを移築、その外側に新たに箱をつくって既存建物をすっぽりと覆う。

プロローグ――建築基準法改正と木造建築の再生

2007年6月20日に建築基準法の大がかりな法改正が行われ、構造計算を今までの審査とは別の第三者機関に審査させる、「ピアチェック」という構造計算適合性判定の制度が開始された。また、新たな建築構造基準が策定され、今までの構造計算の手順が改正された。これは耐震偽装問題に端を発した建築確認審査の厳格化等によるもので、結果として、より複雑な構造計算が必要となり、審査期間が延びることになった。福岡市の「T邸」と後述する豊田市の「N邸」は、それぞれこの法改正の前後の物件である。このふたつの計画事例を紹介しながら、木造建築の再生における建築基準法改正に関する対応について述べてみたいと思う。

計画のポイント――100年を生き続けた家への思い

福岡市内で数棟の賃貸マンションを経営する方から、僕の事務所のホームページを見て著書『建物のリサイクル』を読んだので、一度会いたいとのメールをいただいた。所有されているマンションをいくつか見せてもらい、そのうちのひとつについてリファイン計画案を提出した。

このマンションは福岡市の南西に位置する荒江という所にある、4車線の道路に面した角地の7階建ての建物であった。1階に店舗が入っているのだが、その店舗

福陵ビル（2004、福岡）

の存在と現在でも入居率がかなりよいということが、当初提案した「居ながら施工」の壁となり、この案はあえなく不採用となった。その代わりにエントランスの改修と外壁の色彩を提案し、実施された（福陵ビル）。クライアントはそれをずいぶんと気に入ってくださり、数年後に新築マンションを計画しているので、その時はお願いしたい、というお話をいただいた。このような話はだいたい途中でぽしゃるもので、女心と秋の空と、気にもせずにいた。

約1年後、このクライアントから突然電話があり、自宅横にある敷地にマンションを建てたい、との依頼があった。この頃、福岡市内のマンションの設計料は工事費の2〜3％と低く、どのマンションを見ても、同じような間取りを積み重ねただけの、法チェックさえOKすればできてしまうというスタンダードなものがほとんどで、万人向きではあるが、自分で住んでみたいと思うものはあまり見受けられなかった。そこで、こういうことをしたい、という試案を出し、設計料も通常のマンションの約倍の予算をいただくことで計画がスタートした。完成後、近くの賃貸マンションの空室を尻目に入居は順調で、床面積の割には2割ほど高い家賃設定にも関わらず、満室となった（モノビル）。

モノビルの完成から2年後、隣の敷地内にもう1棟建てたいとの依頼があった。このマンション（デコビル）も前回と同じように、高い家賃設定にも関わらず、地元のプロ野球選手や医師など、ハイクラスな層が入居し、クライアントは大いに満足している様子であった。

デコビルの建設中に、同じ敷地内にある築100年を迎えた住宅をリファインで

モノビル（2004、福岡）

デコビル（2007、福岡）。17戸の賃貸集合住宅。隣接する住宅に光と風を確保するために、フラットタイプとメゾネットタイプの2棟の分棟とした

きないかとの相談があった。周辺環境は福岡城跡地付近の閑静な住宅街で古い屋敷も多く、環境の良い場所である。かつて貝塚があった場所であり、福岡市より埋蔵文化財包蔵地に指定されている。敷地は３面が道路に接しており、１層分ほどの高低差がある傾斜地であった。

既存建物は、木造２階建てで、１００年の間に小さな増改築を数度行っており、光や風が通らない建物となっていた。老朽化が進んでいて、雨漏りが激しく、また２００５年３月20日に発生した福岡県西方沖地震でかなりダメージを受けていた。昔ながらの間取りで使い勝手が悪く、玄関や応接室やトイレが南側にあり、キッチンや個室は北側にある等、現代の生活スタイルに合っていなかった。また敷地全体の雰囲気も統一されておらず、ちぐはぐに感じた。クライアントは70歳を超えているが、こどもの頃、おばあさんからこの家はとても良い家だと教えられてきた。彼にとってこの家は誇りであり、この家の誇りを子や孫に伝えていきたい、リファインできないか、という思いを伝えられた。

ビフォー&アフター等のテレビ番組の影響のせいか、木造の再生は住み手から過大な要求をされ、またテレビで見るほど劇的には上手くいかないことが十分にわかっていたので、これは僕の仕事のジャンルではなく、今、民家再生は盛んに行われているので、それを専門にされている設計事務所にお願いしてはどうかという話をした。実のところ、半分はやってみたい気持ちもあったが、木造建築の再生は、かなり高い設計料をいただいても事務所の人件費などを加味するとほとんどボランティアに近い仕事になる、という気持ちがあった。また後々のメンテナンスを考える

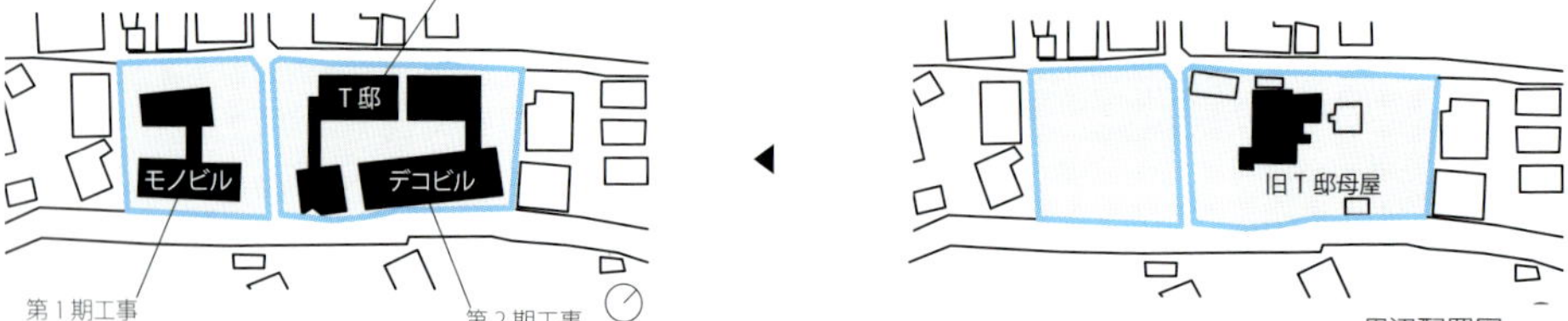
after
第３期工事
T邸
モノビル
デコビル
第１期工事
第２期工事
before
旧T邸母屋
周辺配置図

と、住宅は中途半端な気持ちでは取り組めないとつねづね考えていた。それに、木造建築の再生は今日まで手掛けた経験がなく、工事金額の把握についてもいささか不安を抱いていた。そうしたことを説明し、木造を専門にしている設計事務所に頼んではどうかという話をしたのである。すると、普段は大変温厚なクライアントから、「大きい建物は設計して、小さい建物は設計しないとは何事か」とお叱りを受けた。ごもっともな意見である。一方で頭の中では、もしこの仕事に取り組んだら、こんなことをしてみたいというアイディアが生まれ始めていたが、そのアイディアがクライアントに受け入れられるかどうか不安でもあった。しかし、気合いを入れ、引き受けることとし、提案を行った。

基本構想　住宅を90度回転させて、移動する

築100年の建物であるので、もちろん、確認済証や検査済証、設計図書も一切なかった。そこでまず調査から始めることとした。

クライアントの主な要望は、親世帯と子世帯が良好な関係を保つ2世帯住宅としたい、地震を経験したことから、安全で安心できる建物として、耐震化およびバリアフリー化を図ってほしい、また、快適で明るく風通しが良い建物としたい、ということであった。

一般的な木造建築の再生方法には、民家の再生のように建物の一部を再利用する

南立面（リファイン前）

上：リファイン前、南側外観
左頁：リファイン後
上：南側からの全景。90度向きを変えた状態。手前、通路でつながった右手のコンクリート住宅は子世帯。母屋の奥に賃貸住宅のデコビルが見える
下：母屋の東側外観

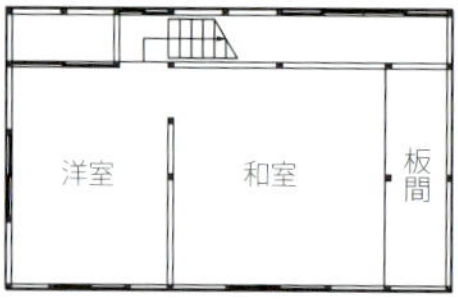

2階平面（リファイン前）

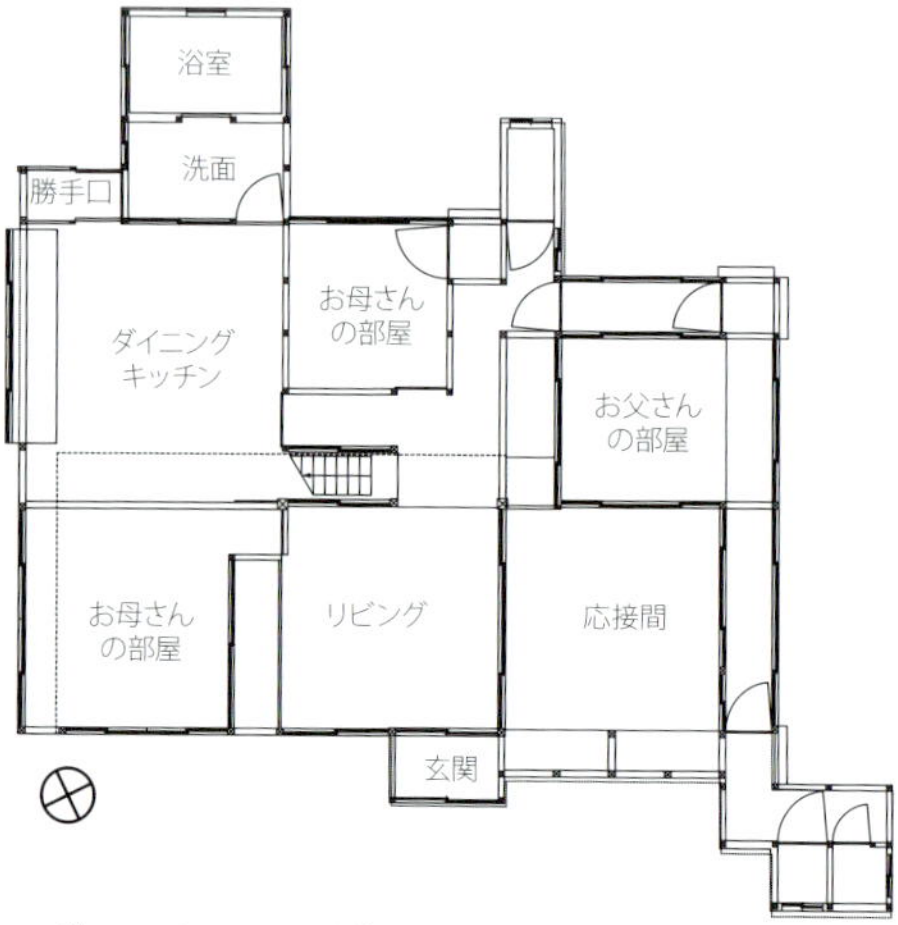

1階平面（リファイン前）

after

after

方法、古材を利用する方法、一度解体して組み直す方法等があるが、この計画においては、同敷地内に建つクライアント所有の賃貸マンションの配置計画を考慮し、住宅を90度回転させ、さらに西側に7.6m移動して、風の通り道をつくりながら、採光の良い、また1棟目に建てたマンションからのプライバシーも確保できるような配置計画をつくった。そして移築する場所に6枚のコンクリートの壁を立てて耐震壁とし、そこに木造の骨組みだけを移築し、その外側に新たに箱をつくり、すっぽりと覆うという提案をした。クライアントは一も二もなく賛成してくれ、安堵したことであった。

施工のポイント――木造建築を吊り上げて移動！

さて、1棟目と2棟目のマンションを建設した地元の建設会社は、施主の信頼も厚かったが、木造住宅を再生することに関しては僕以上に不安だったらしく、「この家を本当に残すのか？」と何度もいっていた。結局、この建設会社と木造を専門にやっている小さな工務店の2社で相見積もりを取ったところ、金額に大きな差があり、この建設会社は断念することとなった。

施工を請け負った工務店は、注文住宅を専門としている昔ながらの工務店で、大手の下請けや民家の在来工法の住宅などを手掛けていた。

当初、僕としては建物を90度回転させながら7.6mほど曳家することを考えていた

福岡市T邸◉リファインダイアグラム（工事の流れ）

既存
明治～ 2007 年 4 月
100 年の間に増改築を繰
り返していた

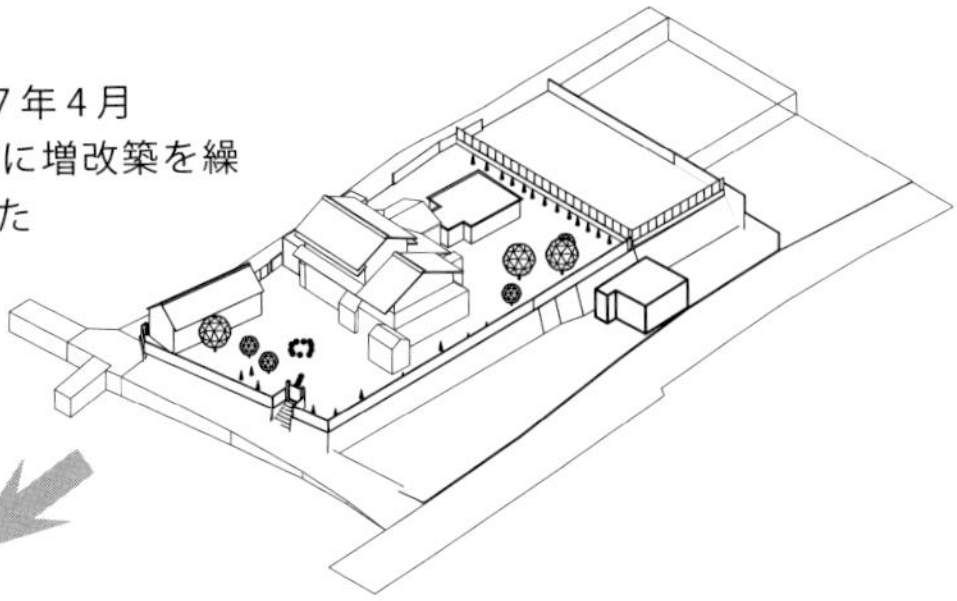

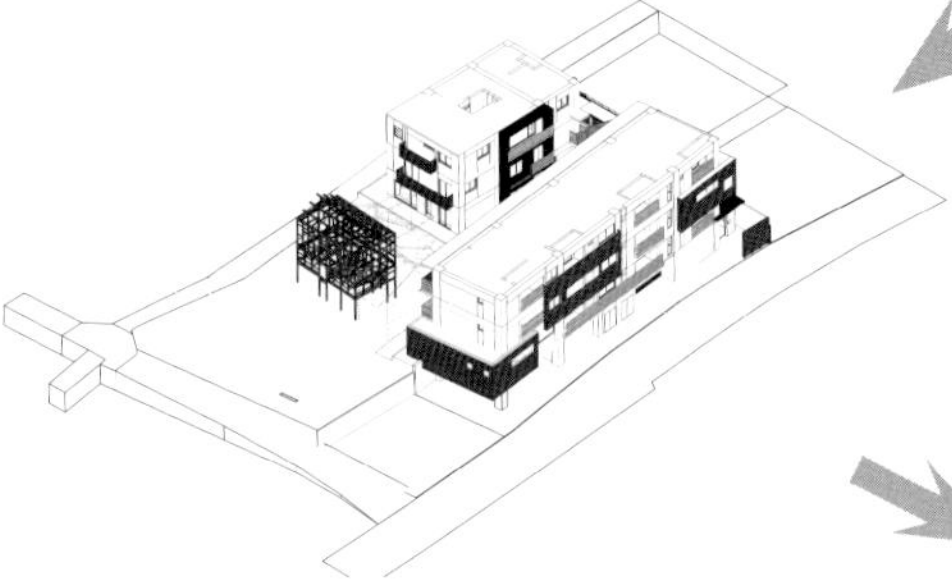

解体
共同住宅を新築した後、
2007 年 4 ～ 5 月、再利用する
旧母屋の構造軸組を残して解体

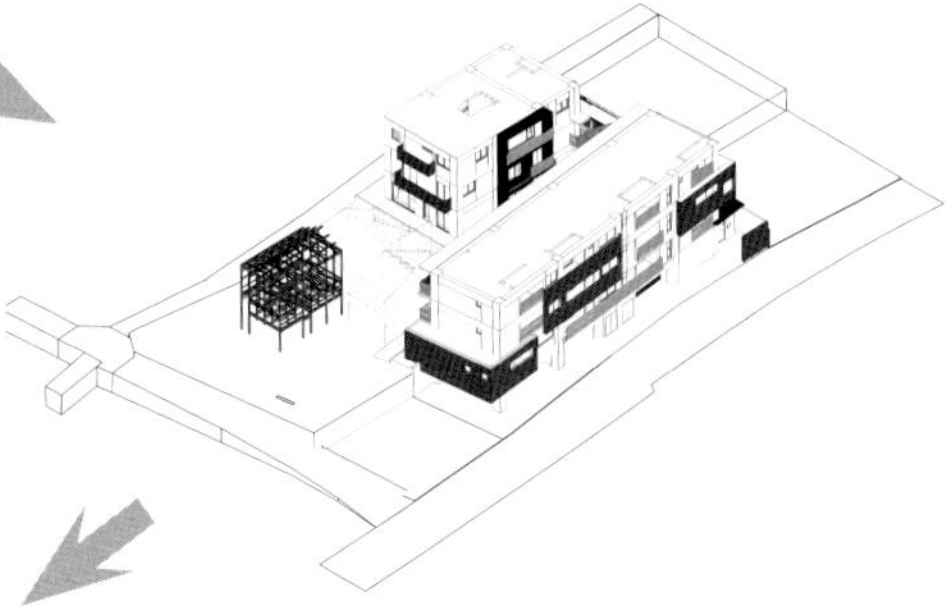

移設
2007 年 6 月上旬
クレーンを使って構造軸組を移動
曳き家を行う

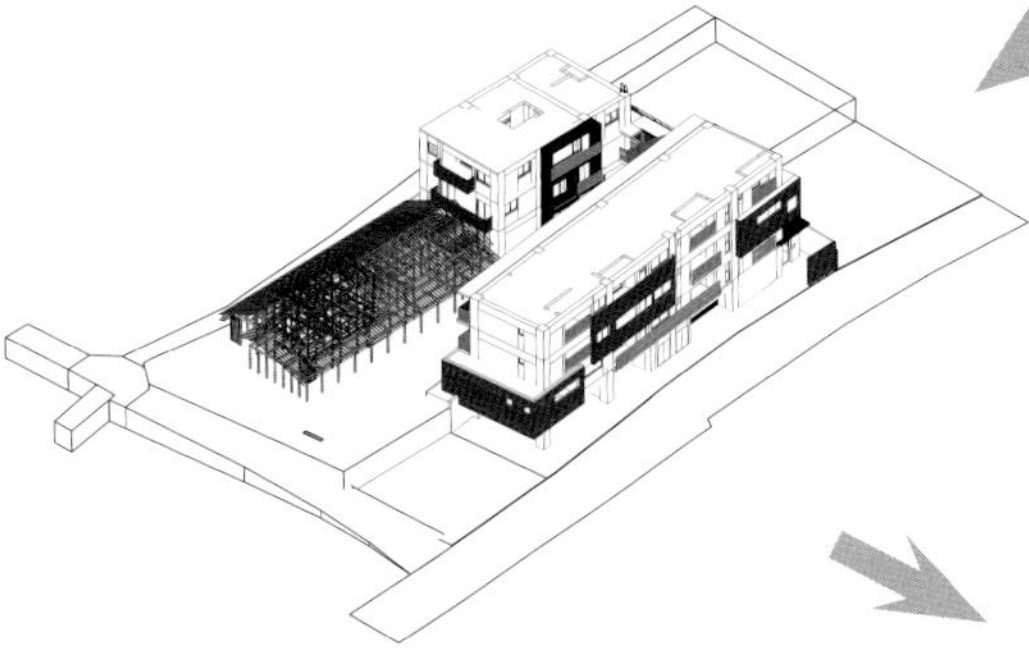

補強・増築
2007 年 6~7 月
RC 壁、筋交いの追加による補強と
木造フレームの増築

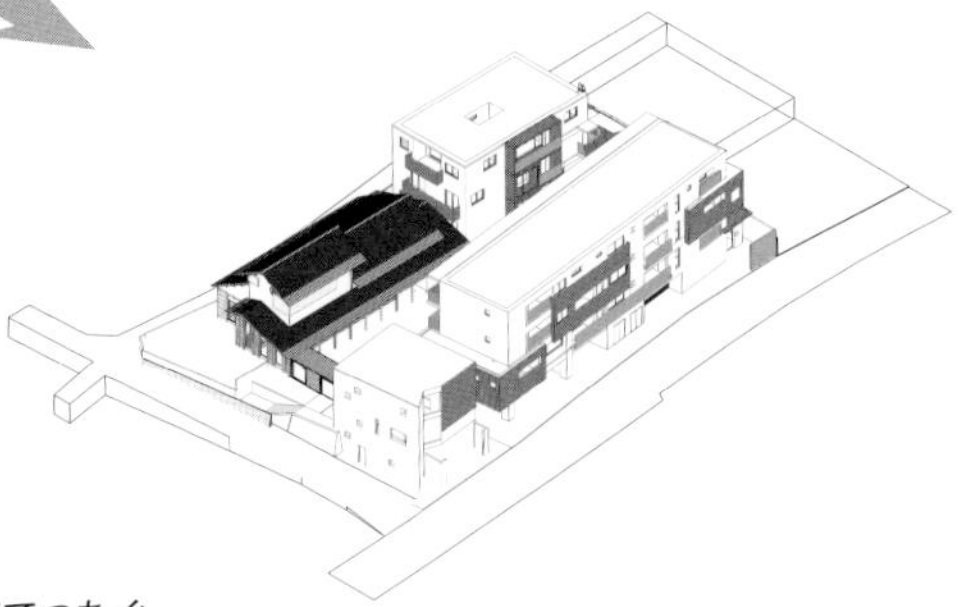

完了
2007 年 12 月工事完了
RC 造別棟を増築。渡り廊下でつなぐ

が、工務店との詳細な打ち合わせの中で、曳家の距離が短く、曳家の専門業者にお願いするよりクレーンで吊って移動したほうがコスト的によいのではないかという提案があり、自分の中でイメージを繰り返してみた。イメージがかたまると、なかなか面白く画期的な提案なのでそれを受け入れ、これに向かって準備を進めることにした。

ご存じのように、基礎をつくり、土台を敷き、その上に柱を建て、梁を架けるというように、下から順に組み立てるのが日本の木造建築の在来工法である。自重と積載荷重がなければ、木造建築は単に部材を重ね合わせて点でつながっているようなもので、これを吊った場合には力が逆に働くことになる。その結果として、木造の軸組がバラバラにならないかという心配があった。そこで、写真を見ていただければわかるが（次頁）、1階と2階の通し柱は添え柱をしてボルトでつなぎ、バラバラにならないような工夫をするなど詳細に検討を加えていった。

リファインを含む再生建築は、仕上げをはぐってみなければわからない部分が多い。それは鉄筋コンクリート造であっても、木造であってもしかりである。解体の結果、2階の一部分は、もともとは平屋で寄せ棟が架かっていたところを一度解体して2階を接いでいることがわかった。このようなことは、やはり屋根裏に入って調査しただけではわからないものである。より詳細な検討を加え、吊ったときにバラバラにならないように仮筋交いなどを設けて補強を行い、当日を待った。

当日、工事は幸い晴天無風という状況で始まったが、いざ始まってみると1台のクレーンではなかなかコントロールが難しいことがわかり、急遽2台のクレーンを

⑥

①

②

③

⑤

④

①〜⑤90度回転して向きを変える。
⑥吊られてもよいように添柱や仮筋交いなどを施す

交互に動かしながらの移動となった。終了まで約30分間のドラマではあったが、2台のクレーンのオペレーターの息の合った技術により、何のトラブルもなく無事移築することができた。移築が始まると、何事かと周辺の人が集まり、30人ほどの人々が見つめる中で工事が行われ、無事に着地した時は拍手が起きた。

リファインのポイント――木とコンクリートの混構造で安心な家に

さて、ここから躯体の補強補修を行っていくことになる。

13年ほど前になるが、僕は世の中で最も怖い奥さんから家をつくれといわれ、あまりよく考えずにつくってしまった。建築家の自邸には名作が多いといわれているが、僕の家は決して名作ではない。家をつくってみて驚いたことがひとつある。出来上がってローンを払い始めてみると、このローンがずっしりと僕の両肩にのしかかってくることを実感することになったのである。無性に腹が立ってきて、この住宅ローン地獄から解放される手立てはないかと考えたのが、坪30万円の家である。つまり、30坪で1、000万円の住宅ができれば、僕はイタリア人のようにもうちょっと楽しい人生が送れると思った(ジョークですので、イタリアの人怒らないで)。この時考えた手法が、水平力をコンクリートのコアで受けて、木の柱は軸力のみを負担するように考えれば、必然的に木の断面が細くでき、軽量化できるという方法であった。それによって作業性も向上し、また増改築などの自由度も高まる。まぁ、どうせこんな仕事は来ないだろうと思ったが、著書『リファイン建築へ』の最後のページにこのプロジェクトを載せてみた。すると、この工法で家をつくりたい、といってきた人がいて、1棟つくりあげた（SA-HOUSE）。

それ以来、この工法を進化させながら数棟の家を完成させてきたが、今回の木造のリファインにこの手法を使おうと考えた。次頁の図（ダイアグラム）のような位置（最下段）に耐震壁6枚を置き、そこに既存の木造の骨組みを上からすっぽりと落とし込み、それを上から新たな屋根で覆うということを考えてみた。実際には、移築した後、耐震壁を後から打つということになり、これによって建物は安定した。

ところが事件が起きた。コンクリートが土間用のコンクリートで打たれ、耐震壁用の強度がないということがチェックの段階でわかったらしく、現場監理をしていたうちのスタッフから出張先の僕に電話がかかってきた。「どうしましょう、これを壊すと大工事になります。予算がないので、壊すというのはかわいそうな気がします」という電話であった。僕は即座に、コンクリートを解体して打ち直すことを命じた。このような強度に関するトラブルは、実際に現場に行き、施工者と会って話を聞くと、決断が鈍って甘くなり、ずるずる時間が過ぎてしまう。非情なようにも思えたが、即決しなければ安心な建築ができないと判断した。たぶん、土間用コンクリートでもコア抜きをして圧縮強度を測れば問題なく必要な強度は出たと思うが、間違いは間違いである。工務店にとっては大変な負担になったと思うが、このことにより現場に緊張感が生まれ、結果的には良い建築が完成したのではないかと考えている。

SA-HOUSE（2001、大分）

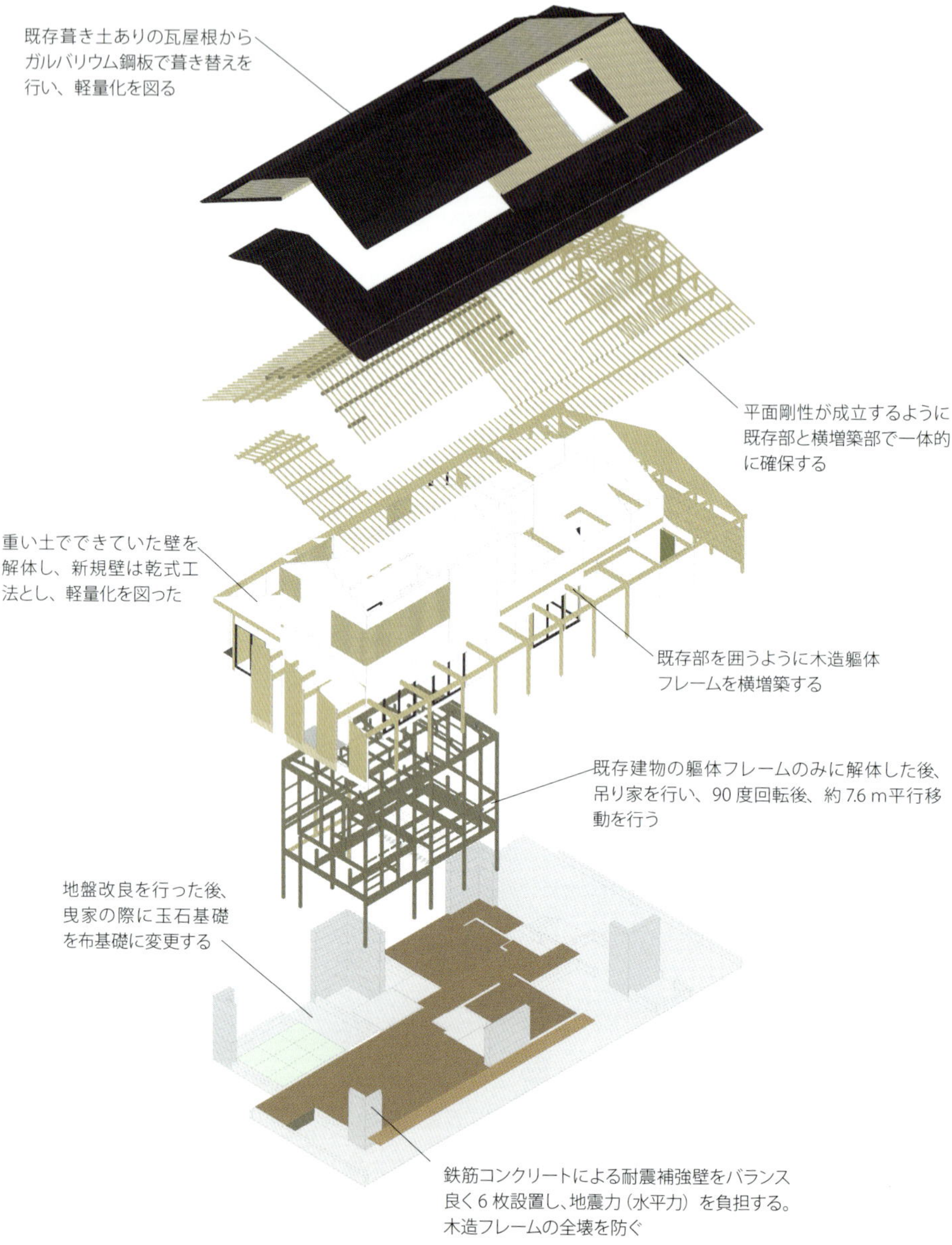
既存葺き土ありの瓦屋根から
ガルバリウム鋼板で葺き替えを
行い、軽量化を図る
平面剛性が成立するように
既存部と横増築部で一体的
に確保する
重い土でできていた壁を
解体し、新規壁は乾式工
法とし、軽量化を図った
既存部を囲うように木造軀体
フレームを横増築する
既存建物の軀体フレームのみに解体した後、
吊り家を行い、90度回転後、約7.6m平行移
動を行う
地盤改良を行った後、
曳家の際に玉石基礎
を布基礎に変更する
鉄筋コンクリートによる耐震補強壁をバランス
良く6枚設置し、地震力（水平力）を負担する。
木造フレームの全壊を防ぐ

行政対応 常に正面突破で

通常、古民家再生工事等は役所への協議や申請を行わずにすませることがあるようだが、僕の事務所ではすべてのプロジェクトにおいて役所との協議を行い、申請が必要な場合はすべてそれを行うという正面突破を行っている。今回の役所との対応については、福岡市に確認済証を２００７年１月16日に申請し、３月22日に取得した。また、設計変更等により、福岡市に変更確認を４月10日に申請し、４月24日に取得した。さらに、２度目の変更を福岡市に５月15日に申請し、６月５日に最終的な確認申請済証を取得した。工事が完了し、設計事務所の検査とクライアントの検査の後、福岡市の完了検査を12月18日に受け、12月20日に検査済証を取得した。

クライアントの要望として、子世帯のための別棟を設計してほしいという計画も同時にあった。別棟は３層の鉄筋コンクリート造を増築して、母屋と渡り廊下でつなぐことで２世帯住宅とした。完全に同居するのではなく、一定の距離を保ちながら中庭を介して緩やかにつながり、お互いに気配を感じ合う家になるような計画とした。この増築計画を進めるに当たっても、行政との協議を行うことになる。平成17（２００５）年６月１日施行の建築基準法の改正により、既存建築物に増改築を行う場合の基準が設けられた。既存建物の床面積の２分の１以上の増築を行う場合は、既存建物を現行基準に適合させなければならない。今回の計画はこれに該当した。

南側外観（アプローチ側）

玄関ホール

構造計画のポイント

既存部も現行法に適合させる

話は前後するが、T邸では最初に既存建物の調査を行い、図面化することから始めた。地元の大学の建築学科の学生に参加してもらい、床下から屋根裏まで部材の大きさや長さ、本数を調査した。このことにより、基礎は玉石基礎、つまり石の上に建物の構造体が載っているだけであるなど、様々なことがわかった。しかし、調査時にはどうしてもすべての部材を調査することはできなかった。

調査結果を踏まえ、基礎はやり替えて、コンクリートの耐力壁と一体化し、構造体と緊結することとした。通常、耐震補強を行うためには筋交いを入れる等の補強を行うが、本計画では木材での筋交いによる補強ではなく、先ほど述べた鉄筋コンクリートの耐震壁を増設し、水平力をその壁に負担させることとした。木造と鉄筋コンクリート造では、強度は鉄筋コンクリート造のほうが桁違いに強い。木造なら全壊するかもしれない地震がきても、鉄筋コンクリート造の壁で補強しておけば、部分的な影響はあるかもしれないが、全壊を防ぐことができる。つまり、人命を優先して守ることができるのである。

また、既存建物を現行基準に適合させるためには、通常の新築で検討する構造規定の中で特に下記の内容を満足させる必要があった。基礎の構造は、平成12年建設省告示第1347号を満足させる布基礎形状とした。つまり、基礎を新規にやり替える必要があった。また、柱の基礎の上には土台を設け、(本来であれば根固めという手法がよいと思ったのだが) 基礎とアンカーボルトにて緊結しなければならな

西側外観、手前は車庫

左頁
上右:リビング・ダイニング
上左:中庭に面した縁側
下:リビング・ダイニング、右は縁側

かった。構造が木造である建築物で一部でも水平力をＲＣ造の壁に負担させる場合、この建物は混構造とみなされる。通常、木造の計算には、最も簡易的なルート１によって壁量の算定を行うが、混構造になった場合は、構造計算ルートがもう一段アップして、さらに詳細なルート２で行わなければならない。

このＴ邸の確認申請提出時点において、建設省の告示１７９０号第６号というものがあり、その基準を満たせば、木造と鉄筋コンクリート造とを併用する建築物、つまり混構造であっても建築物の構造を木造扱いとして構造計算ルート１で進めてよいという緩和規定があった。その基準は、階数が３以下で建物の高さが12ｍ以下、かつ軒高９ｍ以下、延床面積が５００㎡以下で、一定の壁量を満足すること、ということであった。通常の木造で行う壁量のチェックを行ったところ、上記規模を満たしていたため、構造計算ルート１で確認申請を提出することが可能となった。

また、既存建物の軽量化も同時に図った。地上２階建ての既存建物の２階の床を抜いて解体し、平屋の吹き抜け空間にした。２階床部分の積載荷重減により建物の軽量化を図った。さらに、既存の葺き土ありの日本瓦屋根を撤去して、ガルバリウム鋼板の屋根にすることで軽量化を図った。木造部分の構造用部材（垂木、梁など）にかかる重量が軽減されることによって、長期荷重にも短期荷重にも有利に働くことになる。

既存部分の移転、大規模修繕（屋根の葺き替え、土壁の乾式化）と耐震補強を行い、併せて増築を行う。別棟はエキスパンション・ジョイントにより構造的に分離する。既存部の１階の一部にＲＣ造の耐震壁をバランス良く入れて水平力を負担さ

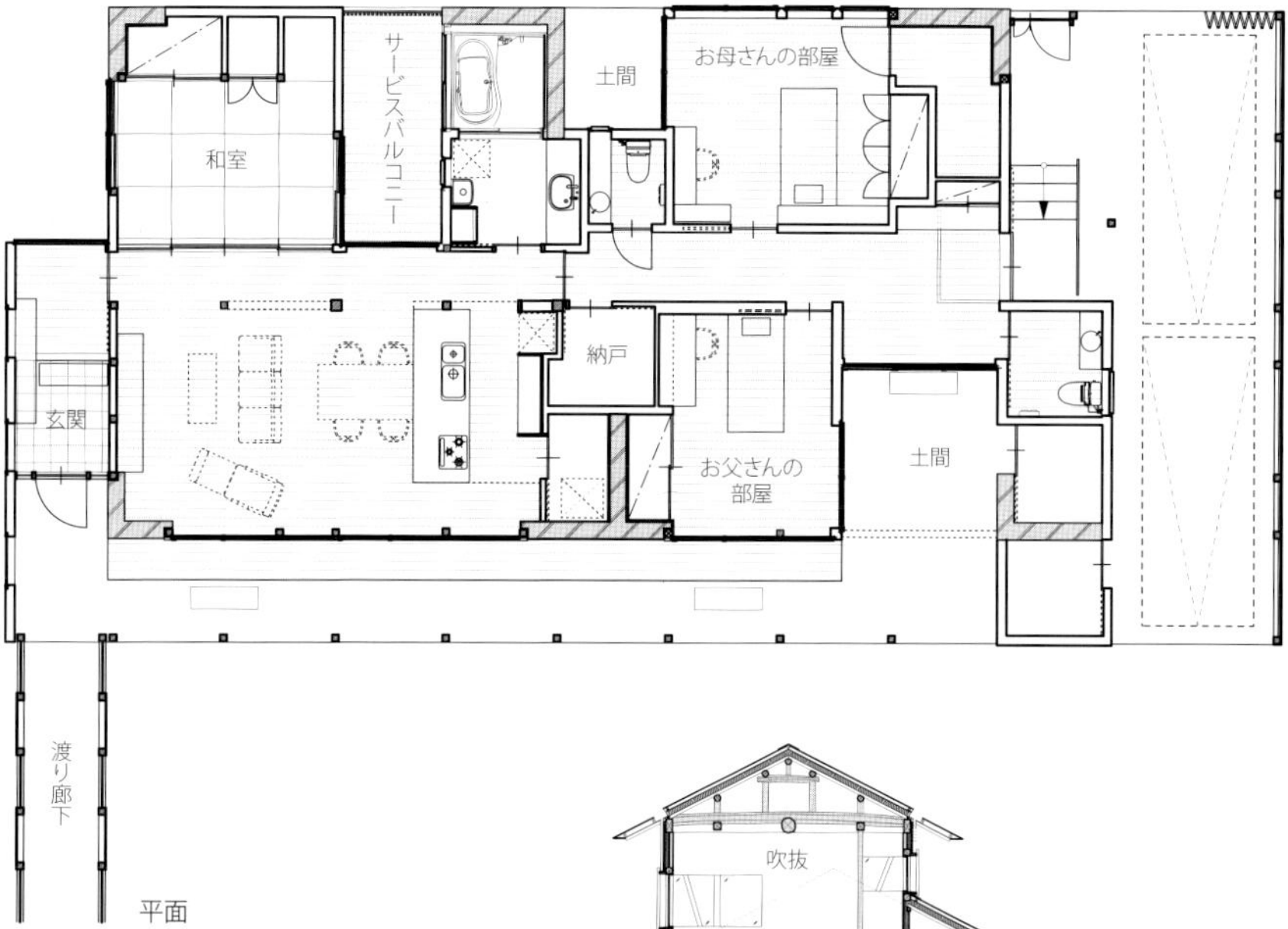
サービスバルコニー
土間
お母さんの部屋
和室
納戸
玄関
お父さんの部屋
土間
渡り廊下

平面

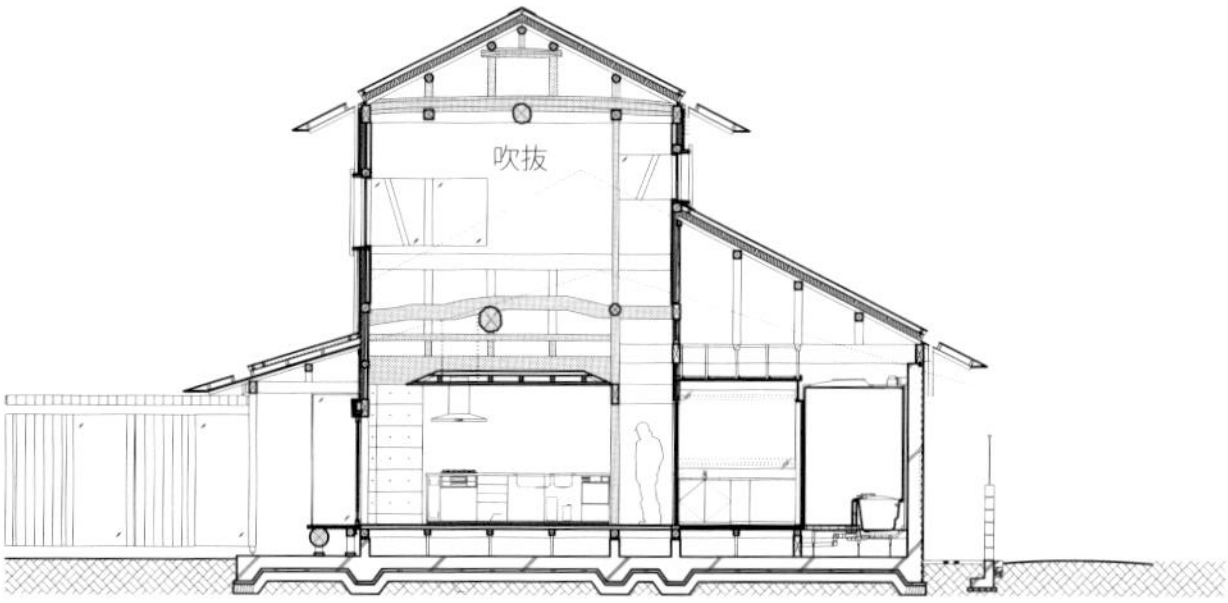
吹抜

断面

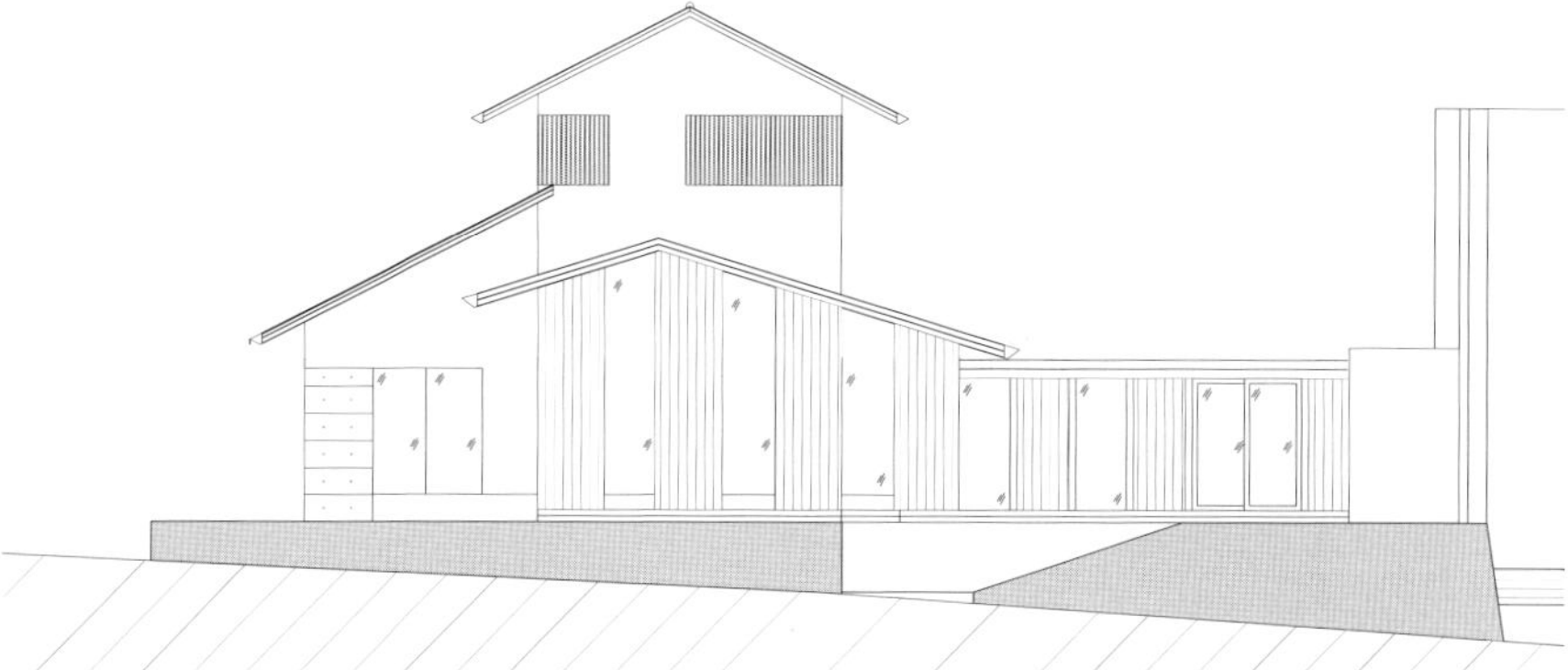

西立面

せる。新規のＲＣ壁と既存の小屋組は桁のレベルでアンカーボルトにより緊結した。小屋組の水平力をコンクリート壁に伝えるために、屋根面に構造用合板を貼り付けて、剛床仮定（水平荷重に対して耐力を持ち、絶対に変形することのない床のこと。構造計算上、一定の基準を満たした床下地材を木造であっても剛床として扱うことを剛床仮定と呼ぶ）を成立させた。この時構造ルートは混構造扱いになるが、告示の条件を満足することでルート１の構造計算を行う。構造計算のルートは木造としての扱いであるが、水平力に対しては既存フレームに期待せずに、すべて新設するＲＣ耐震壁が抵抗するように設計している。

このようにして既存部も増築部と一体として現行法に適合させ、確認済証を受理した。そして、既存部を含めて検査済証を取得し、現行法規に適合する計画となり、クライアントも大変満足しているとのことであった。

エピローグ｜木造の再生には法の整備が必要

今後の課題としては行政側の対応や法の整備が挙げられる。Ｔ邸、そして後述する豊田市のＮ邸、共にいえることだが、木造を鉄筋コンクリート造の耐震壁で補強するという計画が現在のところあまり事例がなく、役所側としても戸惑っている部分があった。福岡市と豊田市それぞれ、共に初めての事例ということであった。行政は、基本的にいまだ新築を基準にした体制で出来上がっており、改修事例につい

右：和室
左：お父さんの部屋

ての対応が行き届いていない部分があると見受けられる。このような事例件数がさらに増えていき、また、改修時にすべての建築士がきちんとした手続きを行っていくようになれば、再生建築に対するさらなる体制の整備が行われることになるであろう。

右：別棟（子世帯の家）
左：その内部

城下町地区の木造住宅再生

豊田市N邸

after

豊田市N邸リファイン計画

◉計画の概要・・・・・・・・・・・・・・・・・・・・・・・・・・・・・・・・・・

築約60年の木造一戸建て住宅。市役所の簡易耐震診断で取り壊しを指導されたため、相談を受けた。良材が使われ、大工仕事も確かだったので、それを生かす道を探った。

◉旧建物の状況・・・・・・・・・・・・・・・・・・・・・・・・・・・・・・・・・・

木造の伝統的な手法に基づき、石の上に直接柱を載せた地固めという、免震的な工法でつくられていた。また、仕口等の収まりを見ると、優れた大工の手により銘木を使ってつくられた建築であった。

◉設計のポイント・・・・・・・・・・・・・・・・・・・・・・・・・・・・・・・・・

既存建築物の基礎と土台を新たにするために曳家を2度行い、この既存建物を挟み込むように2ヵ所の増築を行った。既存建物と増築部分は一体とし、既存部分を増築部分によって補強する。そのため既存建物も現行法規に適合させる必要があった。

プロローグ ―「簡易耐震診断」は絶対か？

愛知県知多半島の有力施工会社である岩部建設より、自社の建物をリファインしたいという依頼があった。その建物（リベラほうしょう）が完成した頃、岩部建設とお付き合いのあるお客様の自宅が市役所の指導により取り壊されることになったという話を聞いた。市役所が簡易耐震診断をしたところ、0・09という数値しか出ていないので、一度見てほしいという話であった。バタバタとしていた日であったので、スタッフに敷地を見に行かせ、報告を受けた。写真等で状況判断をしたところ、どうも解体撤去するのはもったいないのではないかという気がして、日を改めて見に行くことにした。

豊田市はもともと低地に城があったのだが、水害が過去に何度も起こっており、水害対策のため、城が小高い丘の上に築城された歴史がある。

N邸はその城があった豊田市七州城の城下町地区内にある。周辺は閑静で伝統的な和風の住宅街であり、古くからの住宅が並んでいる。既存建物は、別棟として鉄骨造による増築を数度行っており、母屋には光が入らず、風がなかなか通らない。庭には立派な庭石があり、豪華ではあるが詰め込み過ぎていて圧迫感がある。また、敷地全体で雰囲気が統一されておらず、ちぐはぐな印象を受けた。

既存建物は築約60年を経過しており、構造種別は当然木造である。既存建物の確認済証や検査済証はもちろん、設計図書も一切存在しなかった。

近い将来、東海地方では大きな地震が起こるといわれており、行政側は建物の耐

リベラほうしょう（2007、愛知）

震化を促進していた。クライアントも市の制度を利用し、耐震の簡易診断の調査を市に依頼した。確かに、見た目にはいささか不安を覚えるような家ではあったが、内部に入り、基礎部分の土台や柱、梁や大貫などを調べてみると、かなり腕の良い大工が施工していることがわかった。緊急の倒壊の危険はないと判断し、反対に、これだけ腕の良い大工の仕事で銘木が使われているのだから、再生したほうがいいのではないか、この家を壊したら、あの世に行ってご先祖様から叱られますよ、と冗談まじりの話をした。

既存建物の調査――伝統的な工法の解釈は?

市の耐震診断書を見せてもらったが、確かに総合評価は上部構造評点のうちの最小値に近い0・09と評価されていた。クライアントは、市から届いた「倒壊する可能性が高い」という耐震診断結果を見て、既存建物をすべて解体し、新築しようと考えていた。しかし僕は、市の耐震診断員の計算方法がおかしいのではないかと考え、現地を訪れて木造の仕口等の収まり部分を検証したところ、大変良い建築ではないかと思ったのである。

既存建物は木造の伝統的な手法に基づき、石の上に直接柱を載せた地固めという工法でつくられており、現在の工法でいうと地震の揺れの力を吸収する免震的な構造であり、今回、市が行ったような耐震的な計算には乗らないものであった(建築基準法上、地固めという方法では計算ができないようである)。現地に行って、既存建物に使用している木材を見ると、かなり上質なもので、これを解体することなど僕には考えられなかった。クライアントも、戦後の大変な時期に木材を集めてきて建てた、と自慢気に話していた。その話をうかがいながら、僕は木造のリファイン建築をクライアントに進め、これを受け入れていただき、方向が決定した。

クライアントの要望は大きく以下の3点である。

・親世帯と子世帯が良好な関係を保つ2世帯住宅としたい。
・地震や伊勢湾台風の経験等から、安全で安心できる建物として耐震化およびバリアフリー化を図りたい。
・建物を街並みに調和させ、なおかつ明るい部屋にしてほしい。

これらの要望を実現するために、既存建物を残しながらどう必要なスペースを増築するかということを検討しながら計画を進めた。

先述したように、この建物の図面もやはりなく、確認済証や検査済証も存在しなかった。したがって、まず最初に建物の調査を行い、既存建物の図面化から始めることになった。役所との対応についても、福岡のT邸と同様に協議を行い、申請が必要な場合はすべてそれを行うという正面突破を行った。豊田市のある愛知県は姉歯建築士による耐震偽装問題の舞台となったところであり、増改築に対してかなり慎重な判断を行っていた。

ちなみに愛知県の指定確認検査機関では、増築を伴う確認申請を受け付けていないとのことで、確認申請は必ず特定行政庁へ申請しなければならなかった。そこで、

リファイン前、道路側東外観

道路側東外観

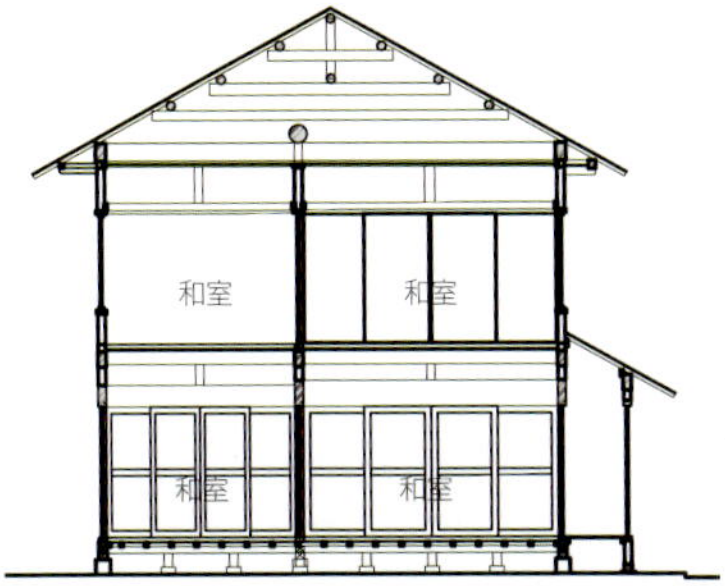

断面

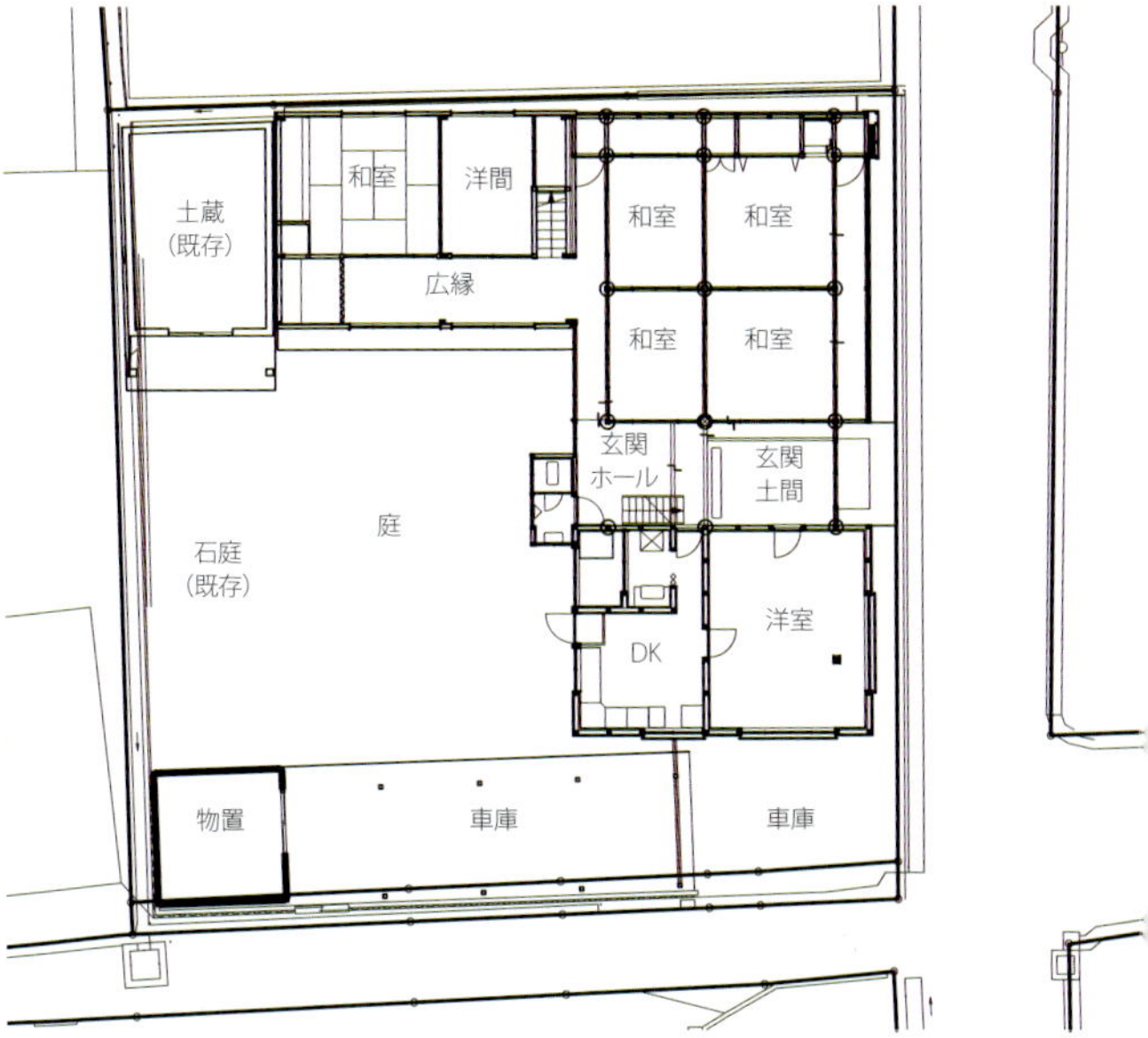

1階平面

①

②

③

④

⑤

⑥

⑦

⑧

豊田市に対して既存部分を含めた確認申請を2008年11月6日に提出し、同年12月11日に確認済証を取得した。

リファインのポイント——2度の曳家で既存部分の基礎を一新

今回は過去に何度も行われた増築の部分を整理することから始まり、もともと耐力の十分にある木造部分を生かす計画とした。

既存建物の基礎は玉石と長石でできており、木造の軸組はこの石の上に載っているだけであったが、いったん曳家により建物を敷地内に仮移転させ、既存部分の新規基礎をつくることにした。既存建物のバランスを崩さないために、瓦屋根や土壁を残したまま曳家をし、新規の基礎に新しく土台をつくり、そこに再度曳家をして載せ替えるという方法で行うこととした。つまり、曳家を2度行うことになった。

また、クライアントの要望に従い、既存建物の左右のウィングに、それぞれ増築を行って平面計画上満足のいくものとした。増築部の1階の梁下はRC造の耐力壁としてT邸と同じような手法で考え、2階は木造のみとした。つまり、混構造となったわけである。既存部と増築部をエキスパンション・ジョイント等により構造的に分離することも考えたが、既存部の壁にもRCの耐力壁を配置して、一体となる建築とした。したがって、既存部の1階にもRCの耐震壁を設置している。

曳家の方法についてだが、まずは3通りの手法を考えた。ひとつ目は、福岡のT

右頁：曳家
①既存状態
②曳家のバックヤード、鉄骨レールが敷かれている。
③ジャッキアップ道路側
④ジャッキアップ部分の拡大
⑤曳家中
⑥曳家仮終点
⑦基礎新設、再び曳家し、新規土台に家を載せ緊結する
⑧曳家終了

邸で行ったような吊り家を行う方法、ふたつ目は曳家による方法、3つ目は曳家するのではなく一度解体し、再構築する方法である。検討の結果、大工さんは一度バラバラにした部材をもう一度きちんと組み立てられるかどうか技術的な不安があるというので、曳家をすることになった。新規基礎は布基礎形状とし、アンカーボルトにより基礎と既存建物を緊結することによって耐震化を図っている。これと同時に、既存建物は鉄筋コンクリートの耐震壁により補強されていることは先のT邸で述べたとおりである。また、既存建物を挟み込むようにふたつの建物の増築を行い、増築部分の面積は、既存建物の面積の2分の1以上となるため、既存部も現行法規に適合させる必要があった。既存部と増築部とは一体化を図っており、ある意味では、既存建物は増築により補強されていると考えることができる。以前コンクリート造でこのような補強を行ったことがあるが、今後、長寿命の建築に向けて、大変意義があることと考えている。

計画のポイント 家の歴史を後世に伝える

次に計画についてだが、この建物は、既存部を含んだ左手が親世帯、右手が若夫婦世帯となり、中庭を挟んでそれぞれの家族の固有性が成り立つような計画となっている。既存部の玄関は共用となっているが、2階部分の床を取り払って吹き抜け空間とし、この家の伝統をより強調することとした。玄関を入って右手には応接間

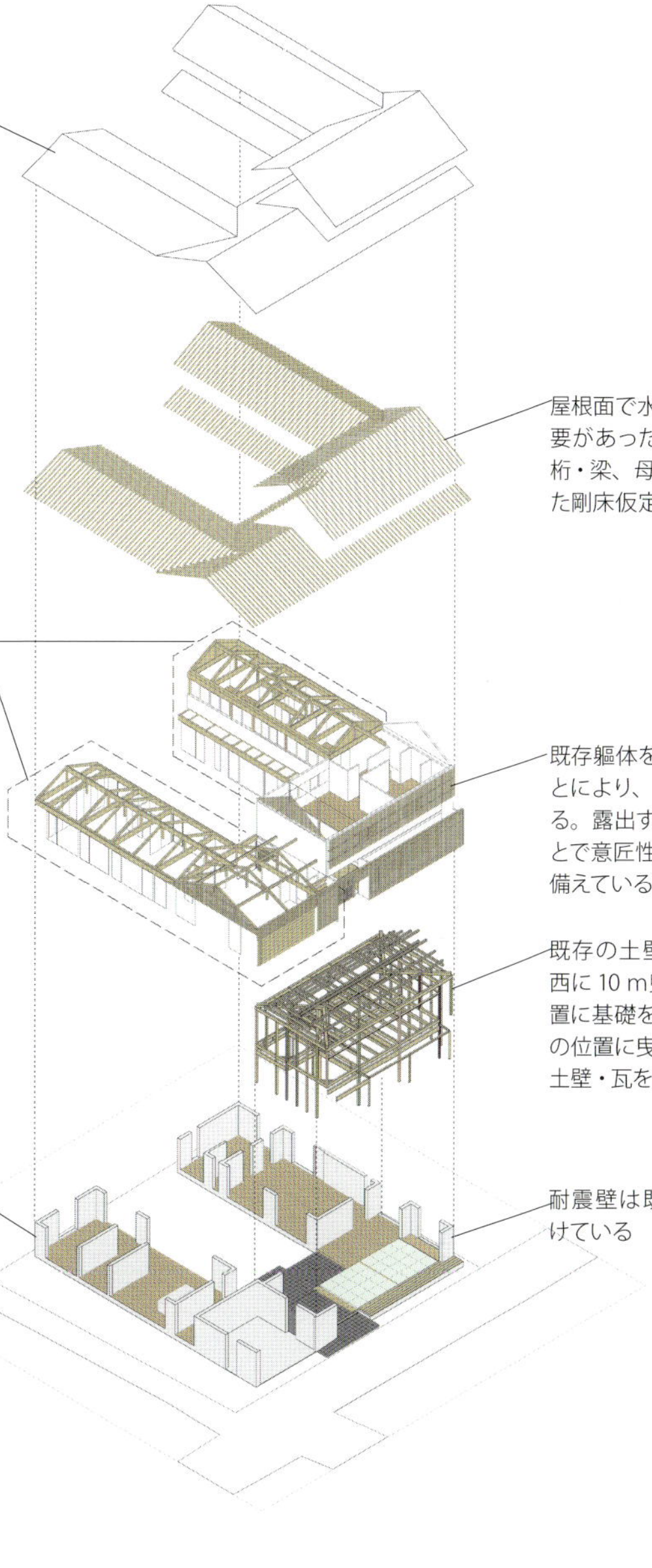
城下町町並み保存地区であったため、屋根材は三州瓦、外壁は漆喰を用いている。乾式工法を採用することで、既存の建物より重量を軽減している
屋根面で水平剛性を確保する必要があったため、構造用合板、桁・梁、母屋、垂木で構成された剛床仮定としている
既存部分と増築部分は構造的に分離せず、一体的につなぐことで構造補強を行っている。増築部分で既存部分を挟み込むような配置を採用した
既存躯体を新しい外皮で覆うことにより、躯体保護を行っている。露出する桁に付桁を施すことで意匠性と構造的な耐久性を備えている
既存の土壁・瓦を残したまま、西に10 m曳家を行い、元の位置に基礎を新設した後、再度元の位置に曳家を行う。曳家後に土壁・瓦を解体し、新設した
鉄筋コンクリートの耐震壁を偏心を考慮しながら平面的にバランスよく配置し、地震力（水平力）を負担させている。木造フレームの全壊を防ぐ
耐震壁は既存躯体部分にも設けている

としての和室を残してなるべく既存の状態を保つようにし、今後、この家の歴史を後世に伝えるような計画とした。

リビング・個室・浴室等の水回りは2世帯とも南に面するように配置して採光と通風を確保し、快適な住環境となるよう計画している。

そして、城下町の古い町並みの格子戸を再解釈し、格子戸のイメージを木ルーバーによって新たに表現することで、町並みと調和を図った。

工事完了後、完了検査を平成21年9月1日に豊田市にて受け、9月2日に検査済証を取得した。

リファイン後。白壁部分が既存建物、右は親世帯

行政対応① 姉歯事件余波で制定された「適判」

N邸は、伝統的な木造住宅の技術を十二分に駆使した名工によってつくられた住宅であるが、この建物を再生しようとした時、確認申請において下記のような問題が生じた。

木造建築の耐震設計は、木材の樹種、等級によりそれぞれ基準強度が異なるため、既存部材の樹種、等級が何であるかを特定することから始まる。

少し堅い話になるが、日本農林規格に適合する構造用製材はそれぞれの樹種により甲種構造材と乙種構造材のふたつに区分けされ、その区分はさらに一級、二級、三級と3つの等級に分けられている。つまり、ひとつの樹種に対して6つの強度に

左頁
上：道路側東外観
下：中庭を挟んで親世帯（右）と子世帯が向かい合う。中庭正面奥は玄関土間（既存部分）。ここから各世帯の玄関へとつながる。左右のウィングを増築した

分類されている。その基準強度は、圧縮、引っ張り、曲げ、せん断の4つが規定されており、せん断についてはひとつの樹種につき1種類となっている。木造建築で最も重要な曲げ強度は、一番強いものと弱いものでは、樹種によっては最大で3倍近く差がある。

本来、木造新築で200㎡を超えない建物や、単なる修繕や補強だけであれば、樹種の特定をして構造計算を確認申請時に提出する必要はないが、今回の計画は、既存部分の耐震補強を行う際に重い土壁の撤去や屋根の葺き替えを行うため、大規模の修繕に当たり、鉄筋コンクリートの耐震壁による補強を行うこととした。それと共に、2世帯住宅として計画したため、増築面積が既存部分の面積の2分の1を超えることになった。したがって、既存部分についても現行法に適合するように構造計算が必要となった。福岡市のT邸設計時の構造計算方法は法改正により認められず、新たな構造計算を提出するように特定行政庁より要求されたのである。

国土交通省は姉歯の耐震偽装事件を機に、2007年6月に建築基準法の大幅な改正を行い、審査自体を厳格化すると共に、第三者による構造計算のチェック（構造計算適合性判定、以下「適判」）を行うことを決めた。

木造の場合は、高さ13mまたは軒の高さが9mを超える建物（簡単にいえば木造3階建て）であれば適判となり、それ以下であっても階数3以上または延床面積500㎡を超える建物でルート2以上の構造計算が必要な場合、またはルート1以上の構造計算が必要で大臣認定プログラムを使用しているもの（この設計時点では大臣認定プログラムはいまだ普及していない）は適判が必要となる。

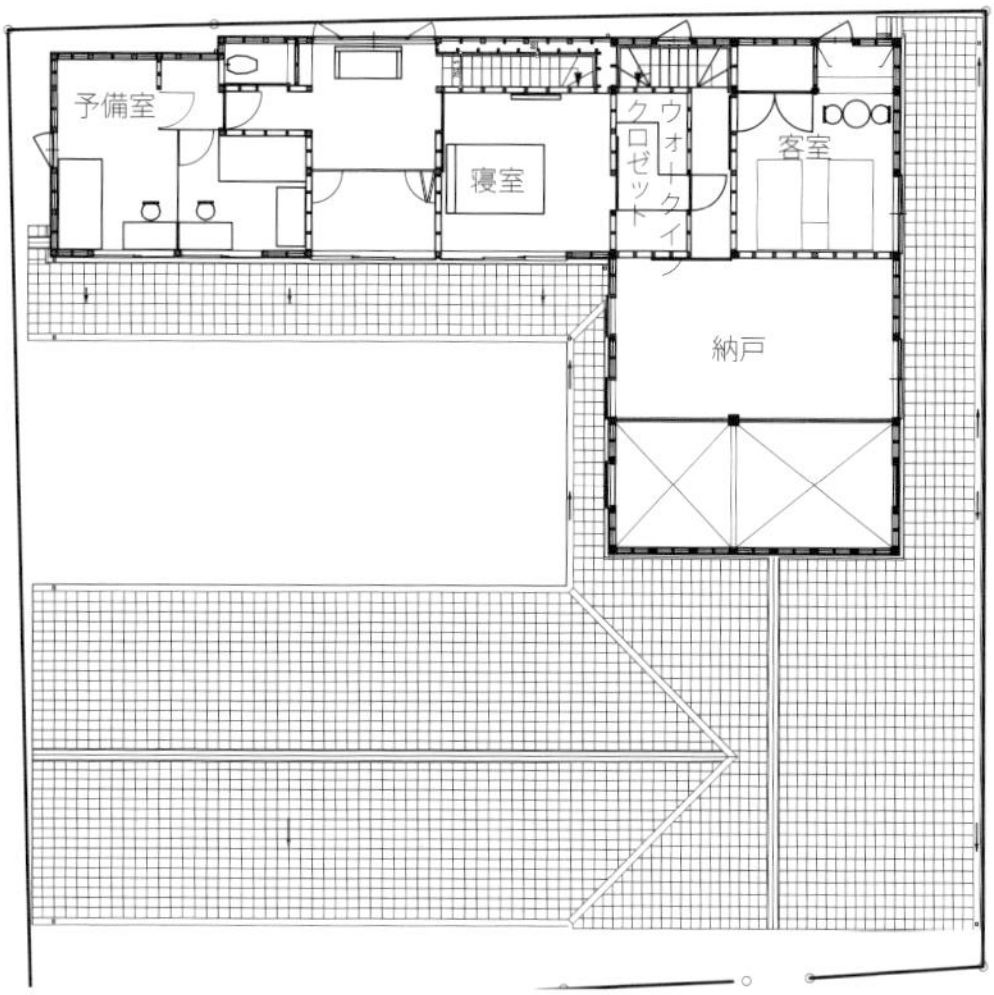
予備室
寝室
ウォークインクロゼット
客室
納戸

2階平面

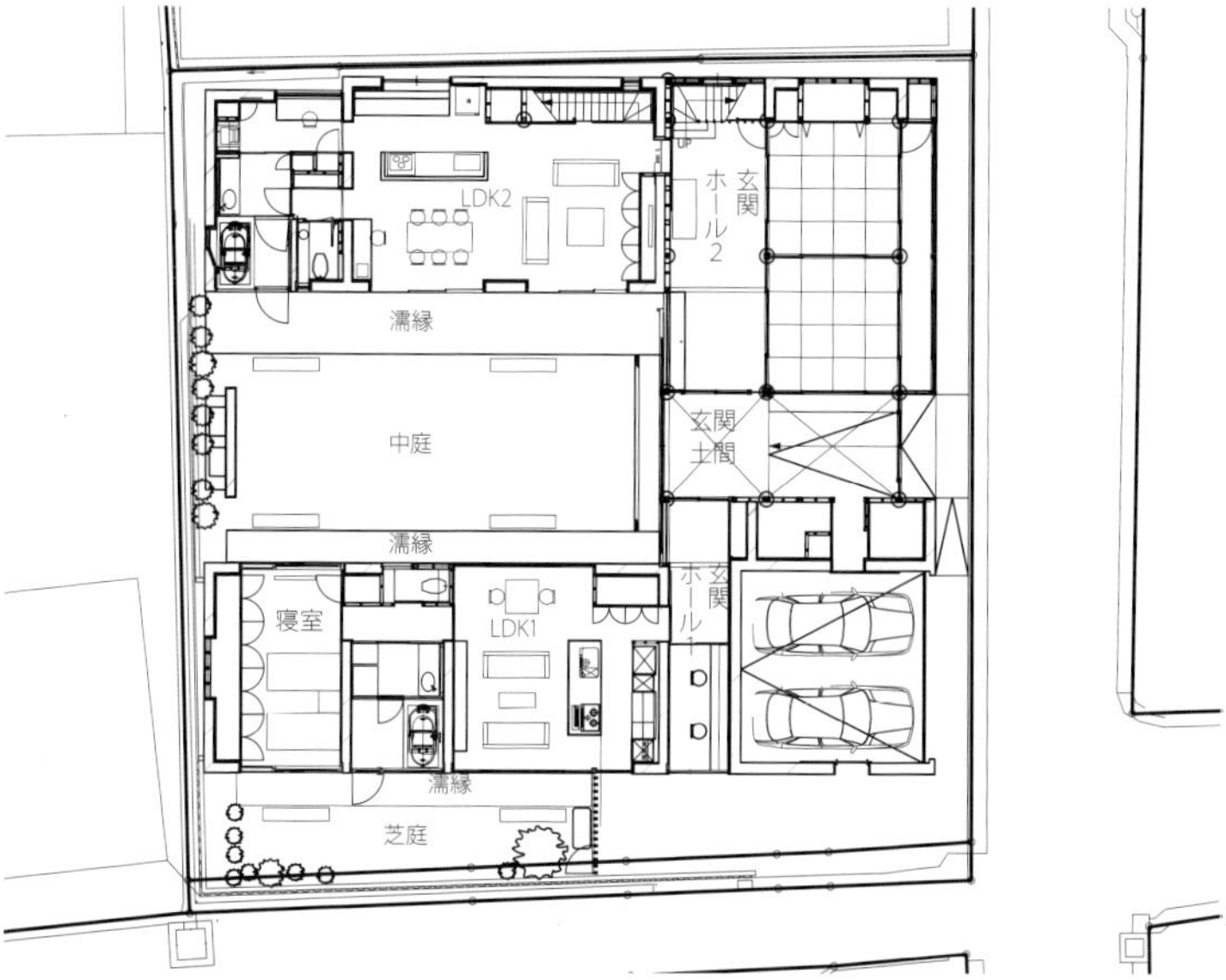
LDK2
玄関ホール2
濡縁
中庭
玄関土間
濡縁
寝室
LDK1
玄関ホール1
濡縁
芝庭

1階平面

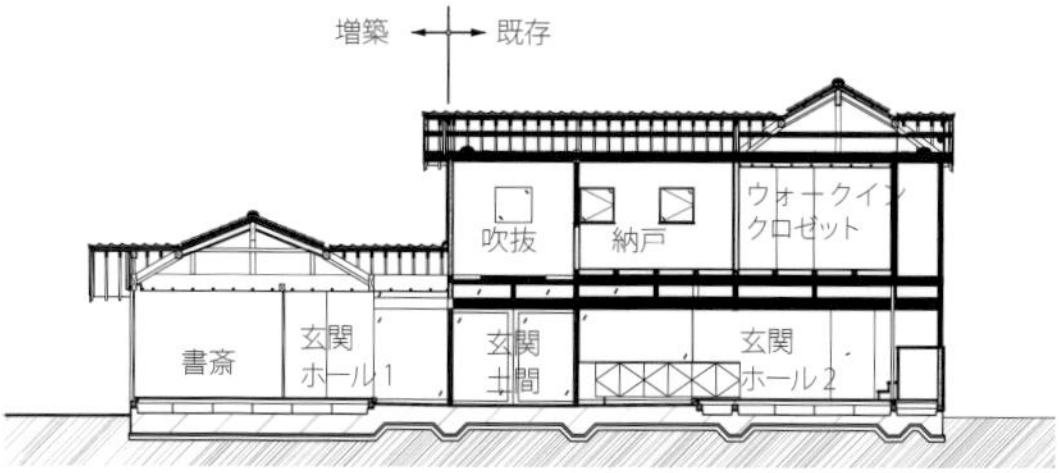
増築
既存
吹抜
納戸
ウォークインクロゼット
書斎
玄関ホール1
玄関土間
玄関ホール2

南北断面

ＲＣ造では、高さ20ｍを超える建物であれば適判となり、それ以下であっても地上部分の耐力壁が一定未満のものは適判となる。また、一定未満でなくても、階数が２以上または延床面積２００㎡を超える建物で、ルート２以上の構造計算が必要なものは適判となる。

鉄骨造、鉄骨鉄筋コンクリート造では、地階を除く階数が４以上のものは適判となり、それ以下であっても高さ13ｍまたは軒の高さが９ｍを超える建物は適判となる。それ以下であっても、柱のスパンが大きいものや延床面積が５００㎡を超えるもの、また建物のバランスが悪いものでルート２以上の構造計算が必要なものは適判となる。それ以下のものであっても、階数が２以上、または延床面積２００㎡を超え、ルート２以上の構造計算を行うものについては適判となる。

このほかにも事細かな規則が設けられていて、設計しているわれわれもプロジェクトごとに法令とにらめっこをしながら進めていかなければならない。

行政対応②｜既存建物、樹種の等級特定はきわめて困難

法令に従って設計を進めていくために、特定行政庁との協議によって、大工さんに現地に行ってもらい、既存建物で使用されている各部材の樹種に関して調査を行った。その結果は、柱および束は檜、横架材は赤松、垂木は杉、土台は檜であった。一部化粧材に屋久杉など銘木も使われており、その当時の普請の良さが随所に見ら

豊田市N邸◉内部補強の流れ

（既存内部写真は144頁を参照）

①内部床、建具を撤去

②ジャッキで建物を持ち上げ曳家。基礎をつくり、元の位置に戻す

③基礎と一体化する

れる住宅であった。

今回の工事で土台部分と根太、垂木等は取り替えることにしたが、柱、束、梁等はなるべく使えるものは使うこととした。そこで問題となったのが、樹種の区分と等級の特定ができないことである。横架材（桁、梁）の等級は安全を見る意味で乙種の３級（最も強度がない材料）として設計した。しかし、許容応力度計算（部材の安全を図るための計算）を行うと、横架材の一部分で強度が足りないことがわかった。その部材は、傷みもなく、築60年を経過しているのでほぼ１００％の乾燥率の木材とすると、最適の建築材料であると判断されたので再利用することとしたが、

before

▼

after

等級の特定はとてもではないができるものではなかった。そこで鴨居等（差し鴨居）構造材の強度を合算して計算した。また、それでも計算により断面が不足する箇所については、梁を増設して断面を確保することとし、再計算を試みてやっとOKとなった。こうして、増築部と併せて既存部についてもすべて現行法に適合させた。２００６年の法改正により、既存建物の面積の２分の１以上の増築をする場合は、既存部分も許容応力度を部位に至るまで求められることになったからである。また、N邸の行政協議時点においては、福岡市のT邸の設計時にはあった建設省時代の告示１７９０号第６号はすでに廃止されていた（１２４頁参照）。

右頁
上：リファイン前の和室
下：リファイン後の和室

行政対応③ 木造建築を守るには伝統工法の解析が急務

今回求められた偏心率等のチェックを行うということは、コンクリートの壁をバランス良くしなければならないということで、既存部分においてもかなりの耐力壁が必要になった。X方向Y方向において一定の耐力壁があれば、木造の重量的なものを考慮してもそれほどのバランス性は必要ないのではないかと思われたが、泣く泣くコンクリート壁を配置することとなった。建物の重心と剛心を一致させるために、鉄筋コンクリート壁の配置を計画していくのだが、それにより平面に支障が出てくることもあるので、鉄筋コンクリート壁と平面計画の摺り合わせが必要となった（重心とは建物平面形状の中心。剛心とは水平力に対抗する力の中心のこと）。

リファイン後の和室

特に既存部に配置しなければならない鉄筋コンクリート壁については、平面計画や施工性を踏まえて慎重に計画しなければならなかった。

伝統的な工法が計量化されていないため、建築主事は、自分の範囲内で判断することができない事柄については重装備を要求してくる。今回もその表れだろうと思ったが、腹が立つ反面、立場の違いでこのようになるのは仕方がないことであると考えもした。また、仕口の計算などは、これもなかなか計量化されておらず、金物による補強を要求された。２００９年４月10日号の『日経アーキテクチュア』（14頁）に、木造伝統工法の実大振動実験の結果が一部掲載されていたが、まだまだ伝統工法の解析は進んでおらず、早めに研究費をつけ、数値化することが日本古来の伝統的建築を守る大きな指針になるのではないかと考えている。これは早急に行わないと、木造建築の伝統は早々に衰退していくのではないかと危惧している。

行政対応④ ― トレーサビリティの強化が必要

前章のT邸、そしてN邸の対処法について述べてきたが、現在、建築物の構造計算ルートは２００７年の改正建築基準法により複雑の一途をたどっている。国土交通省は一度閉めた蛇口を単発的な方法によって開けようとしているが、特定行政庁の主事レベルではまったく機能していない。簡単なルートを模索しながら、簡単なルートがより複雑になっている。例えば、木材の等級等は確認申請を下ろす主事が

右：２階納戸
左：玄関土間

左頁
玄関土間、吹き抜け上部

見て果たして判断できるだろうか。とても現在の建築主事に判断できるとは思えない。また、木造にかぎらず、鉄筋コンクリート造や鉄骨鉄筋コンクリート造等で少し複雑な形態や構造にすると、適合判定に回されることとなる。つまり、われわれ設計者側よりも判定する側の知識が足りないと思えて仕方がない。

今回の問題で注目すべきことは、蛇口を閉めるために構造設計者が大量に検査側に回ったということであり、このことが実務として構造計算をする人材が減ったことのひとつの大きな要因となり、現在大きな問題となっている、この改正に携わっ

中庭とつながる玄関土間、右手は和室

た大学の先生の話によると、条例の最後に「同等程度であればよし」という文言を付けたが、国土交通省が建築主事に説明に当たったところ、その「同程度」をどう判断するのか、そのことで間違いが起こると、判断した自分たちに責任が及ぶので外してほしいといわれ、それに従ったそうである。その結果、今われわれが大変な目に遭っている。現在は混乱の最中にあり、先が見えない状態である。

本来、建築の確認申請業務は性善説に基づいたものであるが、姉歯によってすべてが裏切られた。しかし、このような一部の者を除けば、一級建築士という国家資格を取得したわれわれが全責任を持つことを前提に、日本の建築界は進んできた。そのことが日本の建築の技術的進歩をも支えてきた。『日経アーキテクチュア』２００８年７月14日号（32頁）で野城智也東京大学教授（建設省ＯＢ）がトレーサビリティを強化する必要があると述べ、また現在の国土交通省の対応に対しても痛烈な批判を行っている。僕は、建築設計版ミシュランが必要ではないかと考えている。つまり、覆面検査員が個々の設計事務所やゼネコンの仕事の内容をチェックし、それをランク分けすれば、市場はそのように流れていくのではないだろうか。ひとつの試みとして考慮してみるべきではなかろうか。

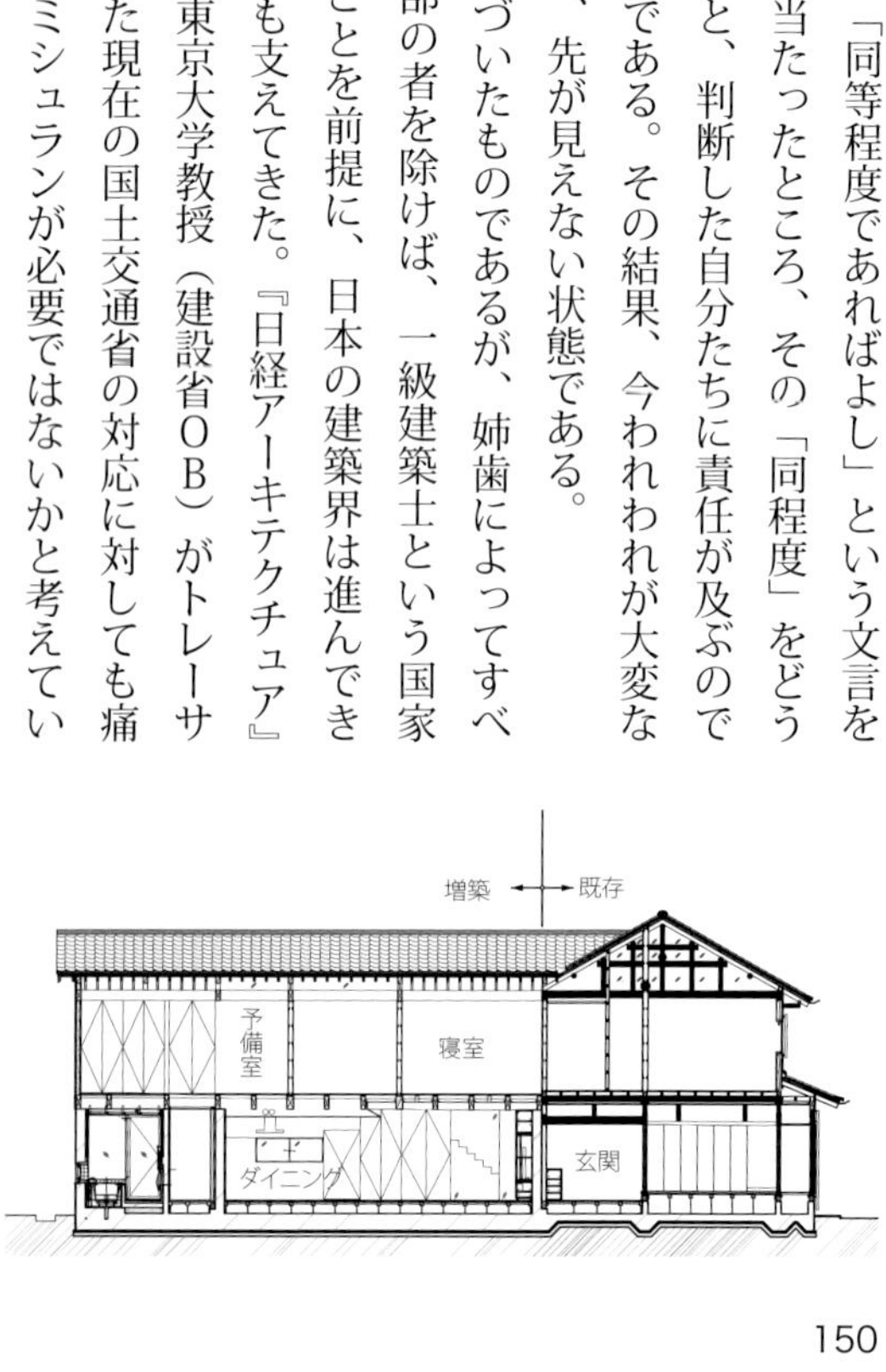

子世帯東西断面図：右手がリファイン部分、左は増築部分

エピローグ　増改築等の基準緩和はまだまだ不十分

この原稿を執筆中に、国土交通省が既存不適格建築物の増改築等の基準を緩和す

るというニュースが飛び込んできた。既存不適格建築物の増築、改築、大規模の修繕または大規模の模様替えについて、建築基準法において、制限を緩和する規定の取り扱いに関して発表したのである。制限が緩和される規定があれば、耐震化がより促進されると思い、告示を読み進めていくと、どうやら勝手が違う。

この告示により、鉄筋コンクリート造や鉄骨造などの物件を増築する際、増築規模が既存部分の2分の1以下で、既存部分が新耐震基準に適合している場合は、既存部分の改修は原則として不要となる。また、木造一戸建て住宅など4号建築物と呼ばれる規模の小さな建築における増築についても、増築規模が既存部分の2分の1以下を対象として、耐力壁等の基準を満たすことにより、これまで義務づけられていた構造計算が不要となる。つまり、T邸やN邸は既存部分の面積の2分の1以上の増築を行っているので、この緩和規定は適用されない。改修や耐震に関する法整備は徐々になされてきているが、まだまだ網羅的ではないのが現状である。

増築部分。1階より中庭を通して平屋の増築部分を見る

本社ビルをテナントビルに一新

クローチェ神宮前

after

クローチェ神宮前リファイン計画

◉計画の概要・・・・・・・・・・・・・・・・・・・・・・・・・・・・・・・

某企業の本社ビルであった既存建物を、物販店舗およびオフィス用のテナントビルに用途変更。耐震性能、利便性・意匠性・設備機能性などの性能を向上させ、建物の価値を高める。

◉旧建物の状況・・・・・・・・・・・・・・・・・・・・・・・・・・・・・・・

既存建物は大手ゼネコンの施工で、確認済証、検査済証等もそろっていた。確認申請を受け付けてもらう前提条件として、既存不適格を再チェックするようにとの要求があった。

◉設計のポイント・・・・・・・・・・・・・・・・・・・・・・・・・・・・・・

エレベーターや階段の大幅な変更により、階段室のために分割されていたフロアを一体で利用できるようにして、テナントビルとしてのプランの自由度を高める。また、耐震壁の一部解体を行い、エントランスらしい開放的な空間を創出する。

プロローグ　オーナーチェンジしたビルのリファイン

僕が福岡にいる時からの長年の飲み友達であった三菱商事の辻徹氏より電話がかかってきた。「青木さん、やっと仕事ができそうよ、ぜひ見てほしい」ということで案内された場所は、神宮前3丁目の交差点の角にあるとても良い場所で、うちの東京事務所からもタクシーを飛ばせば10分もかからない、絶好の場所であった。現在のビルのオーナーが売却を考えているらしいという話が三菱商事と船井財産コンサルタンツに入り、両者でビルを所有しながらリファインし、買い手を探そうというスタートであったらしい。そして新しいビルオーナーが見つかり、プロジェクトが動いていった。

敷地は東西に3ｍほどの高低差があり、間知石でつくられた石垣が印象的だった。入口はスロープで地下に入る駐車場入口と、階段で1階メインロビーに至る入口があった。既存ビルの施工は大手ゼネコンが行っているので、かなりしっかりとした印象を受けた。中庭もあり、かなり条件の良い案件ではないかと感じられた。ただ、外観は旧いビルのイメージそのものである。

このプロジェクトメンバーの打ち合わせの中で、通常われわれが行っているリファインの流れを説明し、確認申請を出し直して検査済証を取得し、法的に現在の建築基準法にマッチするようにしてはどうか、と提案した。この件についてはすべて了解をいただき、計画がスタートした。

▲

交差点側外観。上は、リファイン後、下は、リファイン前

基本構想 — 動線・エントランスなど大幅変更

計画は、某企業の本社ビルであった既存建物を、テナントビルとして物販店舗およびオフィスに用途変更するという方針で、耐震性能は耐震診断基準までの向上はもちろんのこと、動線の変更を行っている。具体的には、既存エレベーターを撤去し、位置を変えて新規エレベーターを設置、既存階段を撤去し、屋外階段を設置、外装・内装も一新、設備の更新を行って、CO_2の削減にも配慮している。エレベーターや階段の大幅な変更により、階段室のために分割されていたフロアを一体で利用できるようになり、テナントビルとしてのプランの自由度を高めることができた。

前面の通りに対しては、耐震壁の一部解体を行い、メインエントランスの位置を変更し、エントランスらしい開放的な空間を創出した。結果は見ての通りだが、工期、予算も厳しいものがあり、その範囲内での答えを要求された。計画の方針を決定するまで、三菱商事、船井財産コンサルタンツと共に設計定例会議を毎週開き、10数案の提案の中から、ひとつひとつ問題を解決し変更を繰り返しながら、最終的にこの案に落ち着いた。

行政対応 — 既存不適格について積極的な解決策を提案

既存建物は確認済証を取得しており、また検査済証があるので、われわれが改め

右：リファイン前の道路側外観、石垣は間知石
左：リファイン後外観
左頁：リファイン後の外観、店舗1階への入口

て確認申請を出す場合もそれほど支障がないと考えて、役所と協議を行った。確認申請を受け付けてもらう前提条件として指導を受けたことは、既存の建物が違法でないことを確認することで、違法性と既存不適格を再チェックするようにとの要求があった。この敷地には既存建物が建てられた当時の第二種高度地区による高度斜線制限があり、西南側低層部の一部が要チェックだった。本建物は検査済証が存在するので、通常、違法性はないと判断されるのだが、既存不適格のチェックと併せて確認することの指導を受けた。建設当時の基準によれば絶対高さ10ｍの制限があったが、既存図をチェックしてみるとパラペットの部分がその高さを超えていた。検査済証が存在する建物としてあり得ない状況ではあるが、この件に関しては、担当行政と協議した中で、西側のドライエリアを埋め戻し、敷地の平均地盤面を上げることによりクリアした。解決策は法をクリアするための妥協による是正ではなく、それによって中庭を有効に利用できるようにすることで、クライアントも異論はなかった。

また、駐車場付置義務、容積率、耐震性能においてもいつものようにチェックを行った。それぞれ当時の法規と照合し、既存不適格を証明することができた。これで確認申請の土俵にやっと乗ることができたのである。

さて、確認申請を提出するに当たり、次のようなことを考慮し対処した。

まず、大規模の模様替え、増築、用途変更が発生することである。カーテンウォールを取り付けることにより、建築面積が増となる。また、外部階段を新設することで、これも建築面積の増となった。これが増築という判断となる。さらに、三菱

クローチェ神宮前◉リファインダイアグラム

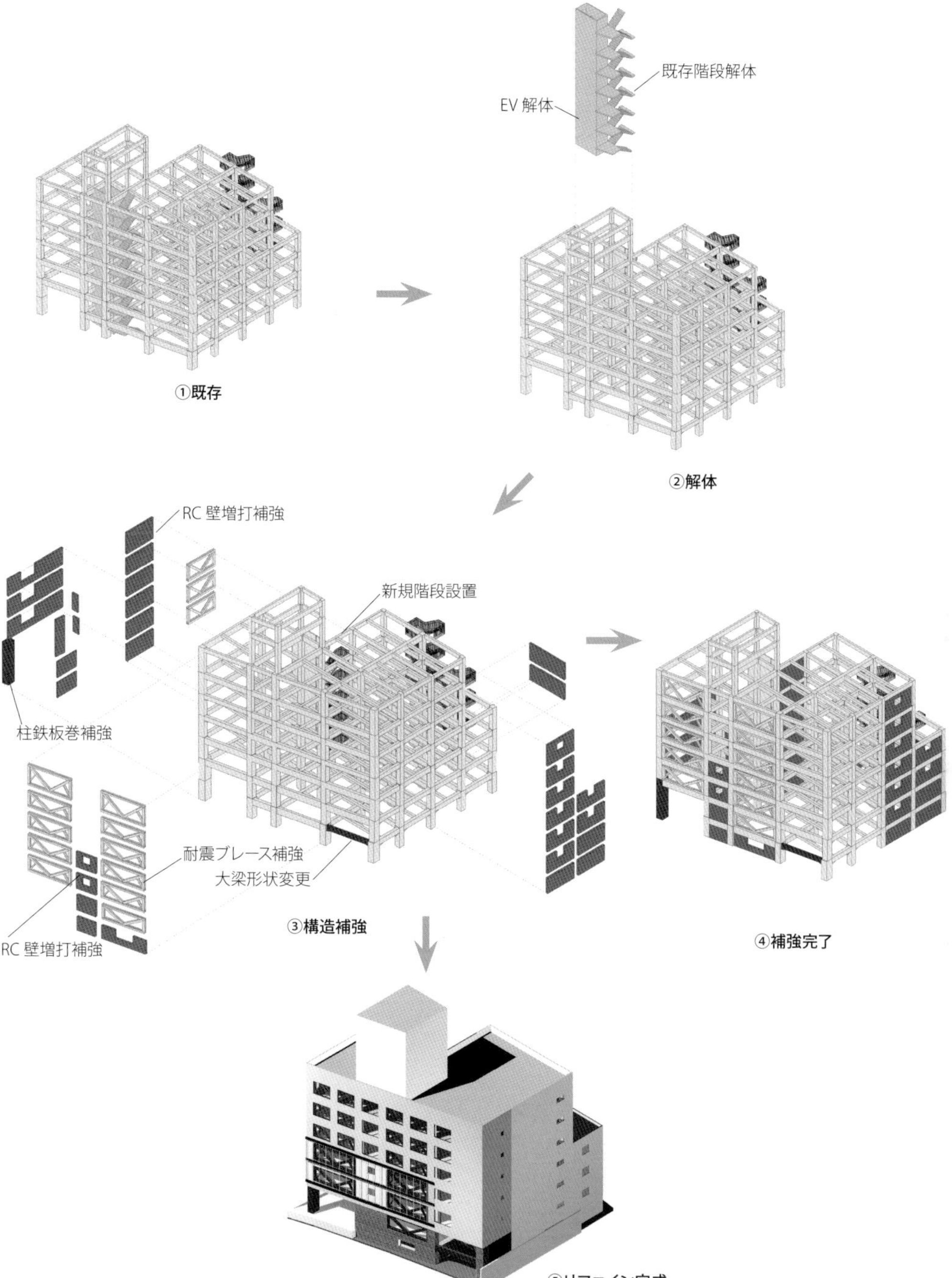

既存階段解体
EV 解体
①既存
②解体
RC 壁増打補強
新規階段設置
柱鉄板巻補強
耐震ブレース補強
大梁形状変更
RC 壁増打補強
③構造補強
④補強完了
⑤リファイン完成

商事との打ち合わせの中で、テナント構成をする上で階段とエレベーターの位置を移動させたほうがよいということになり、これが大規模な模様替えということになった。また、オフィスから物販店舗となるので、これが用途変更に当たり、以上のことから確認申請の提出が必然的なものとなった。

構造については、大規模の模様替えを伴うことにより、構造耐力上、危険性が増大しないことを証明するよう指導を受けた。階段の撤去、エレベーターの新設、エントランス位置の変更、梁型の変更、吹き抜け空間の新設などを行いながら、建物全体で危険性が増大しないように構造計画を行った。その上で、耐震診断を行い、リファイン後のＩＳ値が既存のＩＳ値を上回り、かつ0.6以上を確保することとした。また、構造評定を提出し、評定書を取得することも指導された。

集団規定に関しては、既存不適格事項は現在の既存状況よりも状態が悪くならないことを指導され、集団規定以外の建築基準法、消防法、安全条例はすべて現行法に適合させることを提案した。

特に容積率に関して、既存不適格のため、ファサードは一部装飾によるカーテンウォールを付けたが、ここは用途が発生しないということで、内側のサッシを外壁とみなすことで床面積に算定されないという判断をもらい、容積率をクリアした。また、新設した外部階段は、2分の1を開放としたことにより、床面積にはカウントされず、容積率の増はなくなった。この階段の新設により、既存の外部階段と併せ、2方向避難が可能となっている。

さて、実施設計に入る前に、コンクリートのコア抜きをし、圧縮強度の調査を行

右：道路側に配置されていた既存のエレベーターと階段を取り除き、オフィススペースの拡大を図った

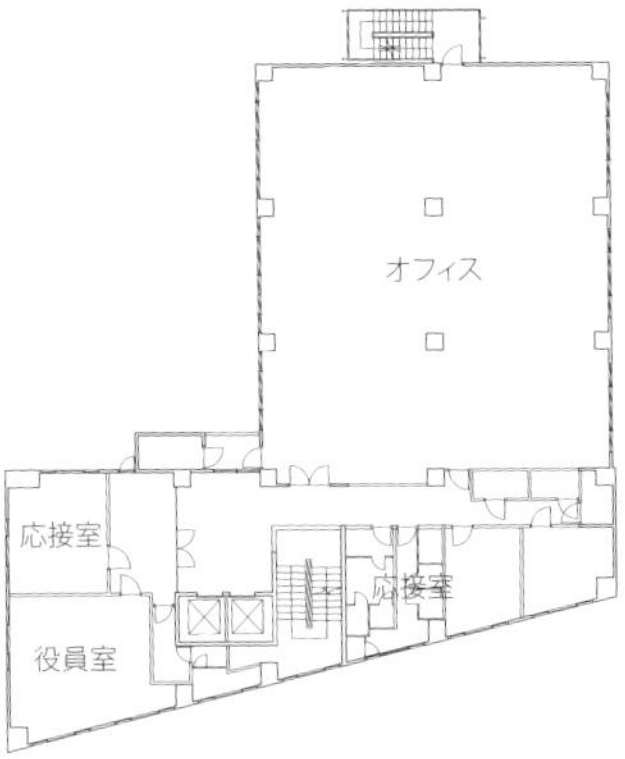

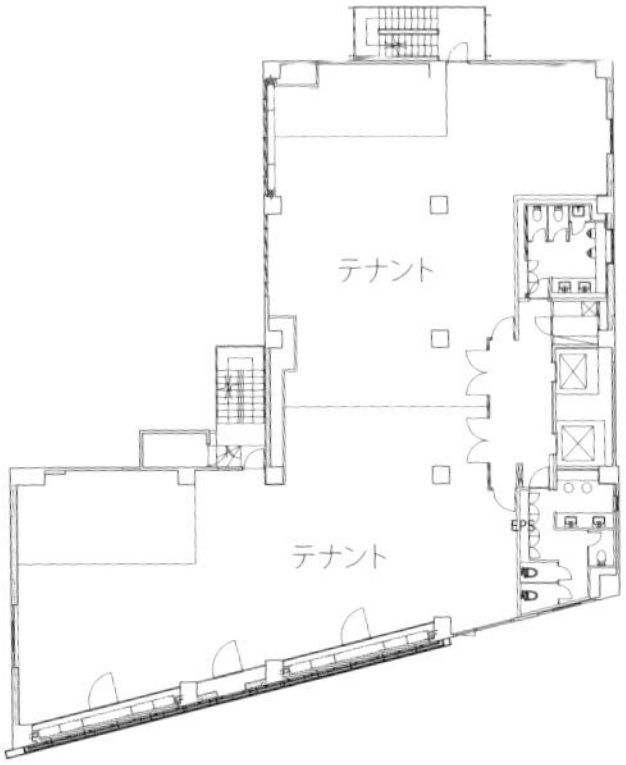

before　　2階平面　　*after*

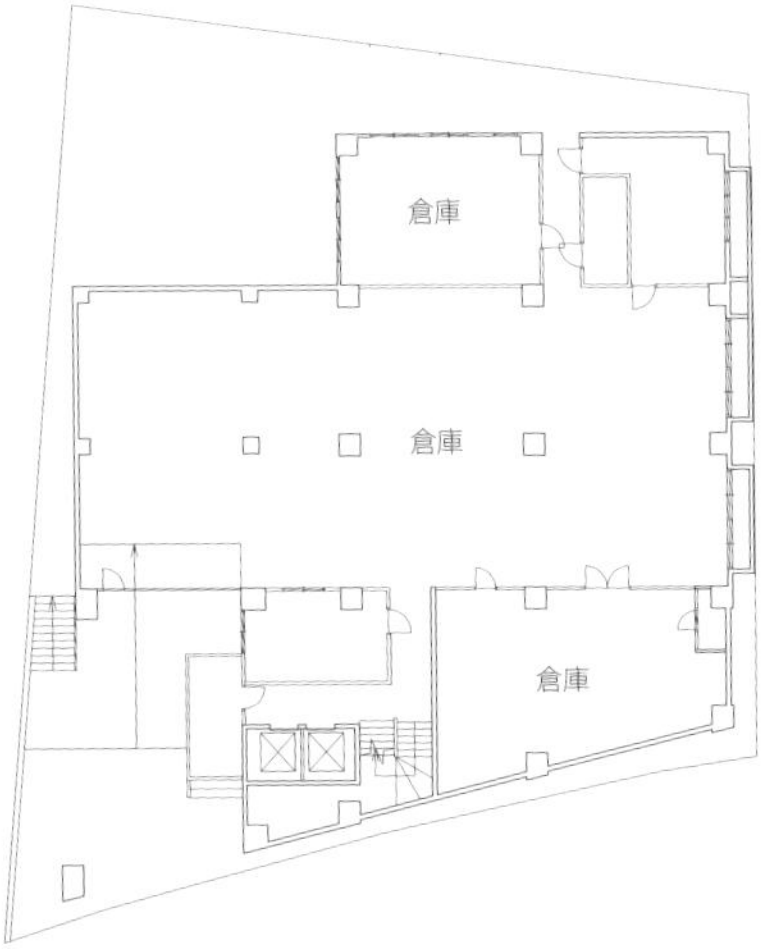

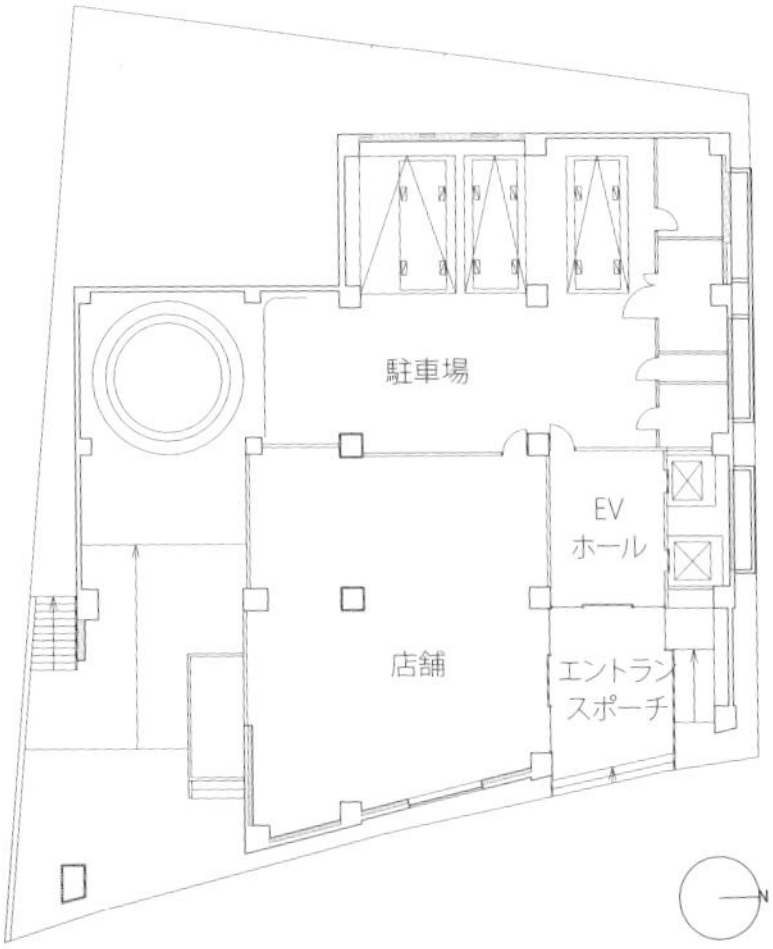

地下1階平面

ったところ、かなり良い状態で、最高が2階部分で25・3N／㎟、最低が3階の14・3N／㎟となっており、このことについても安全が確認された。中性化に関してもまったく問題ないことが確認された。これは、最初に現場に行った時に予測した強度とほぼ同じ数値であったので安心した。

リファインのポイント① ― 補助金を活用し、構造・デザイン面を向上

実施設計の最中に、耐震とデザインに関する補助金の募集が始まった。その補助金とは「国土交通省 平成20年度 住宅・建築物耐震改修モデル事業」で、住宅・建築物の耐震改修について、施工性・居住性等の面でモデルとなる事業を国土交通省が広く公募し、支援することにより、耐震改修の促進、関連投資の活性化を緊急に図ることを目的とした事業である。今回のプロジェクトはまさにモデル事業として最適であり、耐震改修工事の啓蒙の一環となることを信じ、また補助金はクライアントの負担を軽減し、より品質を向上させるための力になると思い、われわれ設計者が申請者となり応募した。その結果、本計画は「既存建築物の性能を総合的に向上させる」「良好なまちなみ形成に資する」という点でモデル性を有するとして、評価を受けることになった。

その補助金により、構造と意匠面の向上を試みた。

施工会社とは、耐震補強の考え方についてかなり激しいディスカッションを繰り

◉この建物で採用した構造補強

・耐震壁の配筋

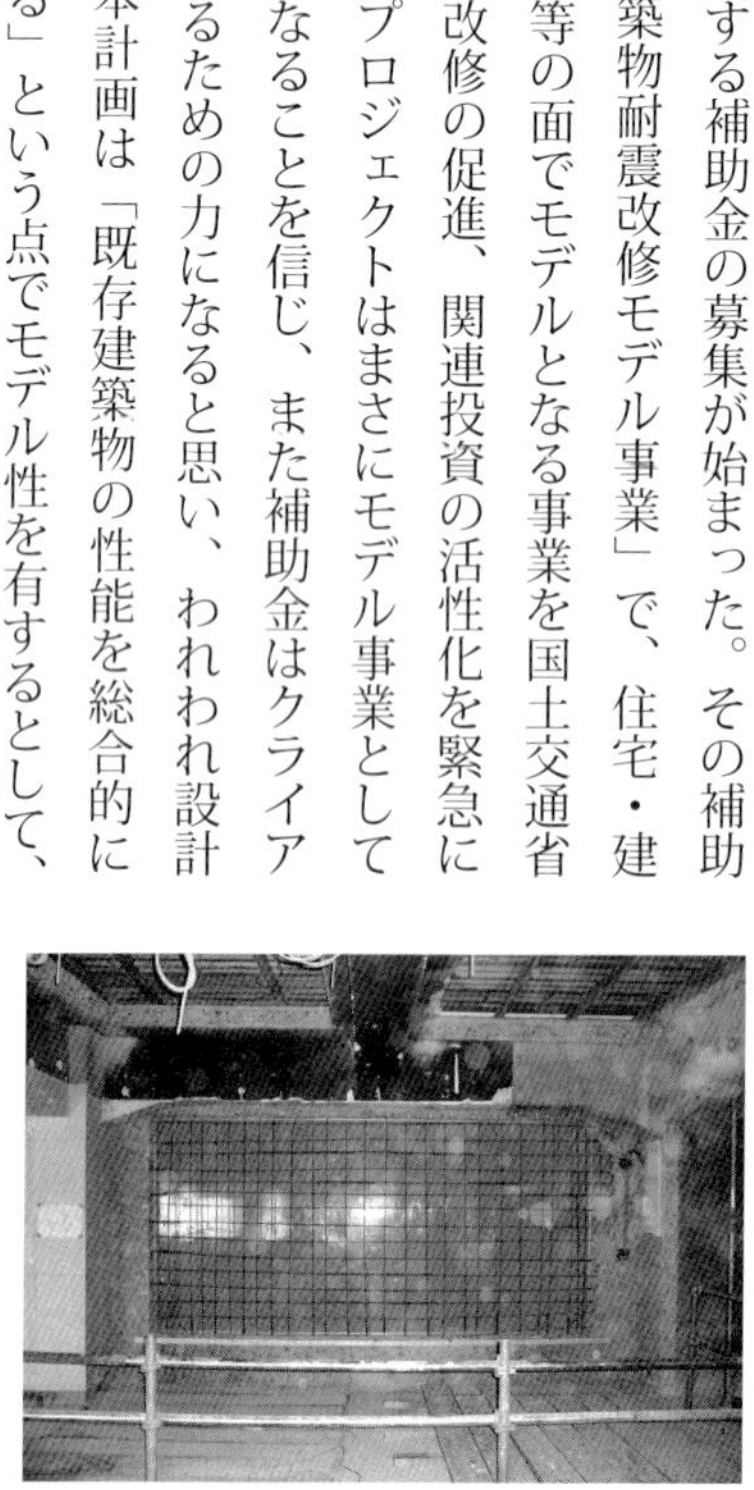

返したが、ただ、施主推薦の施工会社であったため、耐震補強の手法については、われわれの案は取り下げざるを得なくなった。ファサードの開口部の拡大については、われわれの案を飲んでもらい、このことにより、一定のデザインの向上は図られ、内部環境もずいぶんと改善された。反面、そのためには行政協議が必要であった。開口部の解体により、建物の自重は若干ではあるが減の方向となり、構造的には安全側に移ると思っていたが、行政指導では、重心と剛心の変化があるのではないかと指摘された。しかし、軽量化による自重の変化が全体重量の0.2％以下であったため、安全であるとの判断を行政よりいただくことができた。

リファインされた建物は、道路に面した東西に高低差のある道路面の石垣を取り除き、開口部を設け、そこにエントランスを新しく設け、ビルのイメージおよび動線計画を一新している。当初、僕のイメージは、この石垣を切り抜いて横長の窓をつくれないかと考えていたが、耐震補強とコストの面であきらめざるを得なかった。2、3階を、ガラス、木のルーバー、ガラスのカーテンウォールと三重にすることにより、新しいファサードをつくることができた。

リファインのポイント② 工事中と完成後の2度の見学会で理解を深める

リファイン建築の工事においては、いつも、解体が終わり、耐震補強と補修工事が終わった段階で見学会を行う。そして、引き渡し前に完成見学会を行っている。

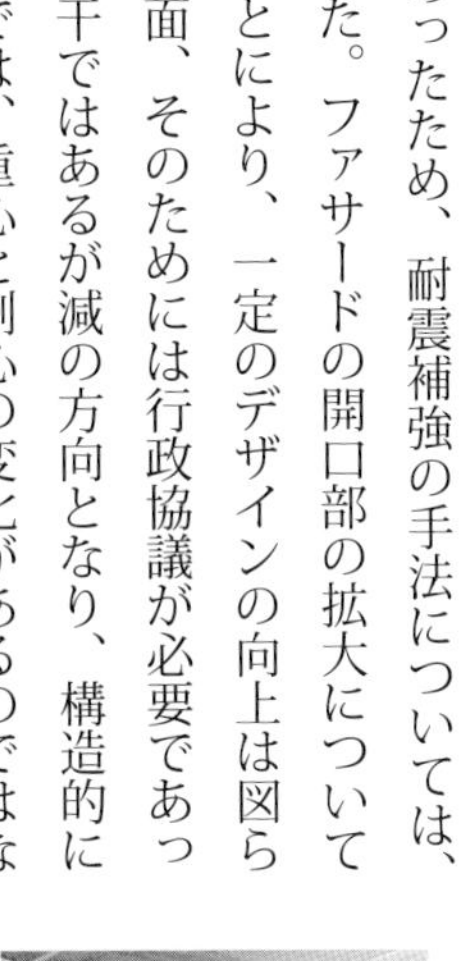
・柱の鉄板巻き

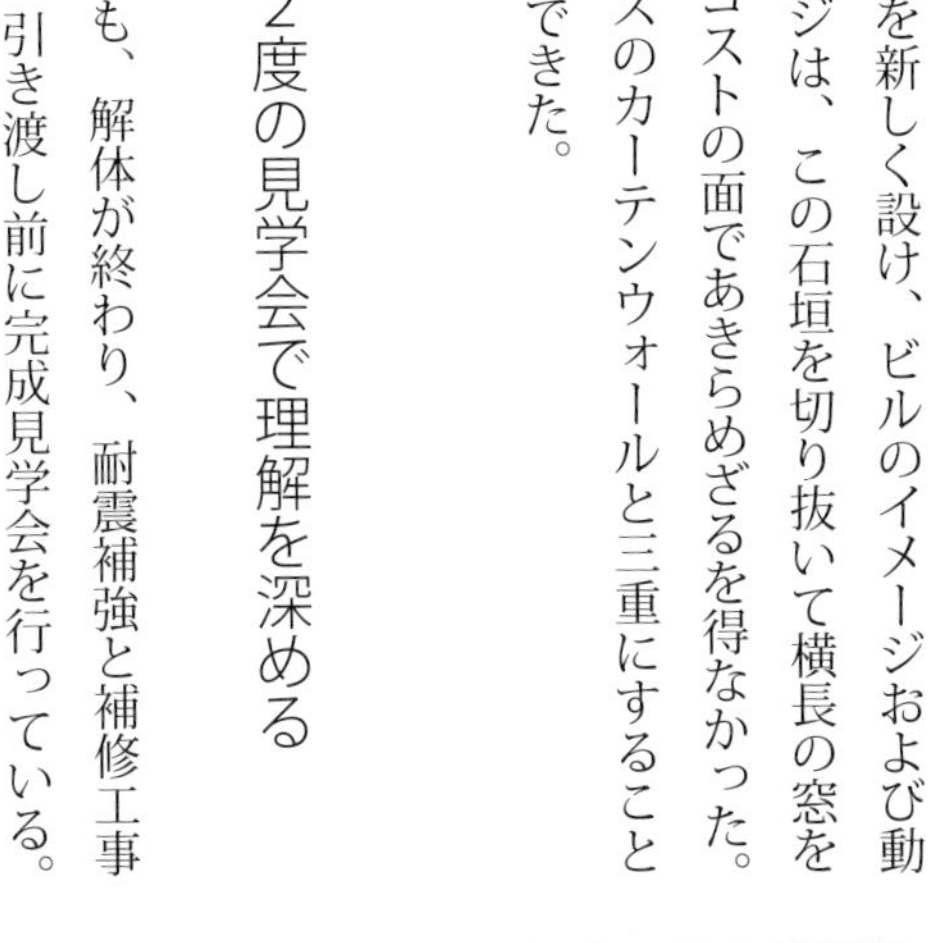
・鉄骨による筋交い

上：地階エントランスポーチへの導入口、店舗の地階入口を兼ねる
下：高層部オフィス内部、正面は道路側開口部、左手のドア内はエレベーターホール

毎回100人を超える見学者が集まる。見学者は、不動産関係者、ビルオーナー、学生、大学の先生、建設会社と幅があり、質疑の内容は特に法的解釈についてのことが多い。

法的解釈は、条文はあっても解釈のマニュアルはなく、今回もこの建物についての特殊解であったと思う。法の理念を理解し、ひとつひとつ説明し、確認し、法的解釈の方針を見つけ出すことが重要である。おそらく、われわれが得た法的解釈を事例として他の行政庁へ持って行ったとしても同じ解釈は得られないだろう。したがって、見学会で質疑があった事柄に対して、結果を伝えるのみでは、その協議内容、プロセスに関しての理解がなければ、おそらく誰も真似できないと思う。われわれにも、いまだに行政協議のマニュアルはない。しかし、リファイン理念を持ち、誠実な対応をきちっと行っているつもりである。常に、特殊な既存建物に出合い、その最大限の潜在能力を引き出すために、法チェックを一から始め、クライアントの要望、そしてわれわれの計画目標を達成している。したがって、毎回、特殊解となるのは当然と思っている。この目標を達成するために行政協議に費やす時間とエネルギーは設計を行うのと同等のものを必要とするが、そのことはなかなかクライアントの理解を得ることができない。

おそらく、他の設計者が行った再生建築と比較した時に、やっと理解が得られるのではないかと思う。

右：地階エントランスポーチ
左：地階エレベーターホール

計画のポイント① 工程に影響のないスケジュールを立てる

この計画はもともと利用性を含めた収益性について、三菱商事、船井財産コンサルタンツ、そしてビルオーナーにより、かなり事細かに決められていた。その中の最重要課題は工期であった。実質的に竣工日がセットされ、それに向けて詳細なスケジュールが決められ、設計も現場も、かなり厳しい対応を迫られた。

工期について、今回の現場で問題となったことは大きく3つが挙げられる。ひとつ目は、製作物の手配で、エレベーター、鉄骨階段、カーテンウォール、サッシ等の施工図の作成~チェック~承認である。これらは製作に1ヵ月以上の期間を要し、工程を大きく左右する。今回の工期は7ヵ月という厳しいものであったため、この製作が少しでも遅れると、即工期に影響を及ぼす。施工図は着工と同時にスタートさせるのだが、僕が東京にいる時でないとチェックと承認ができないことがある。そのため、現場担当者が予定を組みながらの作業となるが、即回答を必要とする時は出張先でメールにて確認、回答し、また、担当者にも一部を委ねている。しかし、デザインに関わることを決定するような大きな判断が必要な時は、工程に影響を及ぼすことはわかっていても、やはりその手間を省くことができず、必ず図面チェックを行っている。現場を困らせないよう、工程に影響のないスケジュールの組み方が、今回も大変であった。

計画のポイント② ―イメージを理想により近づける

ふたつ目は、仕様決定である。リファイン建築はすでに既存躯体が立ち上がっている分、着工後、即施工図作成に入り、建物全体の仕様決定会議の準備に入る。設計時点で図面、パース、模型等により、仕様についてはクライアントとのおおよその共通認識があるのだが、今回はイメージをクライアントの理想により近づけるために、担当者の坂本匡史は現場に何度も足を運び、空間や、解体後新たに得られた情報をあらためて理解しながら、僕に報告した。必要な時はむりやり現場に連れていかれることもあったが、そのようにして仕様を検討し、決定した。

今回、特に大きな仕様変更としては、構造の変更まで検討する必要のあったオフィス環境およびファサードイメージ向上のための開口部の拡大であった。これは前述したとおり、補助金が得られたことにより実現した。仕様決定変更のための会議を計2回＋α、イベントとして、三菱商事、船井コンサルタンツ、ビルオーナー三者を含めて開催し、納得するまで時間をかけ、話し合うことにしたため、当然のことながらいつも以上に時間がかかってしまった。もちろん変更は、予算に収まるようコストコントロールすることも重要で、その調整のために時間を要したことは、おそらくわれわれ監理者と現場サイドにしかわからないことかもしれない。

店舗内部（仕上げ前）。右は地階、左は1階部分

計画のポイント③

思わぬ前施工の不備に対処する

3つ目に問題となったのは既存躯体の状態である。

通常、仕上げや設備の解体を行い、躯体がおおよそ露わになったところで検証を行い、前施工の不備や経年劣化の補修計画を立てる。この建物は、建設後改修したのであろう梁の欠損、鉄筋の切断など局部的な不備は見受けられたが、全体のコンクリートの密実性はかなりレベルが高かったので、補修計画から補修完了まで時間はかからないと思っていた。しかし、躯体の部分的な解体を行っていくうちに前施工の不備が見受けられるようになった。例えば間知石を撤去し耐震壁が露わになった時、鉄筋が大きな範囲で露筋していた。また、柱の袖壁補強のための躯体一部解体時に柱の鉄筋が露出している箇所が存在し、さらには鉄筋が切断されている箇所が見つかった。これだけでなく、その他数ヵ所で問題が見つかった。この状態の時にはすでに外装や補強の工程が進められており、問題箇所の補修・補強の対応は工程的に厳しかったが、構造設計者と現場と方針を協議し、確実に補修を行っていった。その結果、検査済証は数日間遅れたが、引き渡しはぎりぎり予定日に行うことができた。

今回の工事では、現場を担当する監理者と現場の努力があればこそ、これだけの前施工不備に対しても確実な対処が何とか可能となったことがあらためてわかった。われわれ監理者の努力は当然だとしても、現場監督や、施工に参加してくれた方々には深く感謝したい。

中庭

屋上

クライアントと完成イメージを共有

今回、今までの仕事と大きく異なった点は、前にも述べたが、三菱商事が指定した建設会社により施工が行われたことである。構造計算も同社に担当させてほしいとの強い希望があり、そのために挑戦的な構造計画はなされなかった。このことは、一方で僕の思いどおりにならない原因となったが、工期を決められれば、ある意味では納得しなければならないことではないかと考えた。自己評価としては、もう少し挑戦的な耐震補強をしてみたかったとも思うが、この計画の途中、このビルのオーナー、三菱商事、船井財産コンサルタンツの方とニューヨークを旅し、建築を見て回ることにより、クライアントと同視線の完成イメージを持つことができ、結果的には満足のいくものになったのではないかと考えている。

竣工日の数日後、明治神宮外苑の花火大会をリファインしたビルの屋上で見物したが、これは最高のお披露目記念日となった。

屋上から神宮外苑花火大会を眺める

老朽化した集合住宅をリファイン

高根ハイツ

高根ハイツリファイン計画

◉計画の概要

既存建物は、鉄筋コンクリートラーメン構造として計画されたが、コンクリート躯体の型枠が外れた時点で、構造上の弱点となる施工不良が多数発見された。そのため、既存フレームに補強壁を増設し、壁式鉄筋コンクリート造として補強されたという特殊な経緯を持つ。検査済証がなかったため、既存不適格の証明、確認申請を行い、確認済証および検査済証を取得する。

◉旧建物の状況

1963年竣工のRC造4階建ての共同住宅。経年変化による構造上の弱点、前施工の不備、設備の老朽化、現代のライフスタイルに合わなくなった住戸プランなど深刻な問題を抱えていた。しかしその一方で、建物の建設当初からクライアントが手入れをし継承してきた建物を囲む手づくりの庭や前面道路に面する立派な生け垣等により、良好な住環境が形成されていた。

◉設計のポイント

周囲の良好な環境を残しながら「大規模な模様替え」を行い、安全性の確保、建物の延命化を目的としたリファイン。当初施工されたラーメン構造のフレームに対して、壁や床を増打するかたちで構造を補強しているため、床スラブが厚くなっていたが、設備配管を隠しつつ間接照明とし、またゾーニング等によって居住性を高めながら、現代のライフスタイルに合わせた全9タイプの住戸プランとした。

プロローグ――オーナー自ら管理してきた集合住宅

築46年を経過した集合住宅の再生である。

この建物のオーナーである宮原さんご兄妹は、ビルの管理を管理会社に委託するのではなく、自ら管理・修繕対応を行ってきた。建物だけではなく、庭や生け垣も苗木から植樹し、建物と一緒に育ててきたという。実際見てみると、南側の中庭は入居者が入れないようになっていたが、常に手が行き届き、きれいに保たれ、入居者はその緑の環境を享受している。東中野という都心に近い住宅密集地にあって、希少な緑に恵まれた集合住宅としてあるように思えた。しかし近年、様々な不具合、欠陥が生じていたという。オーナーの話からは今までこの建物に対する修繕等の対応が大変だったことがうかがえたが、その分思い入れや愛着はたとえようもないほど強く、そのことが大きな理由で、新築も検討されたがなかなか踏み切れないという状況であった。また竣工後から用途地域の変更で、第一種低層住居専用地域の絶対高さ制限により、建て替えると4階建てから3階建てに変更になるという意味でも、新築という選択肢は考えられなかった。

そんな折、テレビで僕のリファイン建築を見ていただいたようで、一般的なリフォームではなく、根本的に構造から見直し、建物をよみがえらせることができるのかという驚きを持たれたらしく、相談依頼の電話があった。話を聞き、現地を見せてもらうと同時に、図面を借りて検証を行ってみた。

RCラーメン構造に壁式構造が合体した不思議な構造

設計図書は意匠図、構造図詳細まで残っており、大切に保管されていた。設計図書だけでなく、その他いろいろな書類も残っており、それを見ると特殊な経緯を経た建物であることに驚かされた。当時の確認申請では、構造方式はRCラーメン構造によって設計されているが、その後変更し、ラーメン構造にRC造壁式が合体して、つくられているのである。

すなわち、RCラーメン構造の軀体工事が終わった段階で工事の不備に気付き、工事を中断し、つてを頼って早稲田大学の構造の竹内盛雄教授に見ていただいた結果、ラーメン構造から壁式に変更したとのことであった。ただ、その当時のことなので、当然、検査済証は存在しない。ましてや構造を変更しているのでなおさらであった。

このことは今までにないケースであり、構造が特殊であるが故に、これまで計画してきたリファインのように遵法性を確保することは、正直難しいと思った。この構造について当時にさかのぼって設計意図を理解すること、ラーメン構造と壁式構造の接合部の考え方を整理すること、合体しているが壁式構造であることの証明を行うこと、それらの内容について行政の理解を得ることが必要であるが、しかし、見通しがつかないままだった。

クライアントのリファインの目的は、今頭を悩ませている「苦情の対応」「修繕費の削減」「安全性の確保」「建物寿命の延命化」「事業性の安定」である。これらのことは、通常リファインを進める上でクライアントから要望される事柄なので、今までの経験上、可能性は十分に感じていた。そして、「次世代に引き継ぐための資産価値証明」がクライアントの最大の要望であった。この難問に挑むには、検査済証がない、そして構造が不明確ということが相当な問題となることは目に見えていた。しかし、そのような建物の遵法性、構造耐震性能の安全性を証明するということも、クライアントがわれわれにリファイン建築を依頼される大きな理由でもあり、かなり期待されていることがわかった。その要望を実現させるためには、リファイン後の検査済証というお墨付きを取得することが最も重要となる。

われわれはまず、クライアントの要望を実現するために、行政担当者、構造設計者、融資を行う銀行の担当者からもアドバイスを得ながら、構造評定書、検査済証を得るという目標を設定し、それぞれの問題点、可能性をクライアントに示し、一方で、それを避ける道も示した。しかし、結果はやはり、構造評定書と検査済証のふたつを得る、フルスペック案が方針として決まった。

行政対応①　耐震診断をもって既存不適格を証明

そのためにはまず、検査済証のない建物をどのように確認申請し、受け付けてもらうかが重要となった。そして、その前に既存不適格であるということを証明する

左頁
上：解体後、床の補強
下右：南側開口部回り
下左：通路側開口部回り

必要がある。つまり、建設当時に違法性がないということが大前提となってくる。

構造的には、RCラーメン構造部分は単なる重りとみなし、竹内教授が考えた壁式構造をこの建物の構造形式とする解釈とした。そして、東京都における「増築棟に関する既存建築物判定要項（構造）」に沿って12条5項の報告を行うことで構造の既存不適格を証明することを行政（中野区）に提案した。

ただ、この判定要領はそれほど詳細ではなく、構造計算も検討は行わないので、われわれとしては耐震診断まで行い、建物の安全を確認することをさらに提案した。つまり、既存不適格ということを証明するために、「増築棟に関する既存建築物判定要項（構造）」よりも、耐震診断が上位であるということを中野区と協議し、判断をもらい、耐震診断をもって12条5項の報告を行うのである。その報告書の審査はかなり厳しく見られることを予測していたが、行政にはわれわれの本建物の構造の解釈を理解していただくことができた。しかし一部問題があり、指摘を受けたのは、鉄筋調査を行った箇所のかぶり厚さが不足していたことである。当時の工事の際の施工誤差であることに疑いはなかったが、それは今回のリファイン工事にて是正を行うことを条件とし、構造既存不適格であることの証明を行うことができた。

次に、意匠的な面の既存不適格の証明であるが、集団規定のみ建築当時の遵法性を確認する必要があった。それはリファインの特徴的なところで、集団規定は計画に大きく影響を及ぼし、また、単体規定、その他条例はすべて是正を行うことができるため、過去の実績をもとに協議することで、おおよそ行政の方針を得ることができるのである。今回チェックすべき集団規定は、第一種低層住宅専用地域におけ

解体終了

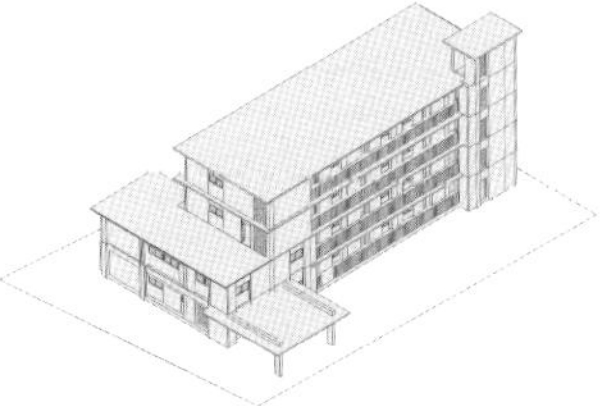

①既存

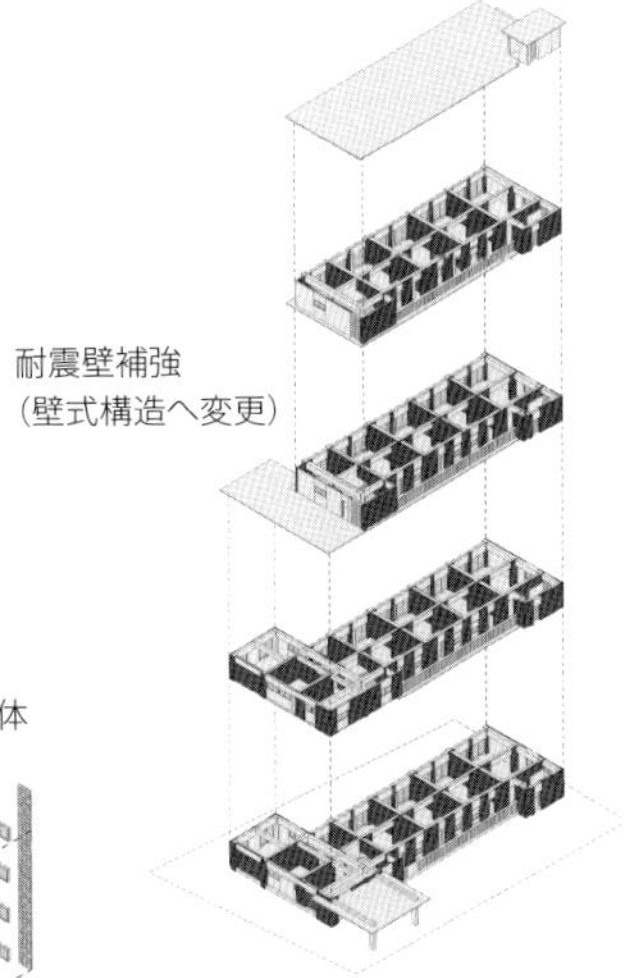

耐震壁補強
（壁式構造へ変更）

②構造補強（当時）

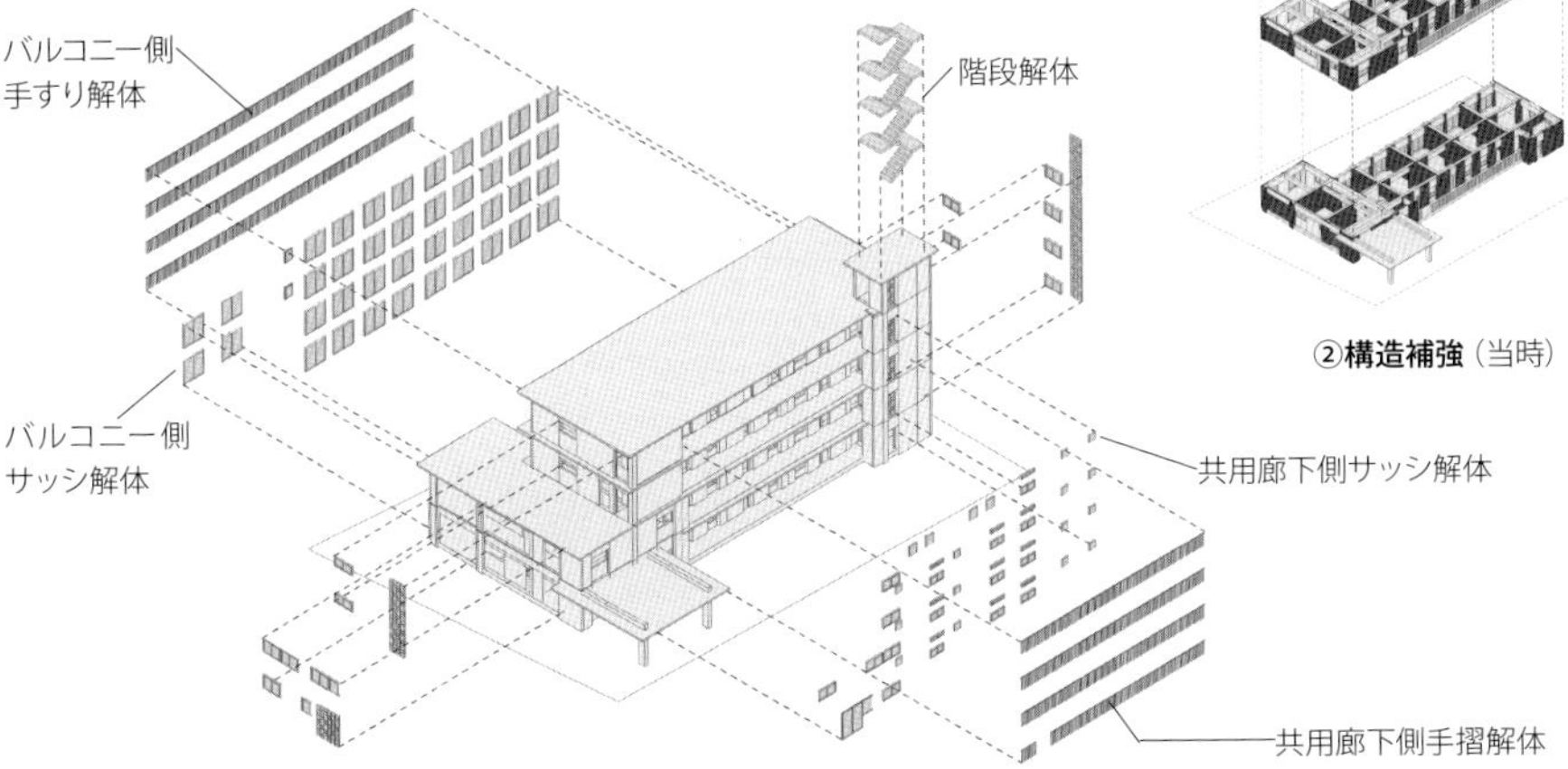

バルコニー側
手すり解体
階段解体
バルコニー側
サッシ解体
共用廊下側サッシ解体
共用廊下側手摺解体

③解体

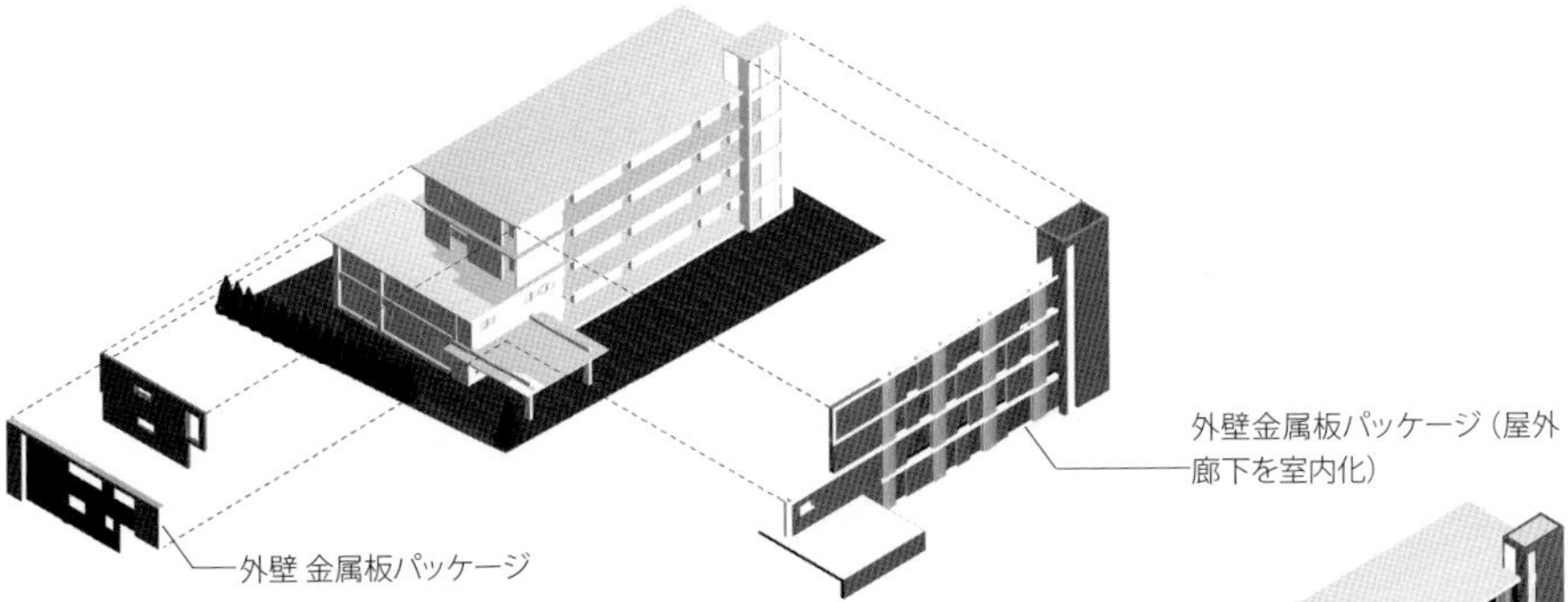

外壁金属板パッケージ（屋外
廊下を室内化）
外壁 金属板パッケージ

④外装

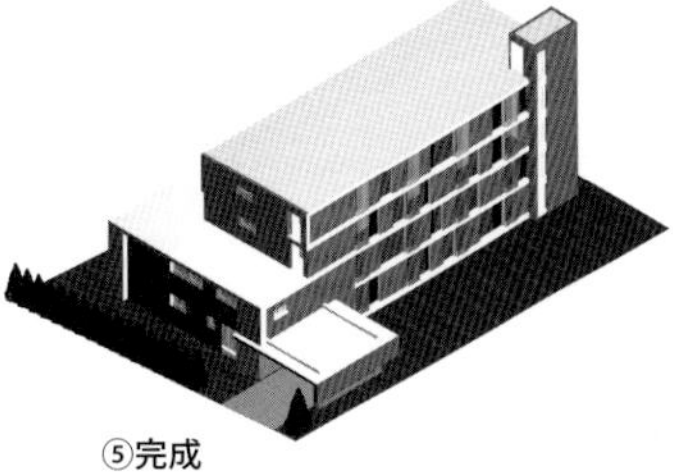

⑤完成

る絶対高さ制限（10ｍ）、次に日影制限、そして高度地区による高度斜線制限であり、これらすべてが現行法に適合しておらず、新築であれば3階までしか計画できないというわけである。そして、これらはすべて当時の遵法性を確認でき、既存不適格建築物ということを証明できた。

行政対応② 確認申請と評定を同時進行

このようなことを調査、証明した上で、さらに新築でも行うその他の協議も行うことで初めて確認申請を出すことができる。確認申請上の工事種別はいろいろあるが、本計画は「大規模の修繕」という工事種別によって、確認を提出することになった。

「大規模の修繕」となると自ずと構造方針は、「構造耐力上の危険性が増大しない」ということを証明することが必要となる。その条件として、われわれから提案したのは、耐震診断を行い、リファイン建築後のＩＳ値が0.6以上を確保すること（これはすでに実施済み）で、これは建築基準法施行令第１３７条の12第1項「大規模の修繕又は大規模の模様替」による安全の確認である。

さらに区役所からは構造評定書を取得することを指導された。これは、構造評定委員会に書類を提出し、評定を受けるということである。

工事の着工時期は決められており、その時までには確認済証を取得していなけれ

北東側外観（リファイン後）

左頁
上：リファイン後の北側外観。右端部はエレベーターシャフト。階段室からの変更
下：リファイン前の北側外観

after

▲

before

ばならない。評定には2、3ヵ月必要で、時間的な問題も存在した。そこで行政とは、確認申請、評定の同時進行を相談し、構造以外の審査が終わった時に評定書が得られていればその時に確認済証を発行していただけるよう相談し、了承を得た。構造だけでも確認を出すまでにかなりの労力を要することとなった。

次に、意匠に関することであるが、集団規定は、既存不適格事項が既存よりも状況が悪くならないということ、つまり、先ほど述べた絶対高さや日影、斜線制限等に関して、現在の状況よりも不利にならないことを指導された。単体規定、安全条例、消防法、その他条例に関しては、既存建物がどのようにあろうとも現行法規に適合させることを指導された。つまり、建築内部に関することは、まったく新築と同様にしなさいということである。このことは当然のことであり、その指導の範囲内で計画し、確認申請を行った。

行政対応③ 行政から民間確認検査機関へ申請先を変更

このような条件の下に確認申請を行い、受け付けていただいたが、審査が始まり2、3日経った後、区役所建築指導課より連絡があり、道路斜線制限の違法性を指摘され、一旦受け付けてもらった確認申請の取り下げを指導されてしまった。

道路斜線制限は昭和25（1950）年建築基準法施行と共に存在しており、当時の条文は「建築物の各部分の高さは、その部分から前面道路の反対側の境界線まで

●リファイン前の状態（右より）
・北側全景
・北側の足元より見る
・1階共用廊下
・3階共用廊下（階段室前）
・室内

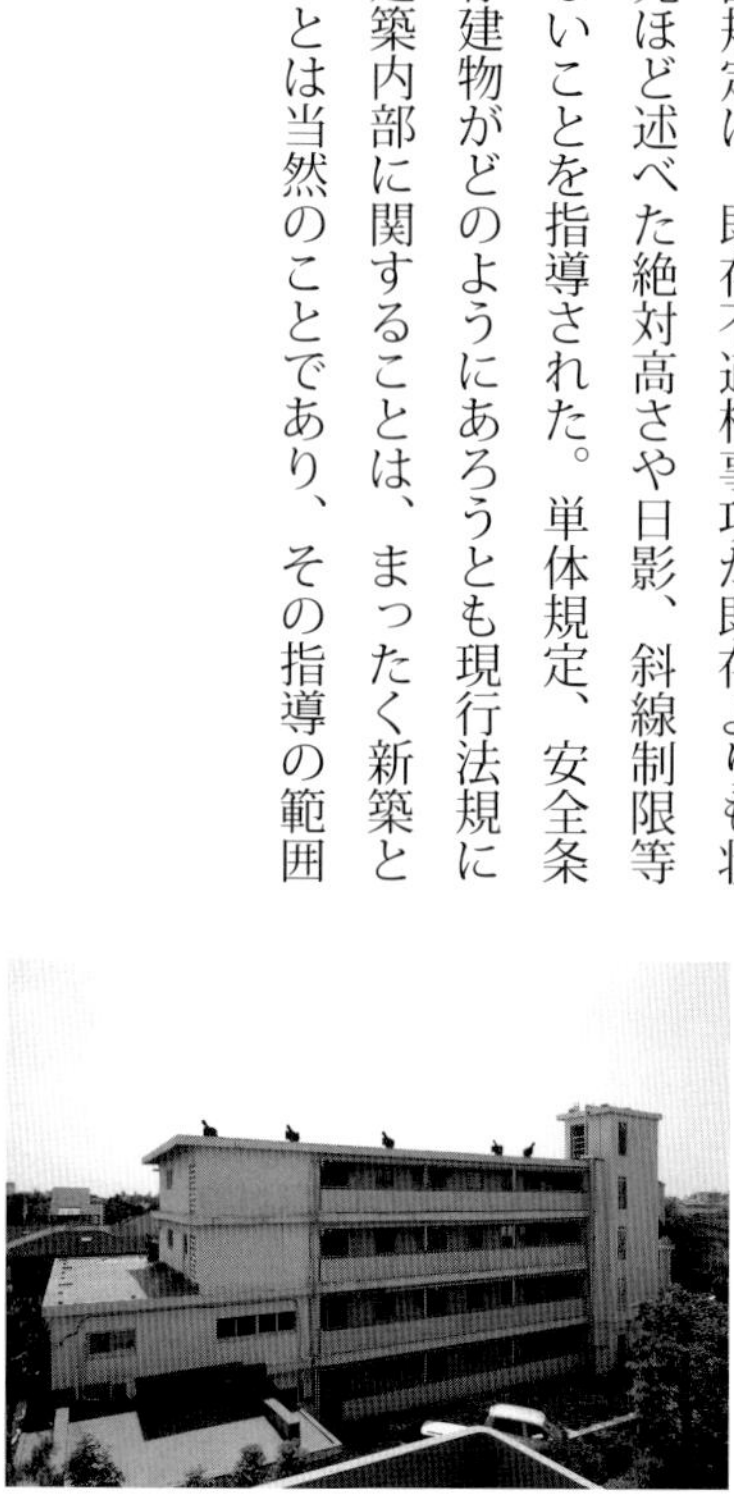

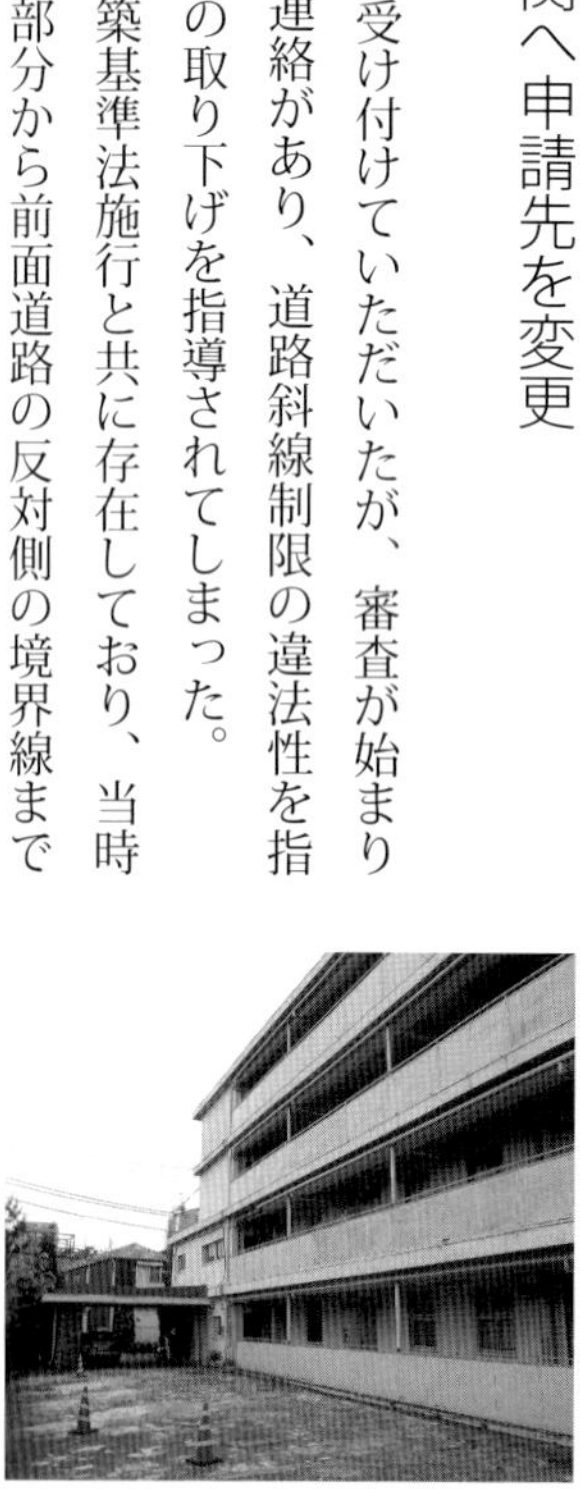

の水平距離の1.5倍以下で、且つ、その道路の幅員の1.5倍に8メートルを加えたもの以下としなければならない。住居地域内における建築物に対する前項の規定の適用については、『1.5倍』とあるのは『1・25倍』と読み替えるものとする」という至ってシンプルなものである。そのため、行き止まり道路、T字型道路等の先端に位置する敷地の斜線制限の取り扱いについて、条文上の字句に固執するあまり、行政上思わしくない解釈がなされてきた事実は存在している。その点において、昭和46年4月6日の首都整備局建築指導部長から、特別区建築主務部長、三多摩地方事務所建築主務課長宛に通達がなされた。それにより、ほぼ今の現行法規と同じ道路斜線制限の考え方に統一されたという経過がある。

今回の建物はその通達よりも前に建てられており、その結果、既存の建物形状となったことはおおよそ推測できる。その通達等により道路斜線制限の条文が明確に解釈されていく経緯を具体的に調べて証明し、さらに現行法による天空率のチェックを行って、現行法にも適合しているとの証明を行うことを協議した。しかし区役所は、当時の考え方といっても、それはあくまで現時点での推測であり、当時違法性が明確にあった、という判断のもと検査済証が発行されなかった、ということを理由にまったく受け入れていただけなかった。

このような集団規定の指摘は計画や事業性に大きく影響し、部分的な是正ではすまない。そのためにあらかじめ事前協議を行いながら計画し、そして確認申請を受け付けていただくわけで、今回もその過程を踏みながら進めてきたのだが、予想外の指摘を受けてしまった。

さらに困ったことに、都内にある確認検査機関に構造評定をお願いしたが、これも受け付けが不可となった。理由としては、検査済証もなく、構造の不明確な点が大きいので受け付けられない、とのことであった。

本計画で、リファインすることによって建物が安全となり、延命化され、今の生活スタイルに合った賃貸住宅になることは当然のことで、構造評定、検査済証というふたつのお墨付きを得ることがクライアントにとって最大の要望である。すでに目標を見据えて事業計画を立て、銀行の融資を得て、計画を進めてしまっている。今回のこのふたつの事由で計画が止まってしまい、建物をよみがえらせることができない、という最悪の状況にまで陥ってしまったのである。

しかし、われわれは手を止めるわけにもいかず、クライアントに報告できないまま、この瀕死の状態から、お墨付きひとつだけでも、というわずかながらの希望を持って、民間確認検査機関を回ることにした。事務所総動員で約4社同時に回ったが、良い方向性が見つからなかった。どちらかというと、この建物が特殊であり、確認申請してもらっても審査するのが難しい、申請してほしくない、という感じの回答が多かった。4社のうち日本ERIは、過去にリファインの確認を受け付けていただいた実績があり、今までの経過、そしてリファインの理念、遵法性の根拠を明確に説明した。すると、他社の判断内容も当然とのこととしながらも、同時に、そのことが再生建築を規制しているという理解もしていただき、前向きな検討をしていただけることとなった。何度か足を運び、宿題はかなりいただいたが、確認申請を受け付けていただくことになった。そして構造評定を得るという方針も協議し、

●リファイン後（右より）
・北側壁面見上げ
・北側外観
・共用廊下
・居室1

これも受け付けていただけることになった。もちろんこの段階では審査していただける土俵に上がっただけであるが、この結果はわれわれにとっては瀕死の状態からの起死回生だった。

方針が見えて初めてクライアントに報告することができ、この過程にご理解をいただくことができた。本当によかったと思っている。そして予定もそれほど延びることなく、構造評定書、確認済証を取得することができた。

リファインのポイント ― 既存躯体を70％パッケージしてメンテナンス考慮

計画は、ふたつあった階段のひとつを外側のコンクリートの壁を残して撤去し、その中にエレベーターを新設してバリアフリー化を図っている。屋外廊下は、確認通知書にはもともと床面積に算入されていたので、廊下の外部側に新しく壁を設置し、室内廊下とすることで、クライアントが悩んでいた漏水による漏電を解決することとした。そのことにより、メンテナンスもしやすくなった。

1階の住戸は既存床下地が木組であったため解体し、すべて新規土間を約25㎝下げて新設し天井高さの確保を図ったが、クライアントの要望により、2室のみ床を下げ、その他はバリアフリー対応とした。

間取りは2DKタイプと1LDKタイプとし、現在の需要に応じた生活スタイルを提案し、全12タイプとした。設備はすべて更新。外構は、地域の防災用の井戸が

あったが、これはこのまま活用しながら、駐車場を整備することとした。南側の庭は、既存図面を見た時は1階住戸の専用庭として住環境と家賃のアップを単純に考えたが、クライアントの庭に対する思いをお聞きし、現状を維持するという判断をした。外観は、アルミとガルバリウムの金属板およびガラスで既存躯体を約70%パッケージしている。これはこれからの経年劣化に対する対策で、クライアントの頭を悩ませていたメンテナンスも考慮しながら外観を整えていった。

エピローグ ― 解体してみてわかること

着工後、解体終了時にこの特殊な経緯を持つ建物の内部を初めて見ることとなった。やはりRCラーメン構造にRC壁式構造が合体し、不思議な構造体となっている。一部コアを抜いた箇所を見ると、新旧のコンクリートの壁断面が見受けられ、やはりもともとのラーメン構造の壁はコンクリートが密実ではなかった。躯体は図面どおりであることは確認できたが、当時訴訟にまで及んだ経緯があるので、壁式構造のほうはていねいな工事をしているだろうと期待していた。しかし、コンクリートは密実であることはわかったが、当時の建設の技術では仕方がないのかと思うようなもので、ていねいさは見受けられなかった。また、一部耐震壁がコンクリートのかぶり厚がなく、完全に一面鉄筋が露筋しており、明らかに耐震壁として機能していない箇所も見受けられた。しかし過去の実績から見ると許容範囲であり、適

●リファイン後（右より）
・居室2
・居室3
・浴室

切な補修を行えばまったく問題がないと判断できた。

　他のリファイン建築同様、解体終了後に見学会を行ったが、そこでは現在の建物の状態やこの建物が出来上がった経緯、そして今回リファインすることによってよみがえっていく経緯を見ていただくことができた。また、今回われわれが経験した設計時の特別な経緯を少しでも伝えることができたのではないかと思う。

　世の中には再生が促進されるべき建物が多く存在する。しかし、現時点では、法的な規制、行政指導により、新築、もしくはそのままの状態を維持することを決断せざるを得ない状況がないとは言い難い。過去に数多くのリファイン物件をこなしてきたが、あらためて本計画で再生の難しさを実感し、この経験がこれからの再生促進に対して一石を投じることとなればと思う。

　２０１０年1月20日に完成し、検査済証を取得することができた。

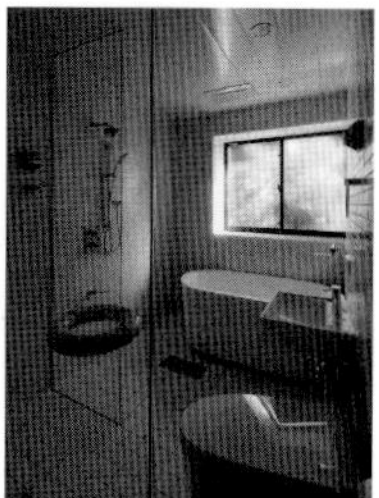

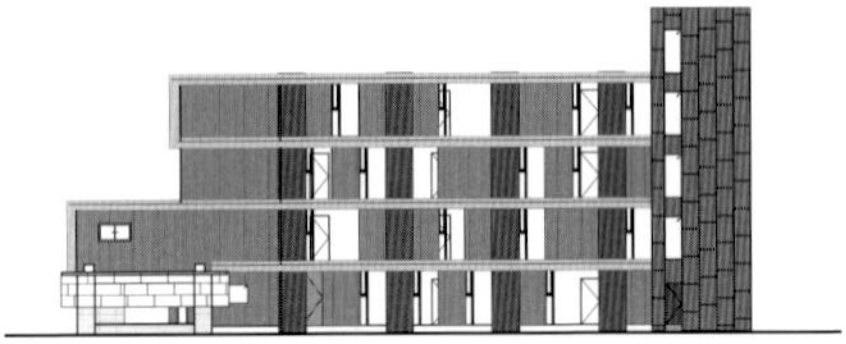

北側立面

南側立面

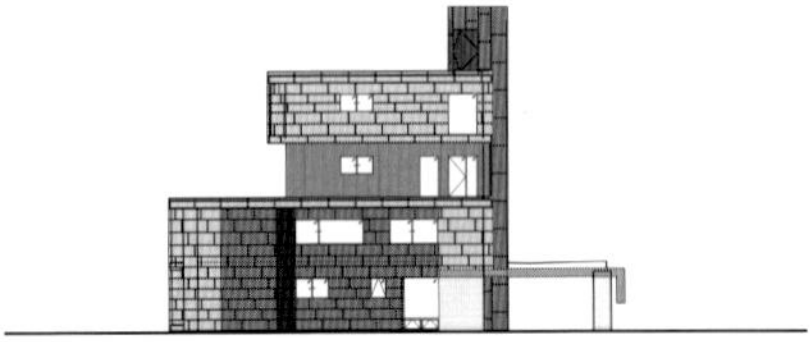

東側立面

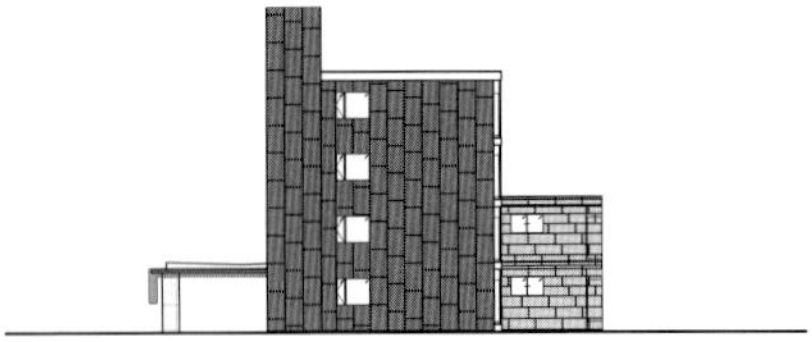

西側立面

before

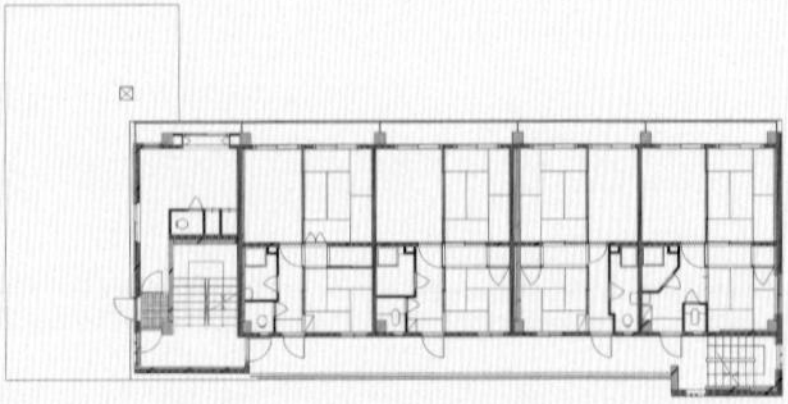

3階平面（リファイン前）

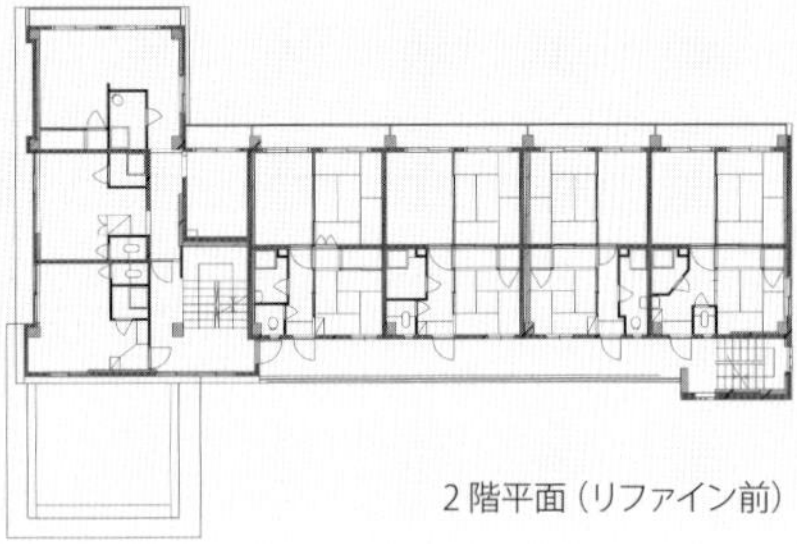

2階平面（リファイン前）

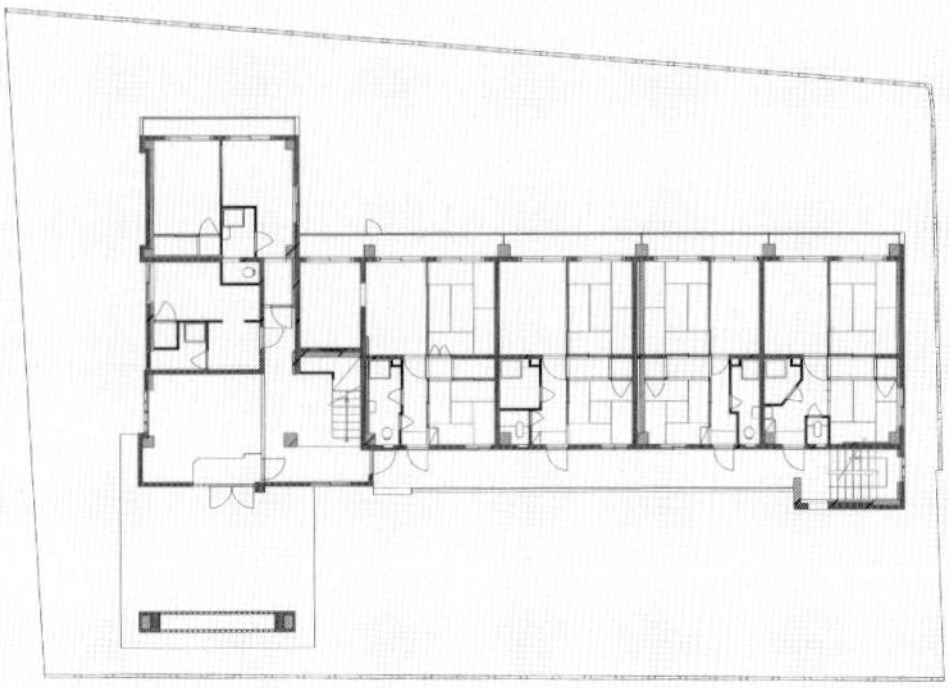

1階平面（リファイン前）

after

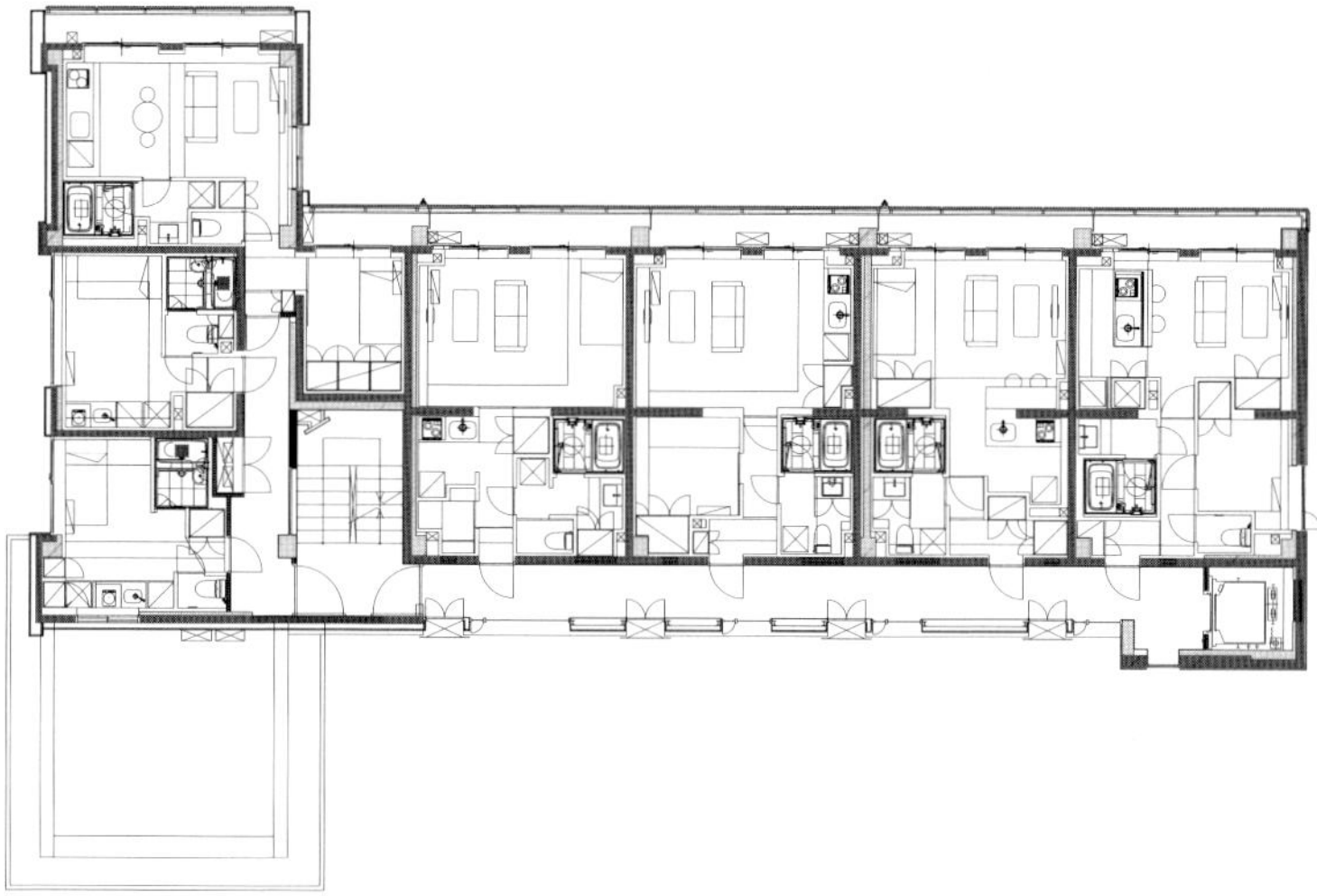

2階平面

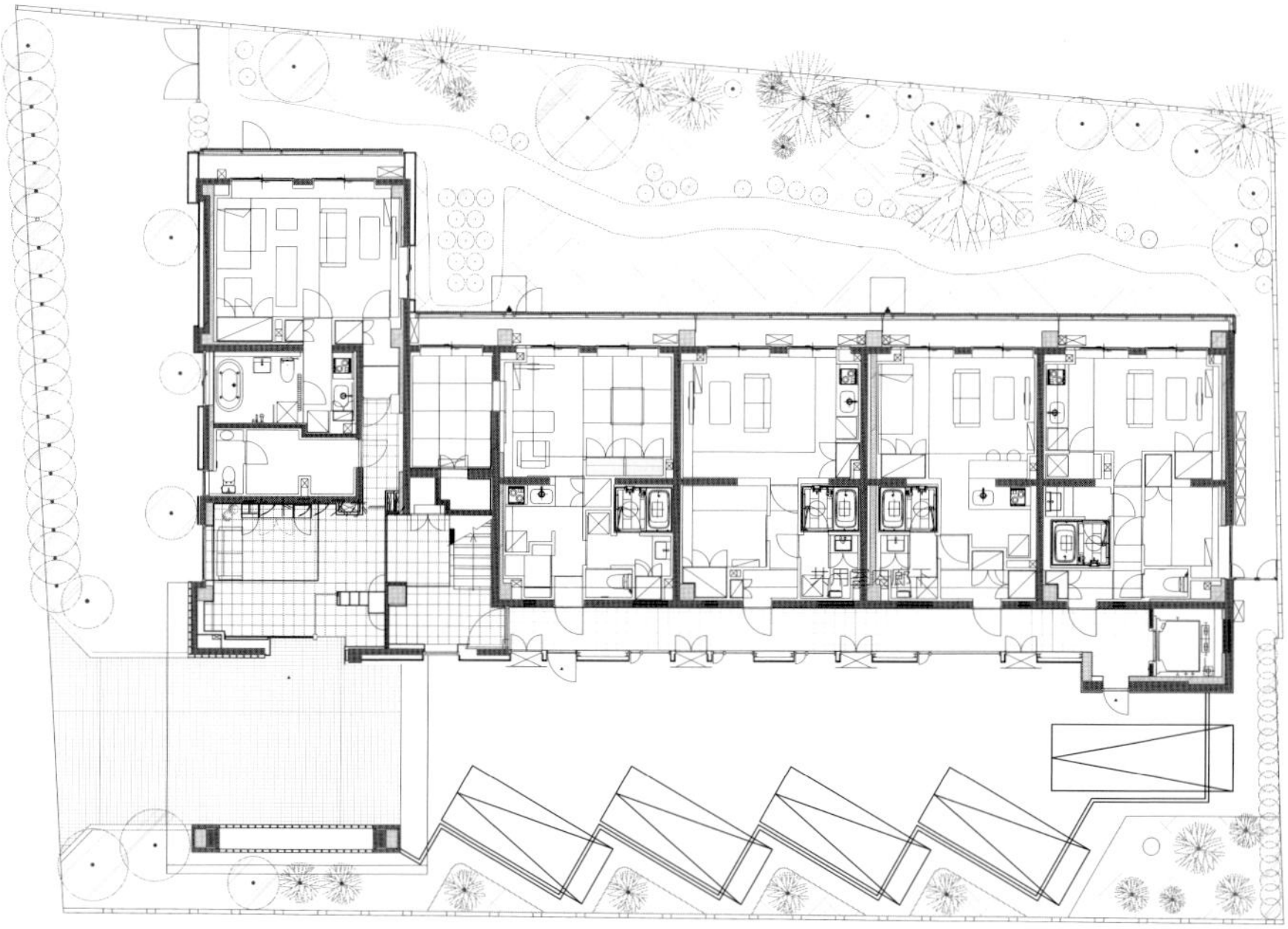

1階平面

今、リファイン建築に必要なこと

山本康友
（東京都財務局技術管理担当部長／
首都大学東京戦略研究センター客員教授・工学院大学非常勤講師）
青木茂

「家履歴書」の意味

山本――公共建築、特に学校は増築に増築を重ねてきています。こどもは増えたり減ったりするので、どこの学校でも増えた時に増築する。しかも、A棟は40年代、B棟は50年代というのならいいのですが、B棟のある部分は45年、次のワンスパンを46年、その次は47年というふうに、予算や児童数の関係でその時々で増築しています。既存部分と増築部分の間にエキスパンションを取り、増築部分は現行法の法令適合で、過去については既存不適格というかたちでやってきたわけですが、今回の建築基準法の改正（２００７年）後、２００８年の告示でエキスパンションの考え方が変わって特に構造関係の基準が強化され、増築は非常に難しくなりました。今、学校や病院などはどこも悩んでいると思います。

青木——建築基準法は新築に関してはほぼ完璧な制度ですが、増築や改築、ましてや僕がやっているリファイン建築に関しては、極端にいえばないに等しい状況で、手探り状態です。特に、既存建物の2分の1以上の増築をする場合には既存部分も部位に至るまで構造性能を新築と同じようにしなさい、という今の建築基準法はほぼ不可能に近い。不可能なことを誰が決めたのか、まったく見えないのが法律の世界です。

山本——50㎡、あるいは既存建物の2分の1までは既存建物をそれほどいじらずに増築を認めていますが、「50㎡まで」というのはエレベーターシャフトをつくるために増築を認めましょうということで、バリアフリーへの対策です。では「2分の1まで」というのはなぜかというと、あまり根拠がない。時間をかけて改修していくという方法もありますが、そうしているうちにまた法律が変わったらどうするかとなると、やはり5年くらいが限度でしょう。そうすると、増築が2分の1以下で、防火と避難が簡単に解決できるなら改修する、しかし、構造まで手を入れるというところまではいかないのではないでしょうか。つまり、増築部分が既存面積の2分の1を超えると、せっかくある建築ストックを壊さなければならないわけです。

青木——本書で紹介している田川後藤寺サクラ園は、それをどうクリアするかが大きなテーマでした。既存部分については、エレベーター部分とエントランス部分を50㎡以内、2分の1以内で増築し、増築部分は構造的にエキスパンションで切って、まったく違う建物だという解釈にしてもらいました。そして、建築基準法は一敷地一建物という大規則がありますが、「用途不可分」といって、2以上の建物が単独では機能しない場合はひとつの建物として認める、という条項があります。つまり、既存部分と増築部分のふたつの建物が「用途不可分」であると認めてもらったのです。

山本――それは何年のことですか？

青木――２００８年です。

山本――あの通達が出てから？

青木――そうです。

山本――以前は行政体によって認める所と認めない所がありました。

青木――今は確認申請をどこに提出するか自体が問題です。以前は建物ができる場所の特定行政庁へ申請したのですが、今は特定行政庁へ持っていくのか、それとも民間の確認検査機関に持って行くのか曖昧です。

山本――民間は「検査済証」（既存建物の竣工検査済証）がないと原則審査しない。

青木――田川後藤寺サクラ園は、実は既存建物が建てられた時の「確認済証」も「検査済証」もなかったのです。そこで、最初に田川土木事務所に持っていったら、規模が大きいから飯塚土木事務所に持っていってくれといわれた。飯塚市が筑豊地区のキー行政庁になっているのですね。そこで、飯塚土木事務所の建築指導課に行って相談すると、元々は旧国鉄の建物で、国家が建てた建物だから間違いないだろうといって、お墨付きをくれたので、それを持って民間確認検査機関に行く、という非常にややこしい、ある意味ではアクロバチックな方法を取りました。そこで「既存不適格」ということを証明してもらって、ようやく次のステップに進めるわけで、

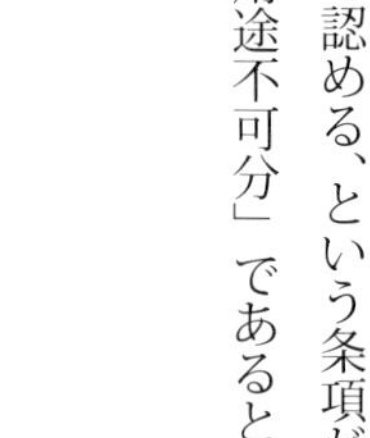

青木茂

なかなか一足飛びにはいきませんでした。

山本――行政は、「確認済証」があって「検査済証」がないと、現地を確認し、その図面をもとにX線検査をして配筋どうなっているかわかればいい、というかたちにするのですが、民間確認検査機関ではそこまで見ないでしょうね。危険性があるから、手間をかけたくない。でもそうなると、補強すれば使える建物でも壊さなければならないということになる。

しかし、検査済証がない、という例は多いですね。

青木――以前であれば、設計事務所にとっては検査済証は「全部終わりました」という印みたいなものだったので、たいした意味を持たなかったわけです。それが姉歯事件以来、重要な書類になった。ですから、たぶん、取っている建物といないものが半々くらいではないでしょうか。

山本――法令上は「取りなさい」ということになっていますが、設計変更がある場合、確認申請を出し直すとか、変更しなければいけないというので、それなら確認が取れているからいい、ということもありました。クライアントも検査済証までは考えなかったのですね。

青木――リファイン建築では、検査済証がない場合、かなり調査をする必要があります。田川後藤寺サクラ園はまったく図面がありませんでしたから、原寸を計り、コンクリートの中の鉄筋の探査をやって、基礎も掘って、現状の図面を起こすという作業をやりました。さらに耐震診断をして、既存不適格ですよ、ということを証明した。そこから始めて確認を取るという非常にややこしい作業をやっています。

山本康友氏

僕が山本さんに一番聞きたいのは、ひとつはリファイン建築はどう評価されているかということです。旧耐震法に則った建物の場合は全部調査して、あらめて確認を取り直しますし、その時に現行に則す必要がありますから、都市計画法、消防法、もちろん建築基準法を含めて全部クリアし、検査済証を取った時に、果たして新築と同じと認めてもらえるのかどうか？

山本――建築主事系は、検査済証を取るのが原則でしょうね。

青木――なるほど。

僕が検査済証を取るところまでやろうと考えたのは、現在、建築の長寿命化がいわれていますが、新築と同じような手順を踏んで、新築とまったく同じようなことをやっていけば、リファイン建築はあるラインはクリアできると思うからです。なおかつ、リファイン建築では「家歴書」といって、工事の過程で発生する構造的な事柄に関してすべて記録を取っています。前建物の構造的なミスに関しても正していって、どこからつつかれても新築と同じといえる状態に持っていって、それを図面と文書のかたちで「家歴書」として記しているわけです。

僕は、今の日本の建築の寿命を縮めているひとつの重要な点は金融の問題だと思っています。コンクリートの寿命と、建物は47年経ったら価値がないという金融的な寿命、そして見てくれの問題によって、日本は古い建物を有効に利用できないという状況になっています。そこを打破するための一里塚として、金融界がお金を投資する時に、リファイン建築は新築と同じ評価をしてもいい、ということになれば、建築の長寿命化につながります。僕はそれをぜひやりたいと思っているのです。

山本――今は経済の減価償却の考え方と建物の寿命とを結びつけているから、おかしいのですね。
青木――それは絶対におかしいですね。
山本――特にリファインの場合は躯体だけ残して補強するから、それ以外は新築同様で、通常の改修とは違うわけですね。
建物の損害補償保険の考え方でも、検査済証を取っている場合と取っていない場合で差をつけるべきで、そうすれば検査済証を取ることの意義が出てくると思う。

CO_2発生量を考えれば、もちろんリファイン

青木――リファイン建築がリノベーションやリニューアル、リサイクルと一線を画しているのはそこなのです。躯体まできちんとチェックして、あらゆることを現行法に則している。そこまでやっていかないと、建物の寿命はローンが終われば終わり、ということになってしまう。これは国がやるべきなのか、それとも保険会社がやるべきなのかはわかりませんが、検査済証を取ることまでをやれば新築と同等ですよということを公に認めてくれないと、長寿命建築はなかなか生まれてきません。
山本――2020年までに1990年比でCO_2の25%削減という大課題を考えたら、旧建物を取り壊して建て替えるのと、躯体を残して改修するのではCO_2の発生量がまったく違いますから、これからはストックを生かす改修の時代だと思いますね。

ただ、改修だと構造的な補強はできても、機能アップができないから嫌だ、という人が多い。

青木——リファイン建築のひとつの特徴は、建物を軽くするために減量ということをします。減量することと補強のための耐力壁などを挿入することは、それは、使用上の機能と密接に関係しますから、新築の設計に慣れた人にとってはややこしい頭の回し方をしなければならないかな、という気がしますが、でも、それはそんなに難しいことではない。

山本——難しくはないけれど、そこまでいかないのですね。壊しちゃおうと考えます。

青木——ある建築家に「青木さんみたいな方法もあるよね」といわれたのですが、僕にとってはクロスの張り替えとか、洗面器の取り替えだけではなく、全部やり直すのが当たり前なので、世の中の人はそう考えるのかと思って、逆にびっくりしました。

去年夏、サンフランシスコの市役所でレクチャーがあり、アメリカは環境のことをあまり配慮していないようなイメージを持って行ったところ、とんでもありませんでした。サンフランシスコは地震の多いところですから、耐震補強の命令を出す。その時に補助金があるのかと聞いたら、まったくない、と。しかも、建物の解体には許可が必要で、その許可を2年、3年かけて下ろさないようにして、そのうちに耐震補強命令を出す。これは環境と景観の問題だ、といっていました。日本ではどうか？　と聞かれて、日本は紙1枚ですぐに壊せる、と答えたら、「えっー？」と驚いていました。

山本――日本は簡単に壊せますね。建築基準法の15条では、工事事業者が除却工事届を出せばいいことになっています。それは単に統計を取るためだけの問題です。

先日、ある会社がCO_2発生量を50％削減する、すごいビルを建てたというので見に行ったのですが、建て替え前のビルは完成後たった15年で壊したというのです。

青木――はーっ?!

山本――新しいビルはCO_2発生量を50％削減することができたとしても、古いビルを15年で壊して本当にいいのか？

青木――日本はCO_2のカウントの仕方が奇妙で、完成したものが減になればＯＫで、できるまでの過程で発生するCO_2やライフサイクルの話はまったくありません。そこでいっているのは完成した時点からのライフサイクルであって、製造過程からのライフサイクルではない。経済産業省がやっていることはまさにそれなのです。それが僕は変だな、と思います。

山本――本来は製造過程から計算する必要があるわけですね。

改修に関する法規はまったく未成熟です。今は第3条（既存不適格）だけでやっていますが、CO_2のことを考えると本当にそれでいいのか？　バリアフリー法ができて、50㎡までは増築を認められるようになり、耐震補強をする場合は認定を受ければ既存不適格はある程度目をつぶりましょう、ということですが、同じようにCO_2に関しても何か工夫をしていかないと、改修は進まない。CO_2対策を考えて、改修に関する法規を整備する必要がありますね。例えば、40年使ってきた建物を改修して使えば、CO_2の発生を抑えることができますから、あと20年使うならこうしなさい、40年だったらこういうふうにというくらいのことを考えないとCO_2の25％削減は厳しいかな、と思います。

安直な耐震補強には問題が

青木――JAS法でコンクリートの耐用年数は65年と一応決められていますが、僕にいわせれば、それは相当根拠が薄い。簡単にいえば、コンクリートの圧縮強度がどうかというだけで、中性化もほとんど問題はないと思います。例えば圧縮強度が200kgを超えていれば、おそらくあと50～100年、135kgだとあと30～50年くらいは大丈夫です。

コンクリートの圧縮強度は135kgが一応基準になっていますが、耐震という問題があって、今のように耐震補強でブレースを付けて終わりということだと、例えば20年後には本体のコンクリートはボロボロでブレースだけが残った、というすごくおかしなことになる。あれはものすごく安直な考え方で、ただ耐震補強をやれば安心、というのは幻想に過ぎません。やはり耐震補強にしても、トータルに考えてやらないと、安全な建物にならないのではないかと思います。

山本――例えば、耐震のために建物を軽くする減築という考え方にしても、減築した場合の全体的な法体制がない。4層の建物を3層にすれば軽くなるが、減らした分をどう考えるかというとなかなか厳しいですね。改修してCO_2の削減になるならば、減築分の補助金は返さなくてもいいとか、何か仕組みを考えられるかどうか。

今はまだ建設業界全体が新築志向ですから、なかなか難しいですね。

リファイン建築は雇用促進につながる

青木——もうひとつ、リファイン建築の面白さは、雇用促進になるということです。来年度から、少し、研究費をもらって調査分析をしようと思っていますので、現段階では正確な数字とはいえませんが、新築の場合、人件費はリファイン建築のたぶん3分の1以下で、建設費の約70％が材料や建設機械代です。ところがリファイン建築は建設機械や装置代が占める割合がぐっと減って、人件費がふくらみます。これは考えようによっては大きな雇用のチャンスが生まれるということです。解体ひとつにしても、今は分別解体をしますから、かなりの部分を手作業でやらなければならない。ですから、リファイン建築を推進していくと建設業に関わる人間が足りなくなる。しかし、それがコスト跳ね返るかというと、そんなに大きな影響があるわけではないのです。

それに対し、リファイン建築においては、例えば間仕切り壁は大工工事ですし、電気工事や溶接工事、そういう作業の見直しをすると、今とは相当違った、明日の建築業界の姿が見えてくる。

山本——今、建設会社の営業の人たちは、現在の仕事量からすれば建設会社の数は3分の1でいい、といっています。それと、技能工が高齢化していて、平均すると60歳を過ぎていることも問題です。

青木——われわれ60代が技能を持っている間に、若い人を養成する必要がありますね。建設業になぜ若い人が居着かないかというと、賃金が安いからです。賃金が安くても働くのは設計事務所の所員くらいです。（笑）それは設計者にはある種の夢があるからです。しかし、職人さんたちには、ちゃんとしたフィーを払わなければ、建築家が持っているような夢を持つことができないのではないかと思うのです。職人さんたちにとってもリファイン建築はすごくいいと思いますよ。普通のサラリーマンに比べると、ものをつくる喜びというのは絶対的に人間の喜びにつながりますし、それなりのフィーを出すようにすれば、建設業界でかなりの雇用が発生する。

山本——そう、そこは何とかしなければならない部分です。コスト削減で人件費を切ってきた結果、今、一人親方の小さな所にしわ寄せがきています。

青木——リファイン建築で、人件費がかかる、というのは決して悪いことではなく、雇用促進ということを考えればむしろ良いことです。また、今、若い職人さんを養成していかないと、建設技術の伝承がなくなってしまう恐れがあります。

結局、新築建物の床面積自体はだんだん減っていくし、一方では建築基準法が厳しくなって改修がやりにくくなり、当然作業量は減ってくる。作業量が減るということは、はっきりいって設計料が減るということです。僕から見たら、それはナンセンスな話です。もっと改修工事の作業量が増えるような法律にして、フィーをちゃんともらう、というふうに考えないとダメなのです。そうしないと、今でも若い人は食えないといっているのが、われわれの業界自体がますます食えなくなる。

山本——国は、改修工事は設計料の算定の仕方がわからないといって、設計図面の枚数をお金に換算するということをやっています。

青木――そういう問題にも建設業界自体がきちんと取り組まないと、仕事そのものがおかしくなります。

山本――これまでは部分改修でやってきましたから、リファインの経験がないんですね。今、リファイン建築を新築並みに扱えるかどうか、都でも検討しているところです。

青木――僕は「家歴書」をちゃんと作成することが大事だと思っています。リファイン工事の過程を明らかにすることによって、新築同等と認める。もちろん、その前に確認を取り直して、検査済証を得る必要がありますが、デザインの上手い下手はあるにしても、計算書などがちゃんとあって、機能的、強度的にクリアしていることが明らかになれば、僕は新築同等と認めてもまったく問題ないと思います。

山本――政権交代があり、CO_2の発生を25％削減しなければならないということになって、建て替えはCO_2の発生がひどいから、今ある建物を改修して使うということを考えなければならない時代になったと思います。そのための公の評価制度がほしいですね。耐震補強についてはそれがあるのです。日本橋の三越本店がその第1号ですが、このビルはちゃんと耐震補強をしました、現行の法規に適合しています、という評価を与えています。耐震改修をした建物というマークを表示することができます。それと同じように、この建物はリファインによってCO_2の発生を抑えています、という看板を出すとかね。

今の環境施策は完成したものだけを対象にしていますが、解体時のCO_2発生量と、新たにコンクリートを打つ際のCO_2発生量は相当なものです。

リファイン建築の現場を公開

青木――一番啓蒙しなければならないのは政治家ですね。僕は今まで400件ほどリファインを提案して、そのうちの44件しか実現していません。22年間で44件ですから、かなりのペースではあるけれど、やはり「ノー」を出したのは政治家です。彼らは、建て替えるのではなく、リファインすることがよいことだ、ということがまったくわかっていない。彼らにものをいってもむなしくなるだけですから、この22年間、僕は自分の事務所の能力を高めようと思ってやってきました。ひたすら自分たちの技術を磨くことに専念してきたというのが実状です。そのことは僕にとってよかったと思っていますが、今、大学という教育の現場に入って、自分自身が変わりました。学生に教えるという行為は自分のある種の欲望を相当抑制しないとできない。学生に対してだけではなくて、リファイン建築を他の人にも伝えたいと思いますので、そういう意味では大学というよい場を与えていただいたと思っています。

僕は今、学生や一般の人に対して現実の建物をモデルとしたプロジェクトを通じて、リファイン建築教育をやってみたいと思っています。現在、僕の事務所では、既存建物を躯体だけにする解体の段階と完成後の2回、見学会をやっていますが、建設会社の協力が得られれば、週一とか月一で見学会を行いたい。そうすれば、もっとリファイン建築の公開度が増すと思います。建設会社は、営業で苦労している人は公開してくれ、といいますが、現場の人は面倒だといって嫌う。そういう内部矛盾があります。うちのスタッフは今は喜んでやっていますが、見学会の準備とかパンフレットづくりとか大変で、前の晩は徹夜しています。

山本――今、分譲マンションでは建設の途中経過を見せるということをやっていますね。

青木――現場を見てもらうことによって、われわれも再確認できるし、クライアントも安心する。建設会社にとっても、ちゃんと作業をして、それを見てもらういいチャンスだと思うのですが。

福岡県西方沖地震で、旧耐震と新耐震の建物で新耐震のほうが傾いたというケースがあったのですが、僕はたぶん施工ミスがあったと思うのです。

山本――阪神淡路大震災の時、私は地震発生後2日目に現場に入ったのですが、鉄骨系で壊れていたのはアンカーが固定されていなかった。それでアウトになっていました。

青木――単純なミスなのですね。木造建築でいうと、柱と基礎を緊結するのはやばい。昔のように、柱を土台に置いたままのほうが遥かに免震になっている。たぶん、木造建築は今の学術的な研究では解析できていないのです。逆にいえば、従来の木造建築のほうが現在の学問的解析より進化している。われわれは伝統に勝てないのです。それを学問側は認めるべきです。彼らは木造は計算に乗らない、というのだけれど、僕から見ればそれは能力不足だと思うのです。もっと研究して、数値化して、研究論文を出すべきで、それが学問の役目だと僕は思う。計算に乗らないというのは言い訳に過ぎません。木造建築は研究する余地がまだまだたくさんあります。

建築づくりの原点は「母の家」

山本——時代がストックを生かそうという方向に大きく動いてきて、やっと建築ストックを生かすためにはどういう法体制が必要か、という話が動き始めました。試行錯誤になるとは思いますが、法制度は間もなく整備されると思います。あとは金融の問題ですね。

青木——金融を変えるには、すべてのことを明らかにすることだと思う。「家歴書」はその意味でものすごく重要だと思うのです。

僕は、既存建物の調査であるとか、復元図をつくるという作業に対してフィーを出すようにすれば、建設業界にとってプラスになると思います。既存不適格建築であることを証明するというような、新築に乗らない作業についてはまったく認めてもらえない。僕らがリファイン建築でそれをひたすらやっているのは、非常に情けないことで、これがオープンになって、それに対してきちんとフィーが支払われるという仕組みをつくれば、建築家にとってはすごくいい仕事になると思う。それは、完成した建築を予測し、想像しながらする作業で、完成のイメージがないとできないのです。もちろん、最初はモヤッとしているけれど、こんな感じになる、という建築的イメージがあって、そのためにどういう調査をすればいいかを漠然とつかみながらやっているわけです。調査は調査、設計は設計ではできない作業なのです。

山本――そこでネックになるのは、既存建物の調査にフィーを払うなら建て替えたほうがいいという論理が出てくる。ですから、CO_2を含めて考えるという体制をつくって、ある程度年数を経た建物は価値がある、それはCO_2にもいいんだ、というそういう価値観を社会全体が持たないと無理でしょうね。そっちのほうが大事かな。社会の意識が変われば、法制度とか、金融制度は変化するでしょうから。

青木――リファイン建築のほうが新築よりいいんだと認識してもらうには、やはり建築の力です。だから僕は設計にものすごくエネルギーをかけているし、これからリファイン建築をやる人にもエネルギーをかけてほしい。

山本――建築家の力量が問われるわけですね。更地の上に考えるより、リファインや改修のほうが難しいですから、建築的想像力がない人はできないでしょう。

青木――先ほどのフィーの話と正反対のことをいいますが、建築は食えなくても楽しい仕事のはずなんです。建築は楽しいと思える人がやるといいものができるんです。お金、お金、といっている人がやっても、ろくな建築はできません。所員にも厳しくいっているのですが、建築に純粋に向かい合えということです。僕がいつもいうのは「母のための家」をつくれということです。自分の家は極端にいえば何でもいいんです。母親の家というのは相当重要だと思うし、それは手が抜けない。そうしないといい家はできないと僕は思っています。

山本――母親は口うるさいし、息子を押さえつけようとする。一番厳しいクライアントかもしれませんね。（笑）

●山本康友プロフィール
日本大学理工学部建築学科卒業。工学院大学大学院工学研究科建築学専攻（後期博士課程）修了。東京都財務局コスト管理室長、技術管理課長などを経て、現在、東京都財務局技術管理担当部長。首都大学東京客員教授、工学院大学非常勤講師（建築法規）兼務。博士（工学）、一級建築士、建築基準適合判定資格者。
２００８年日本ＶＥ協会普及功労賞、２００９年日本ＦＭ大賞功績賞受賞。

1　再生建築とは	1）概要および特色

再生建築とは

施設の再整備にあたって、既存の構造躯体を活用し、既存躯体の弱点となる耐震補強や躯体寿命の延命化を図ると共に、必要に応じて増築などにより、用途・外観において新しい建物として再整備する手法であり、以下の特色がある。

(1)環境保護

現在、どの国、どの社会、どの会社、どこの家庭に置いても、資源の有効活用や再利用について関心が高まっている。それは、地球の資源が無限では無いという事を、我々がはっきりと認識し始めたからである。我々は、毎日多くのエネルギーを消費し、その結果、多くの二酸化炭素を発生している。再生建築では既存建物を再利用するので、資源の有効活用が図られ解体及び新設するためのエネルギー消費量が新築に比べ極めて少なく、環境にやさしい手法だといえる。

(2)耐震補強

1978年の宮城県沖地震により、地震に対する考え方が大きく変わり、1981年には耐震基準も改正された。建築基準法上、判断基準が大幅に見直されたため既存躯体を現行法規に照合してみれば大幅に構造耐力が足りない事が判断できる。そのような建物を再生建築の手法を用いれば、建物の状態等にもよるが、基本的に既存躯体の主要構造部を残して全て解体するので軽量化ができ、比較的軽微な補強工事で、新耐震設計基準に合ったレベルまで耐震性能を向上させる事ができる。

(3)経済性

既存躯体を再利用するので、もちろん補修・補強費用はかかるが、解体、産廃処理、そして新設するコストは省く事ができ、新築と比較して建設工事費が削減できる。

(4)寿命の延命化

既存躯体の主要構造部を残して解体するので、劣化した部分、前施工の不具合部分等を全て検証でき、そして、その弱点を補修する事で躯体の状態を新築時点と同等の質まで高める事ができる。又、既存躯体主要構造部を仕上で覆ってしまうので、外部の影響による劣化速度を遅らせる事ができ、延命化する事が可能となる。

(5)デザイン・用途変更

躯体は再利用するが、仕上げは全く新しい材料を使用し、既存躯体は基本的に覆ってしまうので、設計者、発注者の意図により新しい用途・機能にふさわしいインテリア、外観とする事ができ、デザイン面でも新築同様に一新できる。例えば教会が美術館に、駅が美術館に、ガスタンクが集合住宅になったりというように、既存建物の用途を変えて再利用する事が可能である。もちろん（2）のような構造対策を施す事が必須となる。

1　再生建築とは　2）概念図

1.現況既存建物

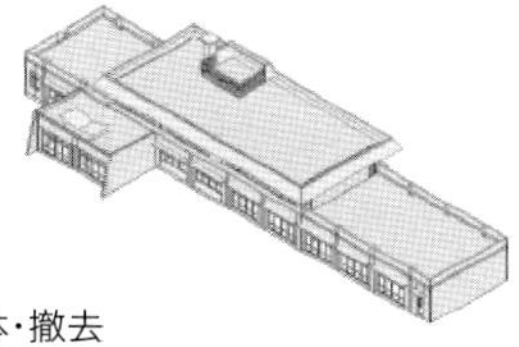

2.解体・撤去
建物にかかる地震力を軽減するため、構造上不用な壁等を撤去し建物の軽量化を図ると共にプランの自由度を高める。

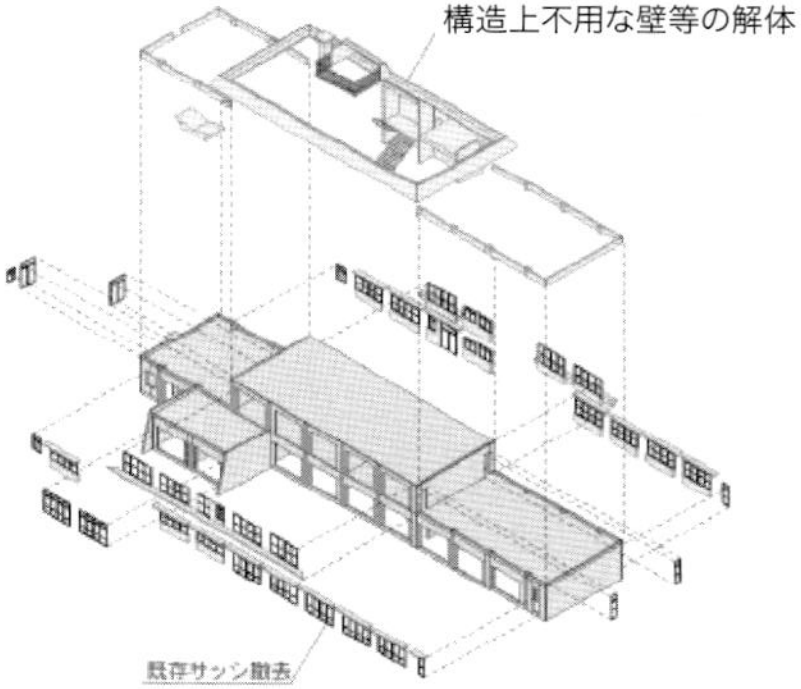

3.既存部分補強・外装・延命化
躯体の劣化状況に応じた補修を施し、現行の耐震基準に適合させるための補強を行う。
新たな仕上で躯体を覆い、外気の影響から保護する。

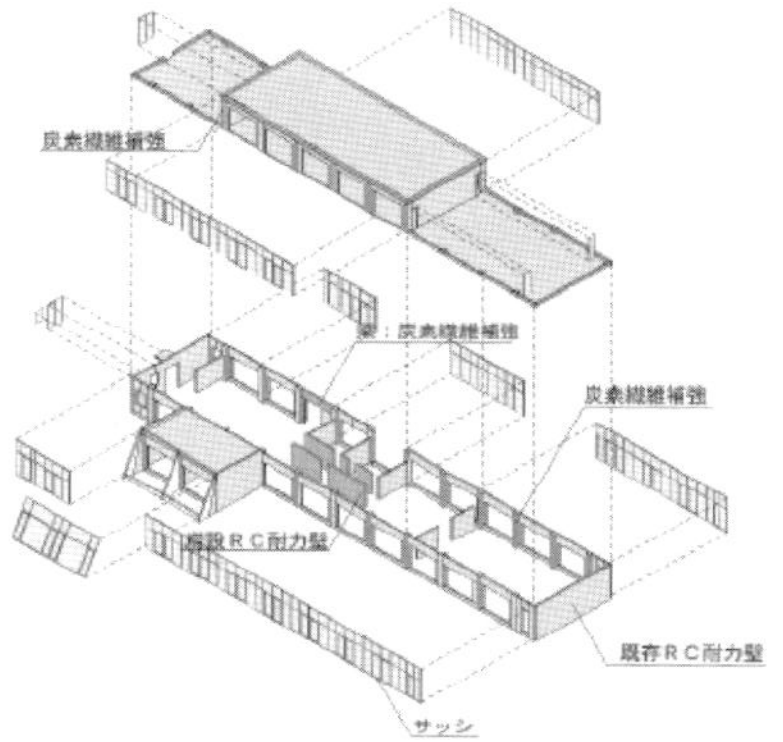

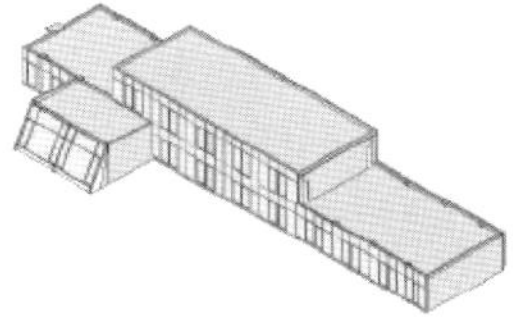

4. 既存部分外装完了

5.増築
増築をおこなうことで、不足面積を確保し、あわせて建物にまったく新しいイメージを付加する。

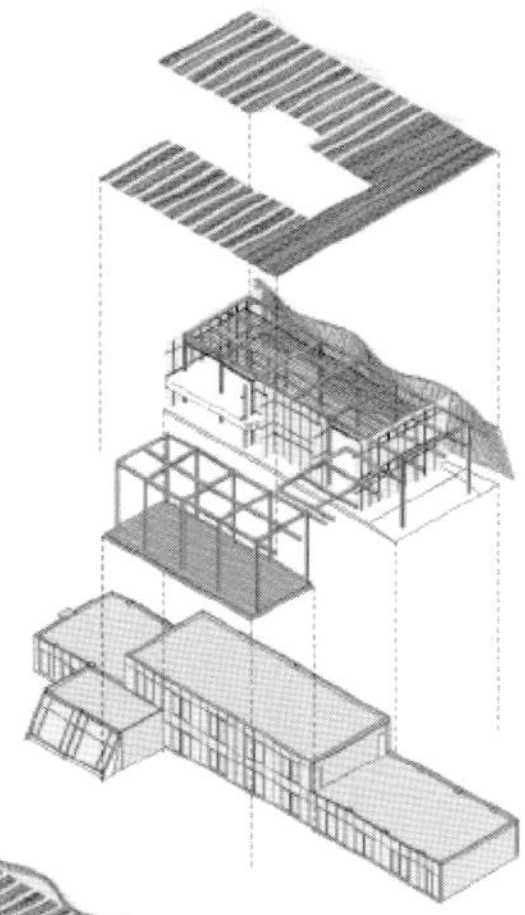

6. 再生完了

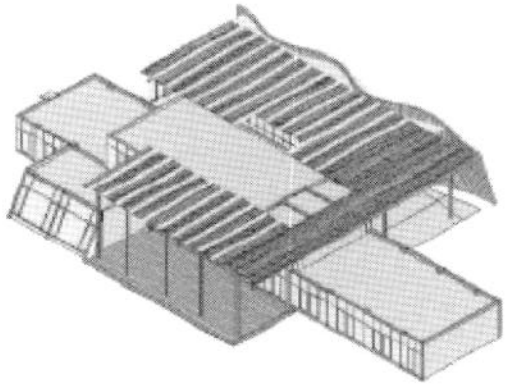

2 「再生建築」の導入について

1）目的

1960年～80年代に建設された膨大な市有建築物の更新・再整備時期を間近に控え、近年の厳しい社会経済情勢や市民コンセンサスを踏まえた、効果的・効率的施設整備を進めていくため、既存市有建築物の再整備にあたり、従来から用いられてきた改築による手法だけでなく、既存建築物を有効活用した施設整備を行う。

2）社会背景

（1）既存市有建築物の現状

既存市有建築物の多くは、1960年～80年代に建設され、2010年前後から、相次いで更新時期を迎えることが予測される。また、現在、更新時期に至っていない公共施設においても、多様化する市民ニーズに対応するため、機能拡充や用途変更等の再整備が必要とされている現状である。

（2）本市の厳しい財政状況

近年の厳しい社会経済情勢の中で、本市は非常に厳しい財政状況にあり、今後、施設整備のための十分な予算確保は困難であり、更なる建設コストの削減が求められる。

（3）環境問題の深刻化

近年、CO_2排出量の抑制やリサイクルの推進、既存資源の有効活用など、環境問題への配慮が社会的課題となり、建築業界においても、廃材発生量の抑制や既存建築物の有効活用が重要視されている。

3）計画にあたっての判断基準

市内部の主管局との協議・調整を行ったうえで、以下の基準により判断し、再生建築を計画する。

①既存建物の構造躯体が継続使用可能であること
②新たな計画が既存躯体を利用した建築物でも対応可能であること
③当該敷地において法規制に適合する改造・増築が可能であること
④解体・新築の場合と比較して経済的であること

4）再生建築の効果

再生建により整備した場合、改築による場合と比較して、

①建設工事費が2～３割削減される。
②廃材発生量が大幅に（7～8割）削減される。
③解体作業や廃材の運搬回数が減少し、騒音やCO_2の発生量が抑制される 。

等の効果が期待され、環境問題への対応や本市財政支出の抑制に大きく貢献できるだけでなく、事業費の削減により、施設整備が促進され、市民サービスの向上が図れる。

5）概念図

目的
既存市有建築物の再整備にあたり、厳しい社会経済情勢を踏まえた効果的、効率的精整備を進めるため、既存建築物を有効活用した新たな整備手法の推進を図る。

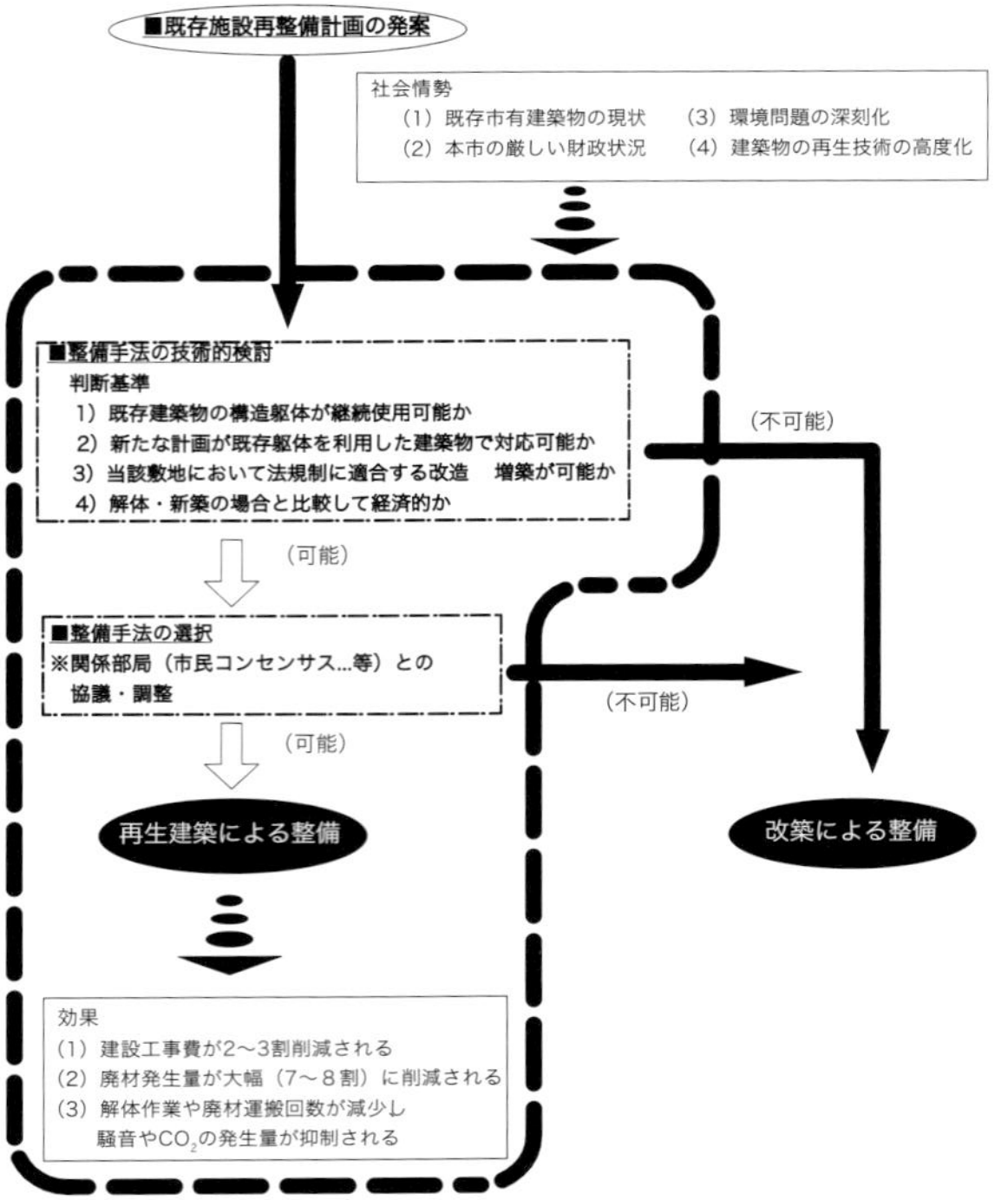
■既存施設再整備計画の発案
社会情勢
（1）既存市有建築物の現状　（3）環境問題の深刻化
（2）本市の厳しい財政状況　（4）建築物の再生技術の高度化
■整備手法の技術的検討
判断基準
1）既存建築物の構造躯体が継続使用可能か
2）新たな計画が既存躯体を利用した建築物で対応可能か
3）当該敷地において法規制に適合する改造　増築が可能か
4）解体・新築の場合と比較して経済的か
（不可能）
（可能）
■整備手法の選択
※関係部局（市民コンセンサス…等）との協議・調整
（不可能）
（可能）
再生建築による整備
改築による整備
効果
（1）建設工事費が2～3割削減される
（2）廃材発生量が大幅（7～8割）に削減される
（3）解体作業や廃材運搬回数が減少し騒音やCO2の発生量が抑制される

3 「再生建築」の進め方

1）基本的考え方

（1）施設の再整備計画発案

施設主管課において既存施設の再整備計画が発案された段階で、動機・理由及び既存建物の現状を確認する。

施設の再整備には老朽化による劣化回復のための修繕や機能向上のための増床・改良、耐震性向上のための構造補強、新たな用途に変更するための大規模改造など様々な動機・理由があり、具体的検討を進めるためには、主管課がどういう理由で再整備を望んでいるのか、主管課の意向を的確に把握する。

また、既存建物の図面など、資料を収集し、現状確認を行う。

（2）再生建築の事業計画（可能性の検討）

再整備の動機・理由を確認し、事業計画をすすめるが、事業計画にあたっては、具体的に既存躯体を再利用した計画の可能性を検討する。

再生建築の計画では、空間構成において既存構造躯体による制限が生じるため、既存躯体を再利用した平・断面計画（柱スパンや階高など）が可能かどうか、また、規模拡充が伴う場合は、既存建物を残した状態で増築する事が基準法上（建ぺい率、容積率）可能かどうか、検討を行う。

（3）基本計画（機能・経済性の検討）

既存躯体を再利用した計画が可能となれば、基本計画を実施することとなる。基本計画のなかでは、既存構造躯体の状況を確認し、具体的な施設機能の確保や構造補強、経済性等について検討する。

再生建築は、既存躯体を利用するため、基本計画において既存躯体の劣化状況や耐震性能等を推測し、耐震補強の検討を行う。

また、整備後の施設用途に応じた機能をどうやって確保するか、また、改築と比較して経済的かどうかなどの検討を行うため、概略プラン（配置・平面、設備計画）を作成し、概算工事費を算出する。

（4）基本・実施設計

基本・実施設計においては、再生建築ならではの留意事項に十分配慮し、基本計画に基づく詳細な設計を行う。

まず、既存躯体の状況を詳細に調査し、耐震補強の位置や手法を計画する。次にその結果を踏まえ、再生建築の重要なポイントとなる既存躯体の耐久性向上や解体・撤去計画、また、既存躯体と排水設備計画との関係、耐震補強のプランへの影響、既存躯体と増築部との取りあい部の処理等に十分留意し、詳細な設計を行う。

あわせて、基準法のチェック、工事費（予算）の確認も行う。

（5）再生工事

施工においても再生建築ならではの留意事項に十分配慮し、設計図に基づき業者間の連携を十分にとりながら施工を行う。

現状確認から施工図作成までの工程を特に注意する。

設計図と既存建物の相違を確認の上、再生工事の内容を確認する。

解体工事では、事前協議、工事中の検証、終了時の検証を実施する。躯体欠損が起きない様十分注意すると共に責任の所在を明らかにし、又、劣化部分の状況調査も行う。

補修工事では構造調査報告書や、解体終了時点での再調査結果を基に、工法を決定し、補修を施工する。

施工図作成にあたっては既存躯体を採寸の上躯体図を作成しそれを基に施工図を作成する。

2）作業フロー

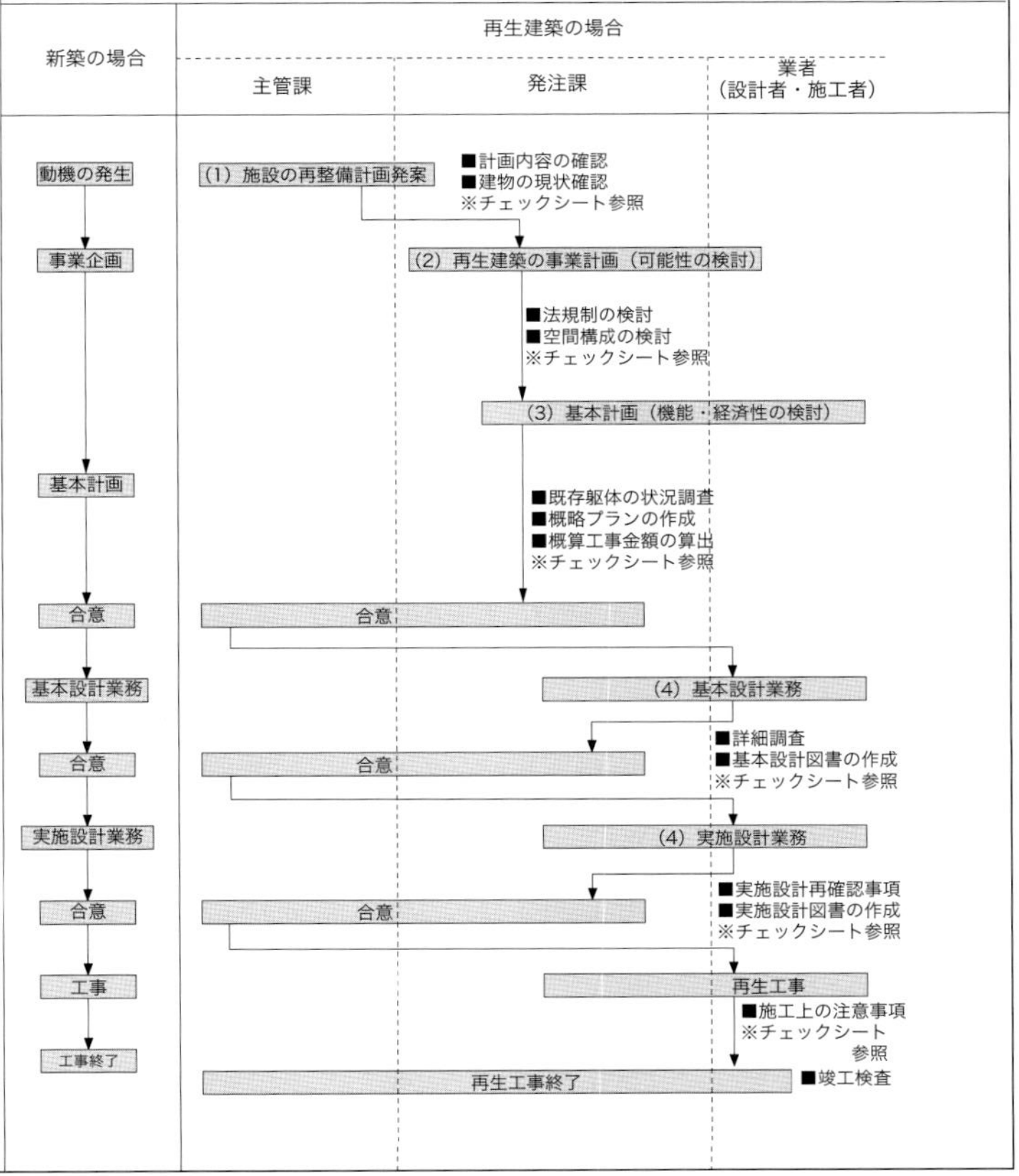
新築の場合
再生建築の場合
主管課
発注課
業者（設計者・施工者）
動機の発生
事業企画
基本計画
合意
基本設計業務
合意
実施設計業務
合意
工事
工事終了
（1）施設の再整備計画発案
■計画内容の確認
■建物の現状確認
※チェックシート参照
（2）再生建築の事業計画（可能性の検討）
■法規制の検討
■空間構成の検討
※チェックシート参照
（3）基本計画（機能・経済性の検討）
■既存躯体の状況調査
■概略プランの作成
■概算工事金額の算出
※チェックシート参照
合意
（4）基本設計業務
■詳細調査
■基本設計図書の作成
※チェックシート参照
合意
（4）実施設計業務
■実施設計再確認事項
■実施設計図書の作成
※チェックシート参照
合意
再生工事
■施工上の注意事項
※チェックシート参照
再生工事終了
■竣工検査

4　チェックシート　1）計画内容および既存建築物確認

（1）計画内容

■予算はいくらか？

直接工事費（概算）＿＿＿＿＿＿＿＿＿＿円

■既存建物に対する愛着はどうか？＿＿＿＿＿＿＿＿＿＿

愛着があり残しておきたい部分＿＿＿＿＿＿＿＿＿＿

■用途はなにか？

既存建物用途＿＿＿＿＿＿＿＿＿＿

再生後建物用途＿＿＿＿＿＿＿＿＿＿

■計画上の最大スパン＿＿＿＿mx＿＿＿＿m　階高＿＿＿＿m

■必要諸室、及び面積は？

絶対条件とする各諸室面積

＿＿＿＿：＿＿＿＿m²、＿＿＿＿：＿＿＿＿m²、＿＿＿＿：＿＿＿＿m²
＿＿＿＿：＿＿＿＿m²、＿＿＿＿：＿＿＿＿m²、＿＿＿＿：＿＿＿＿m²
＿＿＿＿：＿＿＿＿m²、＿＿＿＿：＿＿＿＿m²、＿＿＿＿：＿＿＿＿m²
＿＿＿＿：＿＿＿＿m²、＿＿＿＿：＿＿＿＿m²、＿＿＿＿：＿＿＿＿m²

■災害拠点となり得るのか？

□YES　□NO

（2）既存建物の現状

■確認申請書、検査済証、竣工図の有無

図面：□有□無、　確認申請書：□有□無、検査済証：□有□無

■竣工年、改修暦は？

竣工＿＿＿＿年
改修暦　＿＿＿＿年・内容＿＿＿＿＿＿＿＿＿＿
＿＿＿＿年・内容＿＿＿＿＿＿＿＿＿＿

■構造・規模は？

構造・規模　□RC、□SRC、□S 、□その他
階数＿階、延床面積＿＿＿＿m²、建築面積＿＿＿＿m²、敷地面積＿＿＿＿m²

■基本的な構造スパン、階高はいくらか？

最大スパン：X方向×Y方向＿＿＿mx＿＿＿m　階高：＿＿＿＿m

■損傷状況は？

外壁　仕上浮き、ひび割れ、etc...のカ所状況
＿＿＿＿＿＿＿＿＿＿

内壁　しみ、結露、ひび割れ、etc...のカ所状況
＿＿＿＿＿＿＿＿＿＿

■耐震性能は？

□新耐震基準　□旧耐震基準

■意匠はどうなっているか？

残しておくべき部分＿＿＿＿＿＿＿＿＿＿

■不適格建築物になっているかどうか？

□YES　□NO

2）事業計画及び基本計画作業

（1）再生建築の事業計画（可能性の検討）

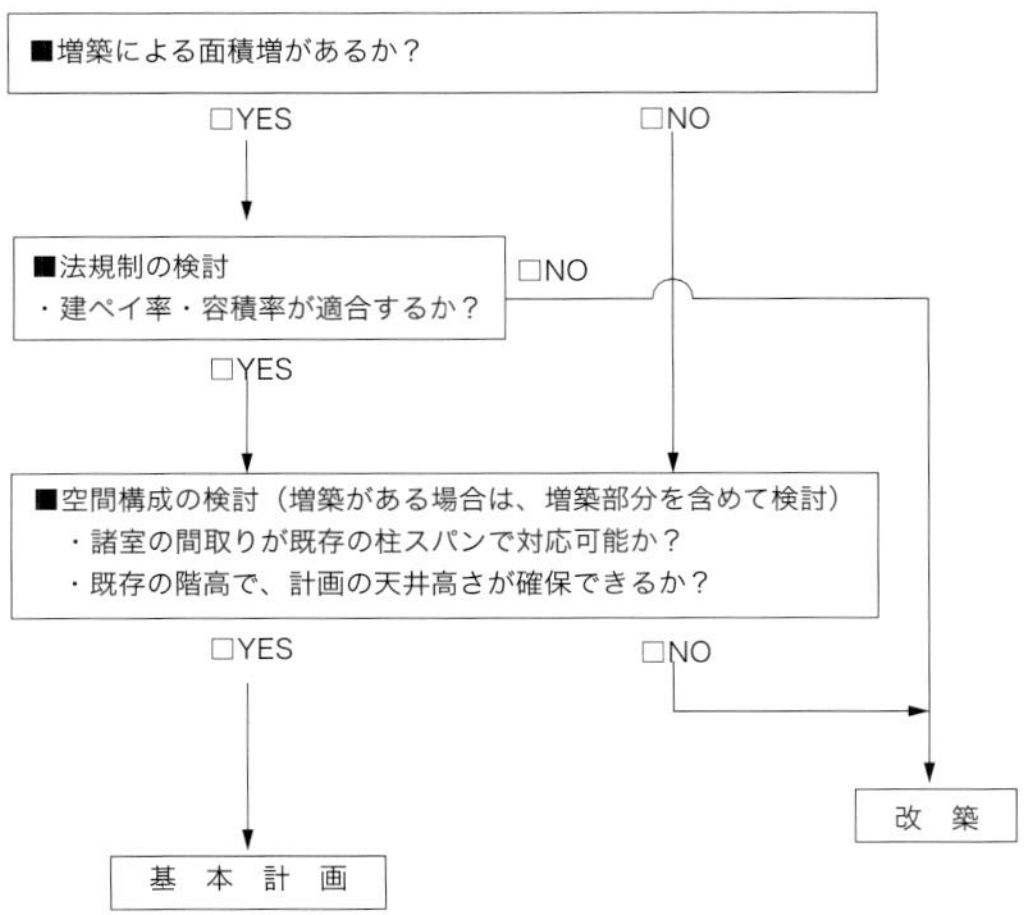
■増築による面積増があるか？
□YES
□NO
■法規制の検討
・建ペイ率・容積率が適合するか？
□NO
□YES
■空間構成の検討（増築がある場合は、増築部分を含めて検討）
・諸室の間取りが既存の柱スパンで対応可能か？
・既存の階高で、計画の天井高さが確保できるか？
□YES
□NO
改　築
基　本　計　画

（2）基本計画（機能・経済性の検討）

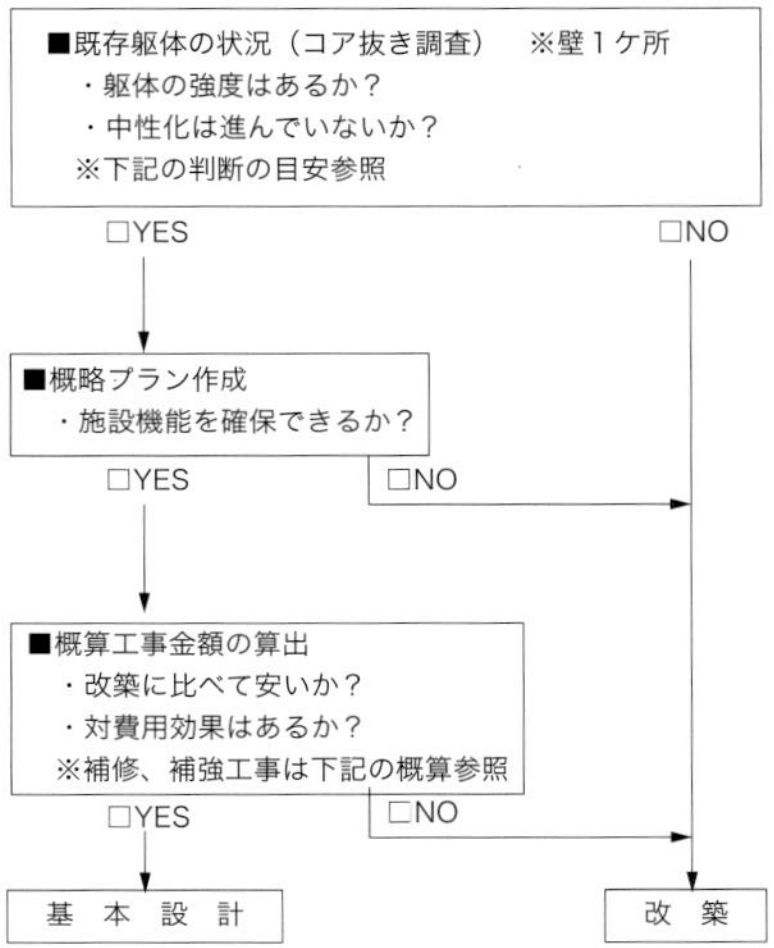
■既存躯体の状況（コア抜き調査）　※壁１ケ所
・躯体の強度はあるか？
・中性化は進んでいないか？
※下記の判断の目安参照
□YES
□NO
■概略プラン作成
・施設機能を確保できるか？
□YES
□NO
■概算工事金額の算出
・改築に比べて安いか？
・対費用効果はあるか？
※補修、補強工事は下記の概算参照
□YES
□NO
基　本　設　計
改　築

※コア抜き調査による改築への判断目安
①躯体強度が設計強度より著しく劣る場合
②主要な躯体である柱・梁の中性化が主要な鉄筋まで浸透している場合
③主要な躯体である柱・梁の中性化が進んでいる場合は右のフローによる

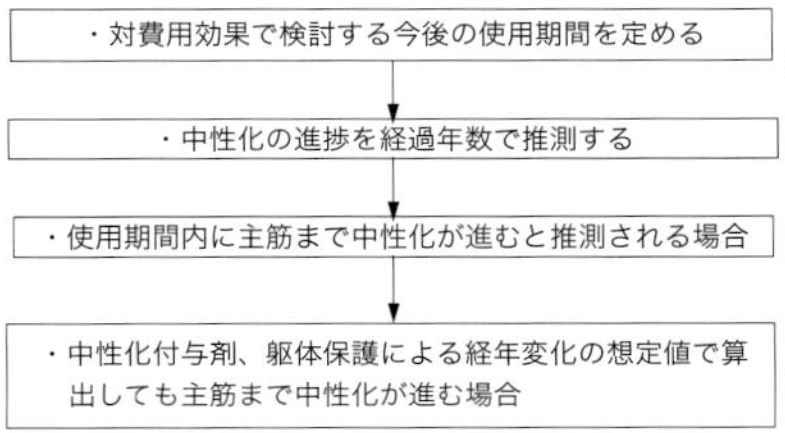
・対費用効果で検討する今後の使用期間を定める
・中性化の進捗を経過年数で推測する
・使用期間内に主筋まで中性化が進むと推測される場合
・中性化付与剤、躯体保護による経年変化の想定値で算出しても主筋まで中性化が進む場合

※補修工事費の概算（経過年数24年程度として西陵公民館により算出予定）
補修内容
・クラック部分
・ジャンカ部分
・空隙部分
・アルカリ性付与剤、主筋保護剤

※補強工事費の概算（身障センターなど参考に算出予定）

※既存建物の扱いは必ず行政の指導のもと行う事を基本とする。
意匠・設備・構造の実施設計工程は常に意志の疎通を密にとっておく事。
『計画』の確認事項は主なものを挙げているが、計画内容によって異なる。

:意匠設計
:設備設計
:構造設計

詳細は「5）基本・実施設計の留意事項」を参照のこと

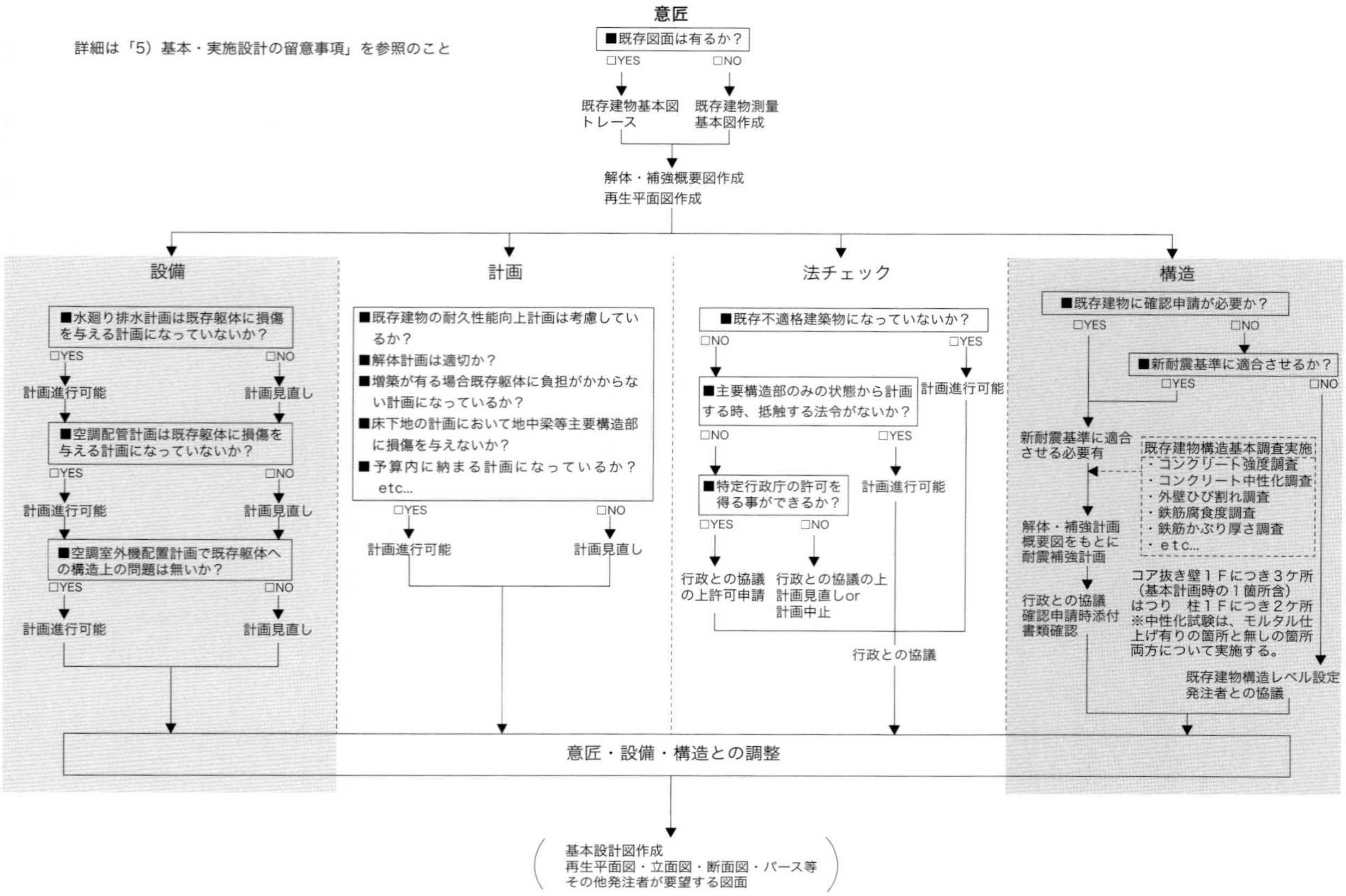
意匠
■既存図面は有るか？
□YES
□NO
既存建物基本図
トレース
既存建物測量
基本図作成
解体・補強概要図作成
再生平面図作成
設備
■水廻り排水計画は既存躯体に損傷を与える計画になっていないか？
□YES
計画進行可能
□NO
計画見直し
■空調配管計画は既存躯体に損傷を与える計画になっていないか？
□YES
計画進行可能
□NO
計画見直し
■空調室外機配置計画で既存躯体への構造上の問題は無いか？
□YES
計画進行可能
□NO
計画見直し
計画
■既存建物の耐久性能向上計画は考慮しているか？
■解体計画は適切か？
■増築が有る場合既存躯体に負担がかからない計画になっているか？
■床下地の計画において地中梁等主要構造部に損傷を与えないか？
■予算内に納まる計画になっているか？
etc...
□YES
計画進行可能
□NO
計画見直し
法チェック
■既存不適格建築物になっていないか？
□NO
□YES
計画進行可能
■主要構造部のみの状態から計画する時、抵触する法令がないか？
□NO
□YES
計画進行可能
■特定行政庁の許可を得る事ができるか？
□YES
行政との協議の上許可申請
□NO
行政との協議の上
計画見直しor
計画中止
行政との協議
構造
■既存建物に確認申請が必要か？
□YES
□NO
■新耐震基準に適合させるか？
□YES
□NO
新耐震基準に適合させる必要有
既存建物構造基本調査実施
・コンクリート強度調査
・コンクリート中性化調査
・外壁ひび割れ調査
・鉄筋腐食度調査
・鉄筋かぶり厚さ調査
・etc...
解体・補強計画
概要図をもとに
耐震補強計画
コア抜き壁１Ｆにつき３ケ所
（基本計画時の１箇所含）
はつり　柱１Ｆにつき２ケ所
※中性化試験は、モルタル仕上げ有りの箇所と無しの箇所両方について実施する。
行政との協議
確認申請時添付
書類確認
既存建物構造レベル設定
発注者との協議
意匠・設備・構造との調整
基本設計図作成
再生平面図・立面図・断面図・パース等
その他発注者が要望する図面

4）実施設計作業

※既存建物の扱いは必ず行政の指導のもと行う事を基本とする。
意匠・設備・構造の実施設計工程は常に意志の疎通を密にとっておく事。
確認申請は書類ができ次第申請する方がスケジュール的にも良い。

：意匠設計
：設備設計
：構造設計

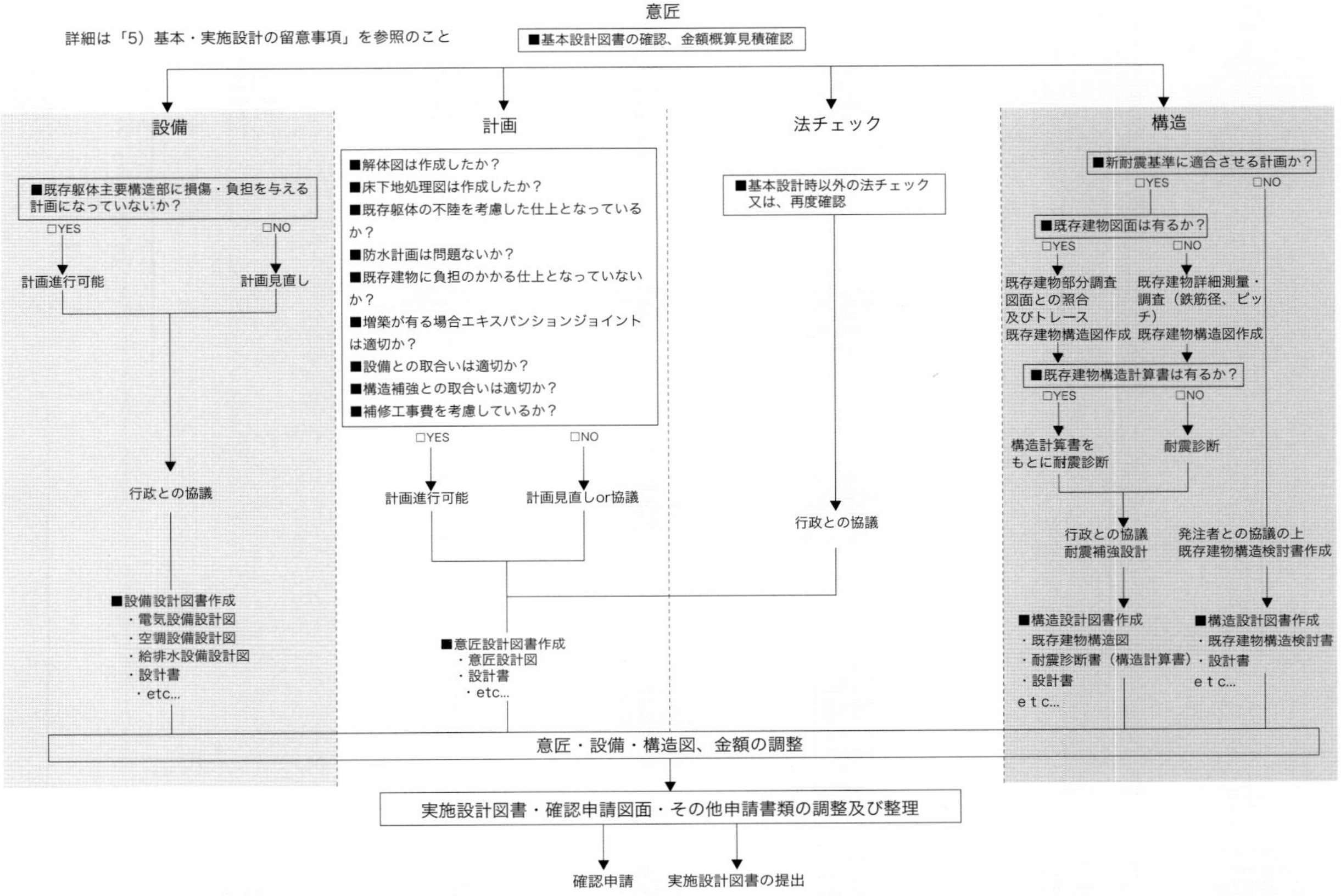

詳細は「5）基本・実施設計の留意事項」を参照のこと
意匠
■基本設計図書の確認、金額概算見積確認
設備
■既存躯体主要構造部に損傷・負担を与える計画になっていないか？
□YES
計画進行可能
□NO
計画見直し
行政との協議
■設備設計図書作成
・電気設備設計図
・空調設備設計図
・給排水設備設計図
・設計書
・etc...
計画
■解体図は作成したか？
■床下地処理図は作成したか？
■既存躯体の不陸を考慮した仕上となっているか？
■防水計画は問題ないか？
■既存建物に負担のかかる仕上となっていないか？
■増築が有る場合エキスパンションジョイントは適切か？
■設備との取合いは適切か？
■構造補強との取合いは適切か？
■補修工事費を考慮しているか？
□YES
計画進行可能
□NO
計画見直しor協議
■意匠設計図書作成
・意匠設計図
・設計書
・etc...
法チェック
■基本設計時以外の法チェック又は、再度確認
行政との協議
構造
■新耐震基準に適合させる計画か？
□YES
□NO
■既存建物図面は有るか？
□YES
既存建物部分調査
図面との照合
及びトレース
既存建物構造図作成
□NO
既存建物詳細測量・調査（鉄筋径、ピッチ）
既存建物構造図作成
■既存建物構造計算書は有るか？
□YES
構造計算書をもとに耐震診断
□NO
耐震診断
行政との協議
耐震補強設計
発注者との協議の上
既存建物構造検討書作成
■構造設計図書作成
・既存建物構造図
・耐震診断書（構造計算書）
・設計書
etc...
■構造設計図書作成
・既存建物構造検討書
・設計書
etc...
意匠・設備・構造図、金額の調整
実施設計図書・確認申請図面・その他申請書類の調整及び整理
確認申請
実施設計図書の提出

4　チェックシート

5）基本・実施設計留意事項

種別	留意事項	基本設計	実施設計	事前確認事項	必要な書類
意匠	耐久性向上計画	既存躯体が外気の影響を受けない計画になっているか？	同　左	既存躯体の形状	既存図面 又は、既存建物測量図（基本図）
	解体計画	既存躯体の主要構造部、構造上有効な耐力壁は触っていないか？軽量化は有効にできているか？ 構造設計者の確認は得たか？	精度の要求する箇所は解体方法を明示しているか？アスベスト、PCB等産廃処理は適切な指示をしているか？		
	増築計画	既存躯体に構造上負担のかからない計画となっているか？敷地境界との関係は大丈夫か？	既存と増築との取合い部分のエキスパンションジョイントは適切か？		
	床下地計画	OAフロアー等既存地中梁に影響を及ぼすものはないか？ また、段差はないか？	同　左		
	仕上		既存躯体に不陸がある事を想定した仕上の納まりとなっているか？ 構造設計者の確認は得たか？		
	天井高さ・床レベル	設備計画により、天井高さ・床レベルに問題が無いか？ 床段差はないか？	同　左	既存躯体の形状・新規設備基本計画	
	防水計画		既存躯体に負担がかからない下地処理で屋上の勾配はとれたか？屋根外断熱を考慮したか？	既存躯体の形状	
	法チェック	事前協議は行ったか？計画進行可能か？ 日影、高さ制限、容積率等は大丈夫か？ 確認申請の許可見込はとれるか？	同　左	既存躯体の形状 現行法規との照合 行政との協議	
	コスト	概算金額が予算内に納まるか？	総工事金額が予算内に納まるか？	予算	
	平面計画 （構造・設備）	耐震補強がプランに影響を及ぼしていないか？ 設備計画のPSは適切にとれているか？	同　左	既存躯体の形状	
設備	水廻り配置計画	位置を動かさず計画できるか？	同　左	既存躯体の形状 既存建物の水廻りの配置・排水経路	
	水廻り排水計画	既存主要構造部に損傷を与えないか？ 床に段差ができないか？	同　左		
	空調配管計画	既存梁に損傷を与えないか？ 天井高さが確保できるか？	同　左	既存躯体の形状	
	空調室外機配置計画	既存躯体に載せる時構造上問題ないか？ 別の位置に配置できるか？	同　左	既存躯体の形状・既存建物外構	
構造	耐震補強計画	現行新耐震基準に適合させる事がおおよそ可能か？耐震補強がプランに影響を及ぼしていないか？確認申請の許可見込はとれるか？	同　左	既存躯体の形状・現状の耐力・築年数	既存図面　又は、既存建物測量図（基本図）あれば構造計算書

詳細は「7）再生工事の留意事項」を参照のこと

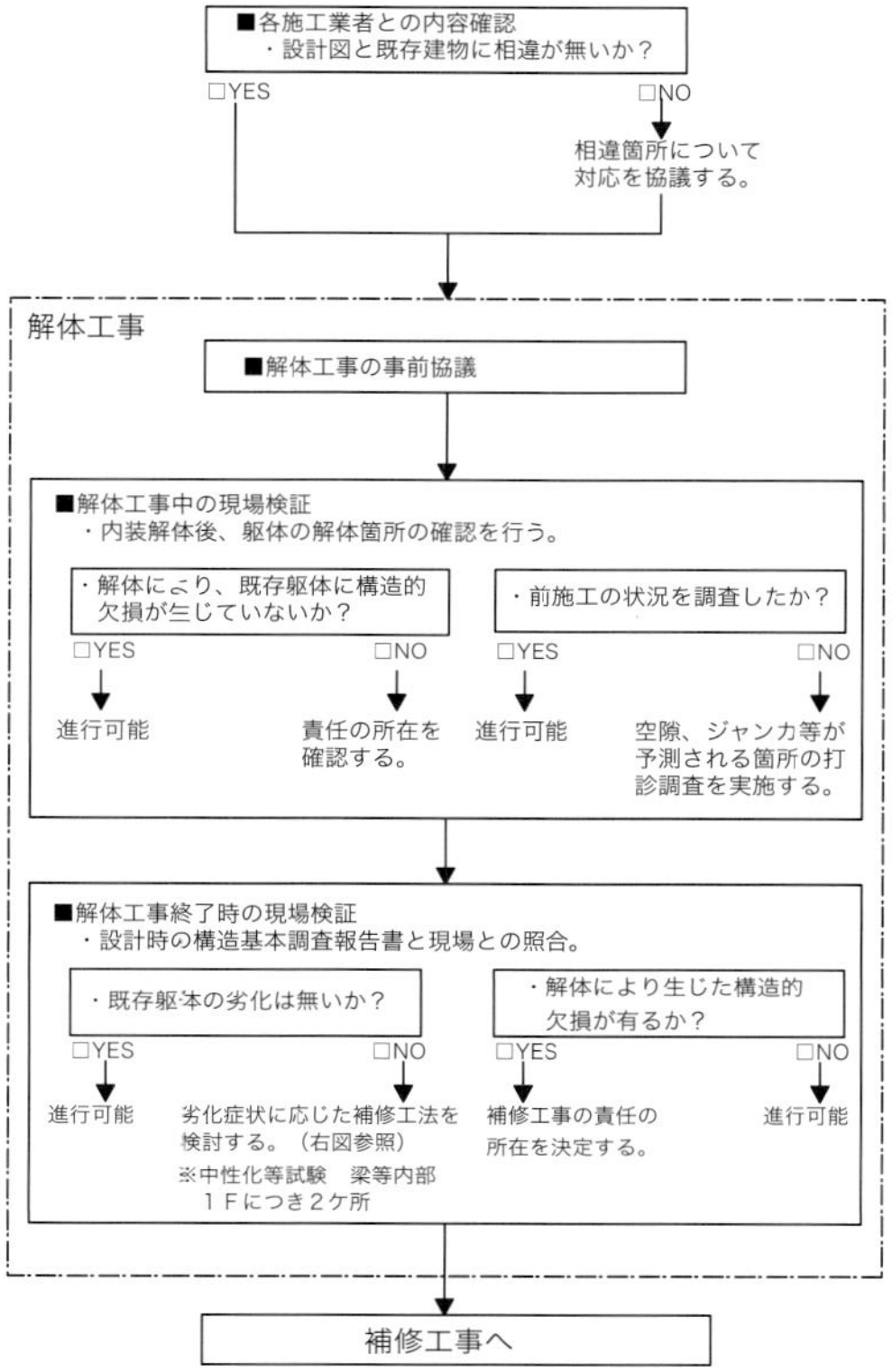
■各施工業者との内容確認
・設計図と既存建物に相違が無いか？
□YES
□NO
相違箇所について対応を協議する。
解体工事
■解体工事の事前協議
■解体工事中の現場検証
・内装解体後、躯体の解体箇所の確認を行う。
・解体により、既存躯体に構造的欠損が生じていないか？
□YES
進行可能
□NO
責任の所在を確認する。
・前施工の状況を調査したか？
□YES
進行可能
□NO
空隙、ジャンカ等が予測される箇所の打診調査を実施する。
■解体工事終了時の現場検証
・設計時の構造基本調査報告書と現場との照合。
・既存躯体の劣化は無いか？
□YES
進行可能
□NO
劣化症状に応じた補修工法を検討する。（右図参照）
※中性化等試験　梁等内部
1Fにつき2ケ所
・解体により生じた構造的欠損が有るか？
□YES
補修工事の責任の所在を決定する。
□NO
進行可能
補修工事へ

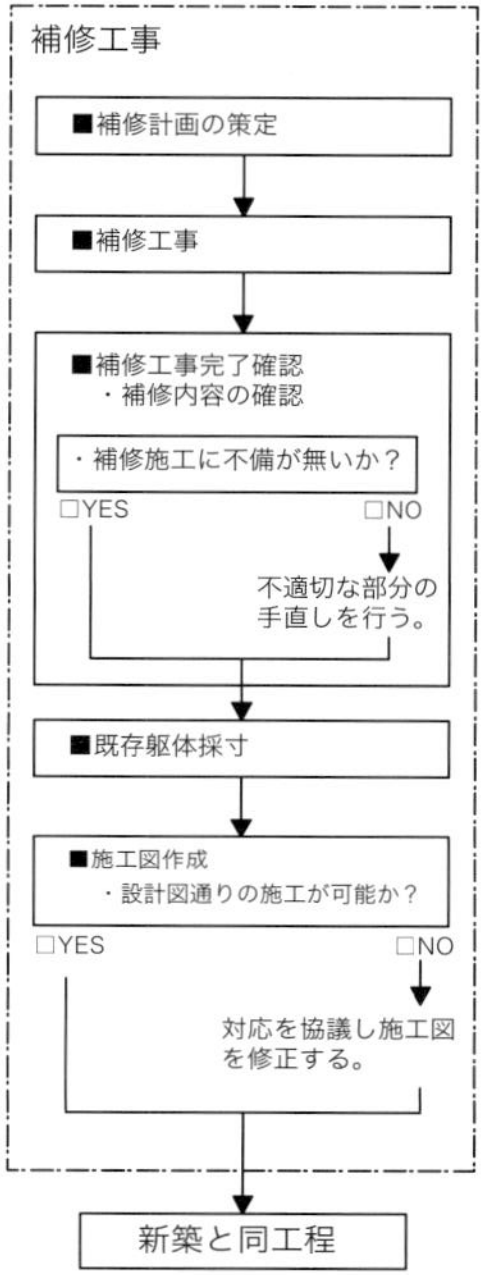
補修工事
■補修計画の策定
■補修工事
■補修工事完了確認
・補修内容の確認
・補修施工に不備が無いか？
□YES
□NO
不適切な部分の手直しを行う。
■既存躯体採寸
■施工図作成
・設計図通りの施工が可能か？
□YES
□NO
対応を協議し施工図を修正する。
新築と同工程

※劣化症状調査及び工法の選定
工法は福岡市外壁改修工事マニュアル参照

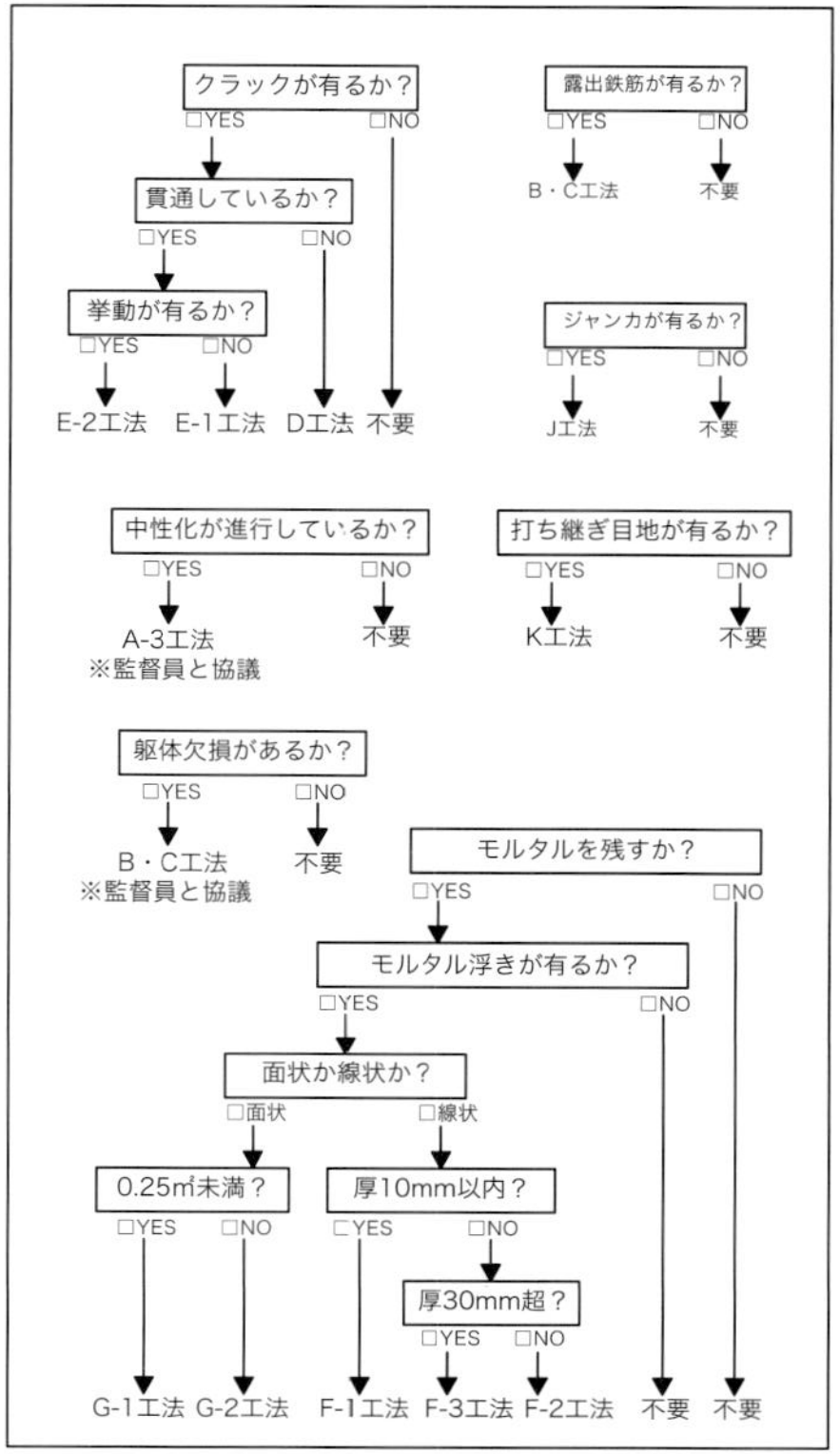
クラックが有るか？
□YES
□NO
貫通しているか？
□YES
□NO
挙動が有るか？
□YES
□NO
E-2工法
E-1工法
D工法
不要
露出鉄筋が有るか？
□YES
□NO
B・C工法
不要
ジャンカが有るか？
□YES
□NO
J工法
不要
中性化が進行しているか？
□YES
□NO
A-3工法
※監督員と協議
不要
打ち継ぎ目地が有るか？
□YES
□NO
K工法
不要
躯体欠損があるか？
□YES
□NO
B・C工法
※監督員と協議
不要
モルタルを残すか？
□YES
□NO
モルタル浮きが有るか？
□YES
□NO
面状か線状か？
□面状
□線状
0.25㎡未満？
□YES
□NO
厚10mm以内？
□YES
□NO
厚30mm超？
□YES
□NO
G-1工法
G-2工法
F-1工法
F-3工法
F-2工法
不要
不要

7）再生工事の留意事項

フロー	留意事項
■各施工業者との内容確認	・既存仕上、既存躯体寸法等を図面と照合する。 ・解体する部分、再利用する部分の区別を確認する。 ・各施工業者（建築主体、電気設備、空調設備、給排水設備工事）及び監督員で再生工事の内容及びフローを確認する。 ・設計図の内容をもとに、既存建物の天井高さ、床レベル、PS位置、配管経路等を確認する。
■解体工事の事前協議	・既存躯体に構造的影響を与えることが無いように解体方法の協議を行い方針を決定する。 ・解体によって既存躯体に構造的欠損が生じた場合の責任の所在を協議する。
■解体工事中の現場検証	・内装仕上を解体した時点で既存躯体の解体に際しマーキングを行い、監督員と施工業者で確認する。 ・解体によって既存躯体に構造的欠損が生じた箇所の責任の所在を確認する。 ・廃棄物にアスベスト、PCB、フロン、ハロン等有害物質や廃棄に関する基準が強化されたものがあれば廃棄物処理法その他の基準に従い処理する。 ・既存躯体の空隙、ジャンカが予測される箇所（梁～柱の仕口、スラブ下端、開口部下端、打ち継ぎ等）の打診を行う。
■解体工事終了時の現場検証	・クラック、ジャンカ、コールドジョイント、露出鉄筋、モルタル浮き等の調査を行い、構造に対する補修工法を検討する。 ・本解体工事責任となる箇所を決定する。 ・設計時点で確認できない隠ぺい部分等の中性化、鉄筋かぶり厚さ、鉄筋腐蝕度を再調査する。
■補修計画の策定	・構造基本調査報告書（中性化、鉄筋の腐蝕、かぶり厚さ等）のデータと解体終了時点での再調査をもとに、既存躯体の補修工法を決定する。 ・監督員は、補修箇所を決定しマーキングを行う。 ・マーキング施工に基づき請負者は補修工事設計図書を作成する。 ・マーキングと図面が相違が無いかマーキング検査を行う。
■補修工事	・マーキング箇所を図面の指示に従い補修を施工する。
■補修工事完了確認	・施工要領書、補修図面に基づき適切に施工されているか確認を行い、不適切な部分が有れば工事の手直しを行う。
■既存躯体採寸	・既存躯体の採寸を行い、既存躯体図（平面図、軸組図等）を作成する。
■施工図作成	・既存躯体図をもとに仕上、サッシ、設備配管等の納まりを確認し、施工図を作成する。

5　具体的事例「西陵公民館・老人いこいの家複合施設」　1）計画・設計　（1）配置計画

（1）配置計画

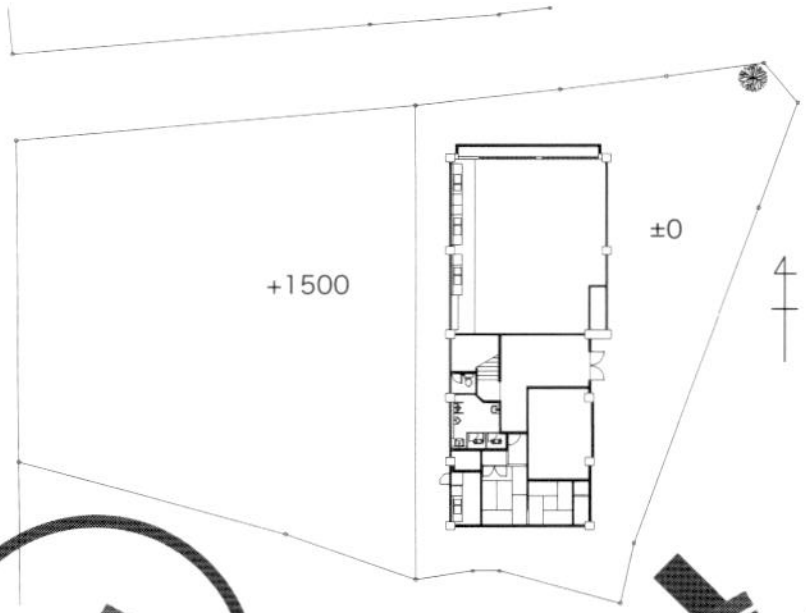

既存配置図

○配置計画
広場を北側道路側、またはその反対に配置する検討を行い
全体配置計画を決定した。以下の事項にも注意して計画した。

・敷地の高低差を活かし道路と広場との分離（人車分離）を図る。
・スロープを設けバリアフリーを試みた。
・広場と講堂の一体的利用を可能とするレイアウト。
・既存排水経路を調査の上、新規排水の勾配がとれるかどうかを確認し排水計画を行った。
・空調室外機は騒音、スペースの問題を考慮し、増築部分屋上に配置した。

1.北側敷地に対して日影をつくらない。
2.騒音が反響しない。
3.広場を広くとることができる。
4.レベル差によりポケットパーク的親しみやすい空間を形成。
5.室内でのバリアフリー。
6.街並がそろう。

1.北側敷地に対して日影をつくる。
2.騒音が反響する。
3.室内での段差ができる。

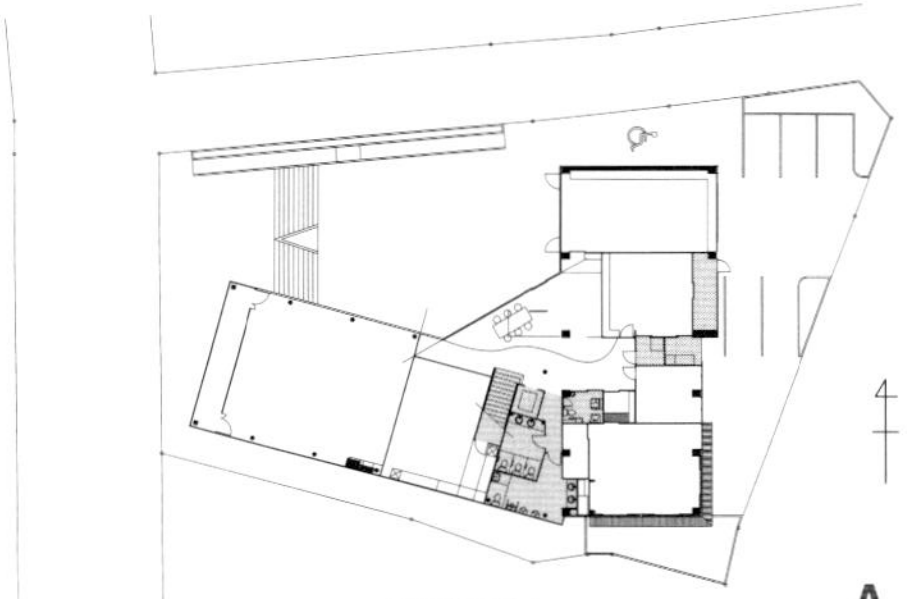

新規配置図　A

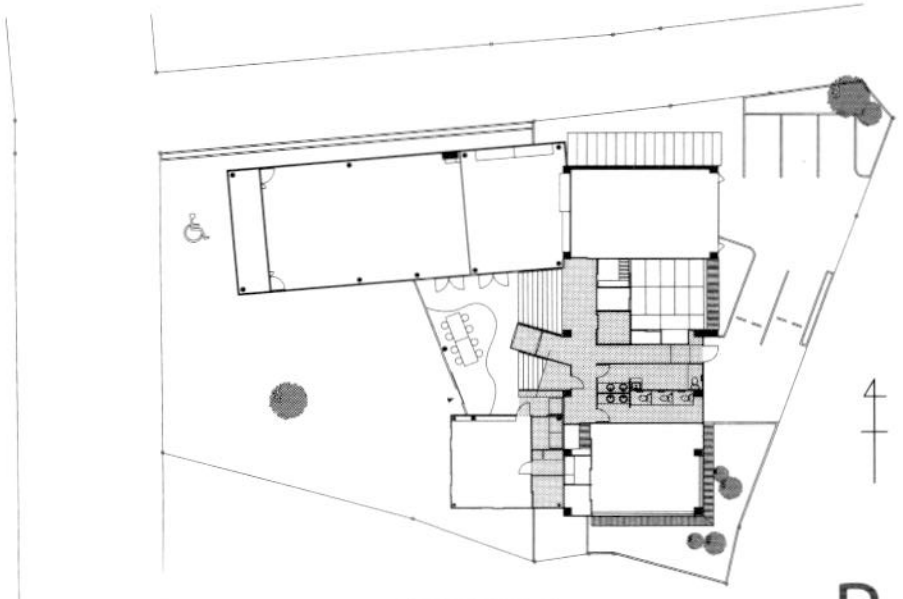

新規配置図　B

5　具体的事例「西陵公民館・老人いこいの家複合施設」　1）-（2）平面計画

○増築

既存躯体に増築部分が構造的に負担をかけない様に増築と既存の基礎を離した。

増築フロアーレベルは敷地の高低差もあったがバリアフリーを考慮し、既存床レベルにあわせて設定した。

○外壁

既存外壁の上に新たにタイルの壁で仕上げ外気の影響から既存躯体を保護している。それにより空気層をつくり、又、既存外壁に吹付硬質ウレタンフォームを施工し外断熱を試みている。

西面、東面はカーテンウォールで既存躯体を覆ってしまい既存躯体を保護した。

○構造計画

建物の軽量化を試み、保有水平耐力の検討まで行い安全性を確認した。補強は軽量化のみで必要無くローコストを実現した。

○屋上緑化計画

既存建物の水勾配をそのままいかし、外断熱を図りながら防水。そしてさらに屋上緑化を施した。積載荷重を極限に減らし既存建物に不可がかからない様に考慮した上で最大限の断熱効果をねらった。

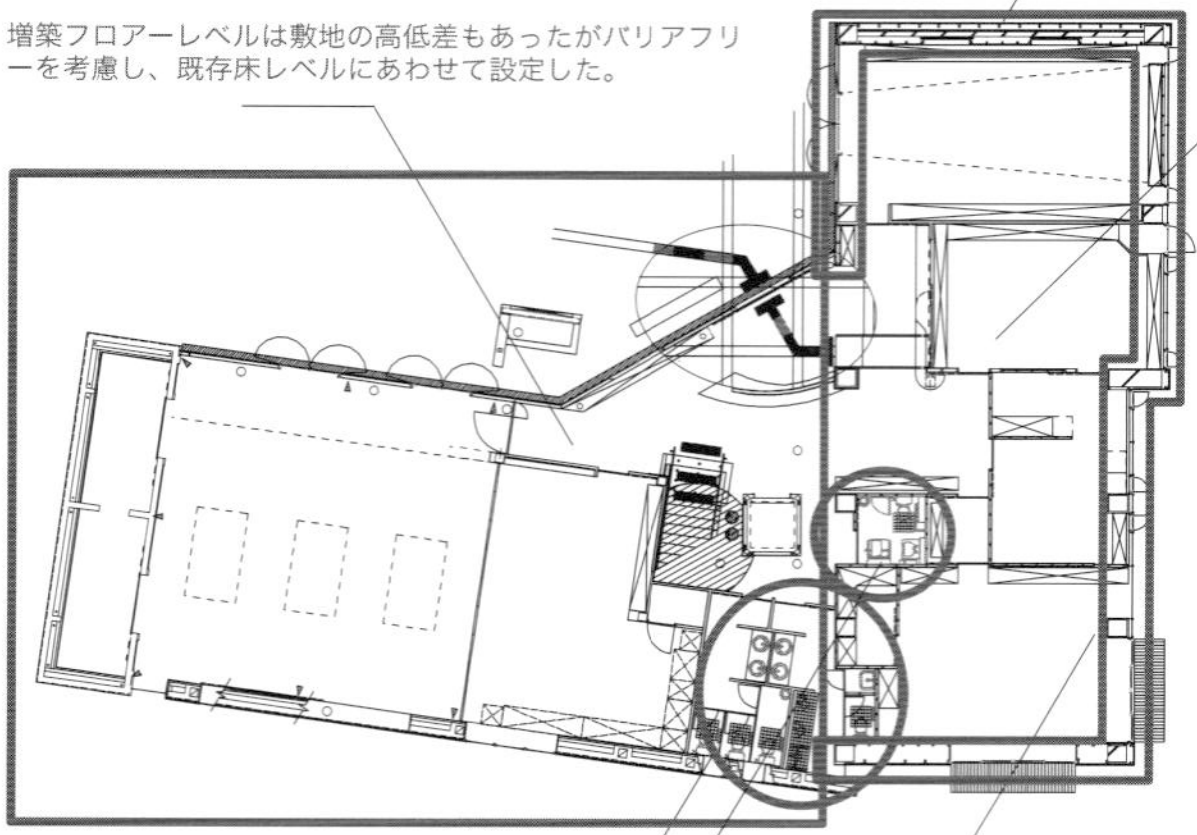

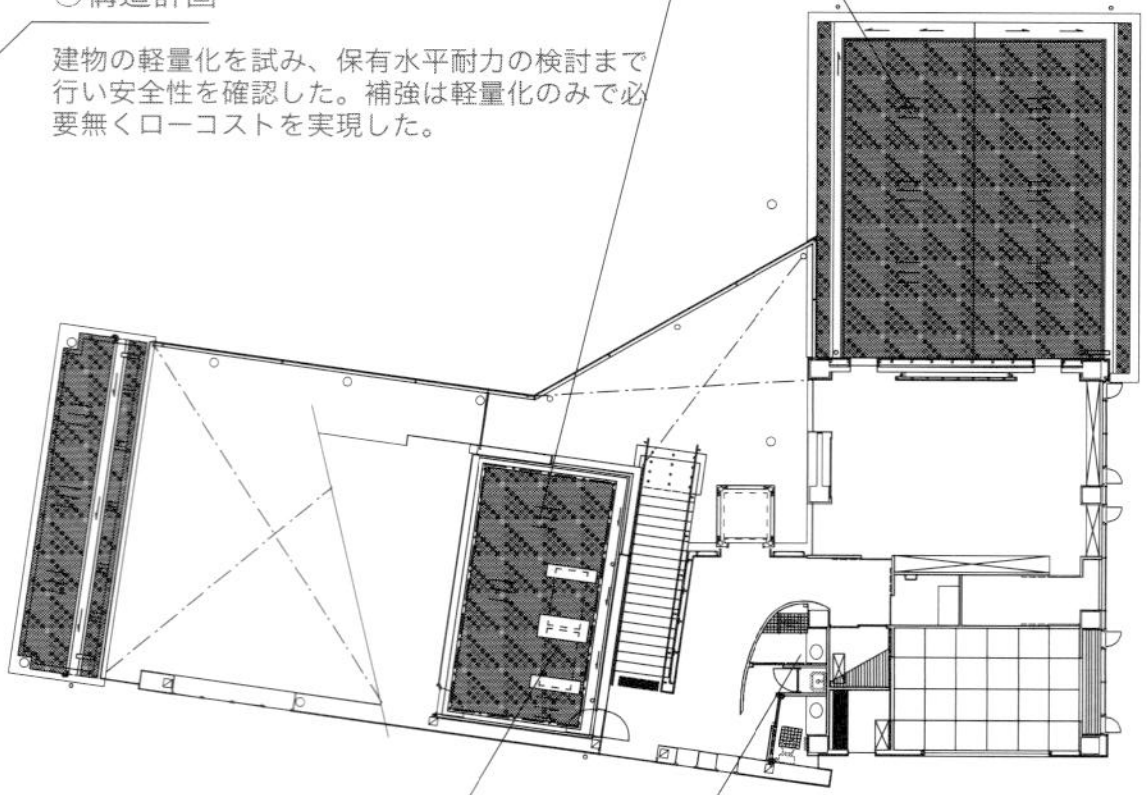

○水廻り配置計画

既存部分に水廻りを設ける場合排水の経路が地中梁に干渉しない様に地中梁位置を確認した。

今回計画では増築部分に配置できたため、大部分は増築とした。

○仕上

既存躯体の不陸を考慮し全ての仕上をGL工法とした。

○空調室外機配置計画

増築部分に室外機を設置。又、周囲には屋上緑化を試み廻りの気温を安定させ空調効率を高めた。もちろん、建物の形状に影響はなくそして防音効果も図っている。結果敷地が有効利用できた。

○水廻り配置計画

1階トイレと重なる位置に配置し縦配管を集約させた。増築部分に水廻りをもってきたので既存躯体に影響を与えず計画できた。

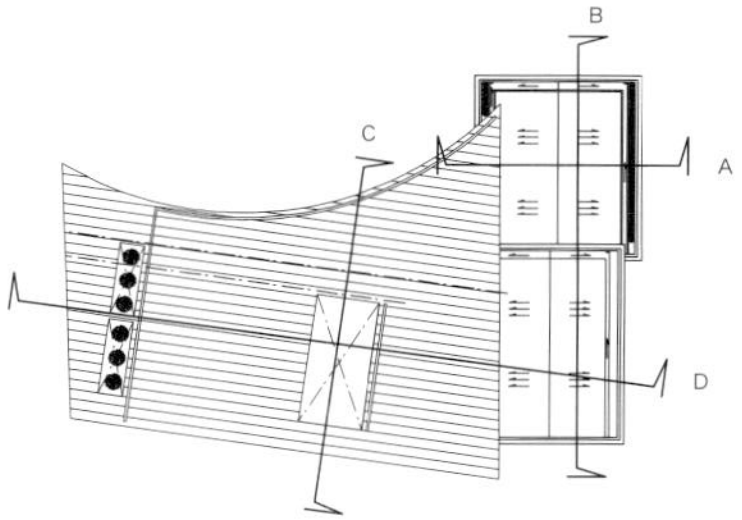
A
B
C
D

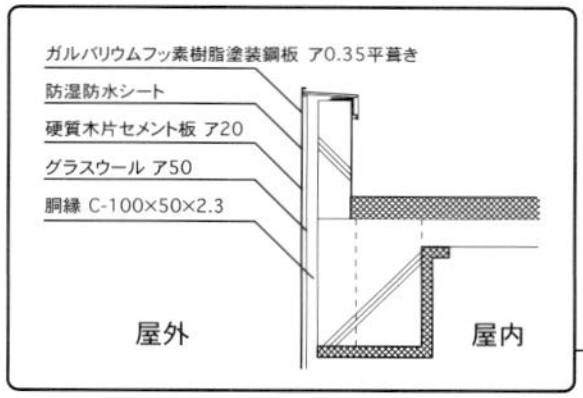
ガルバリウムフッ素樹脂塗装鋼板 ア0.35平葺き
防湿防水シート
硬質木片セメント板 ア20
グラスウール ア50
胴縁 C-100×50×2.3
屋外
屋内

○屋上緑化計画
○外断熱計画

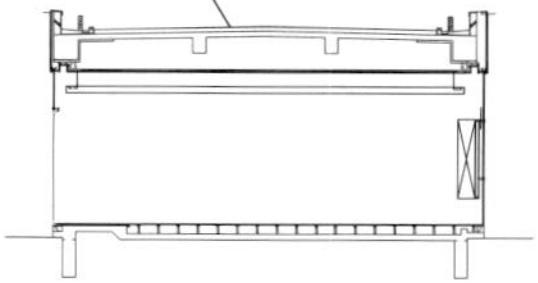

A断面図　S=1:150

○天井高さ設定（空調配管計画）

既存建物の梁成を確認の上、設備の配管計画し天井高さの設定を行う。主要な諸室の天井高さを最大限確保した。

○耐久性向上計画（外壁）

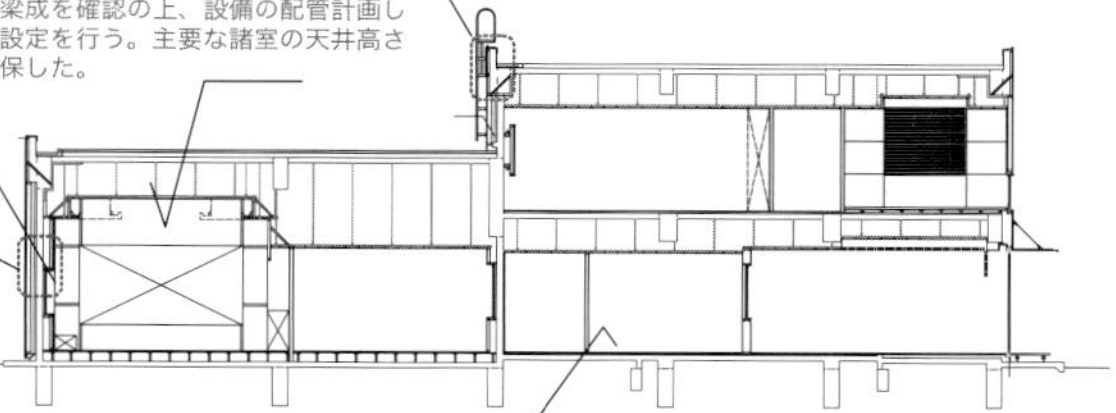

B断面図　S=1:150

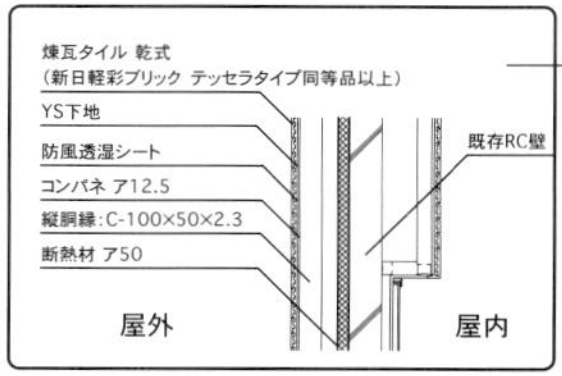
煉瓦タイル 乾式
（新日軽彩ブリック テッセラタイプ同等品以上）
YS下地
防風透湿シート
コンパネ ア12.5
縦胴縁:C-100×50×2.3
断熱材 ア50
既存RC壁
屋外
屋内

○増築・既存取合い

雨仕舞いの関係で、増築屋根（S造）を既存（RC）に覆いかぶせる。更に、増築（S造）と既存（RC造）の層間変異差が19.1mmであることを考慮してエキスパンションジョイントを計画した。

○床レベル設定（排水計画）

既存建物の床下地モルタルは浮いた部分は撤去するが、健全な部分はそのまま活かした。
その上からの仕上を設定し、床レベルの設定をした。この計画では地中梁がGL-50であったので設備配管による地中梁へ与える影響はなく床レベル設定にも影響はなかった。

○室外機置き場配置計画

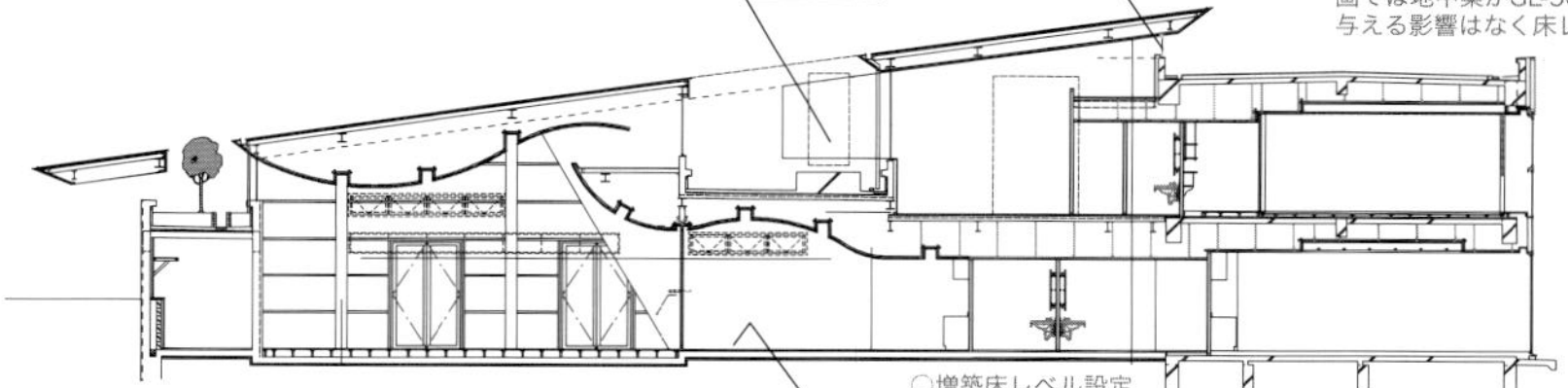

○増築床レベル設定
先に既存部分の床レベル設定しバリアフリーを考慮し、それに連動して増築部分も床レベルを設定した。

D断面図　S=1:150

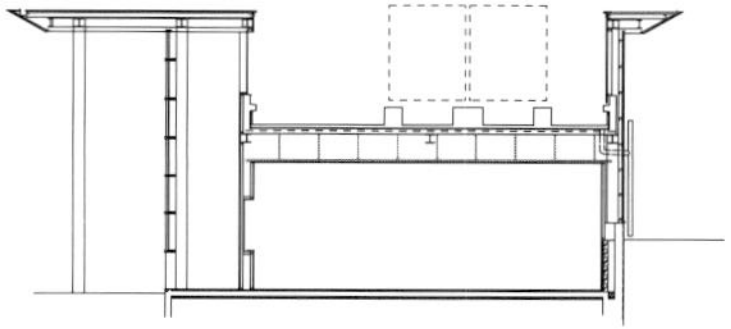

C断面図　S=1:150

▬ ：は平面図解体部分を示す。
▨ ：は軸組図解体部分を示す。

現行新耐震基準適合方法：

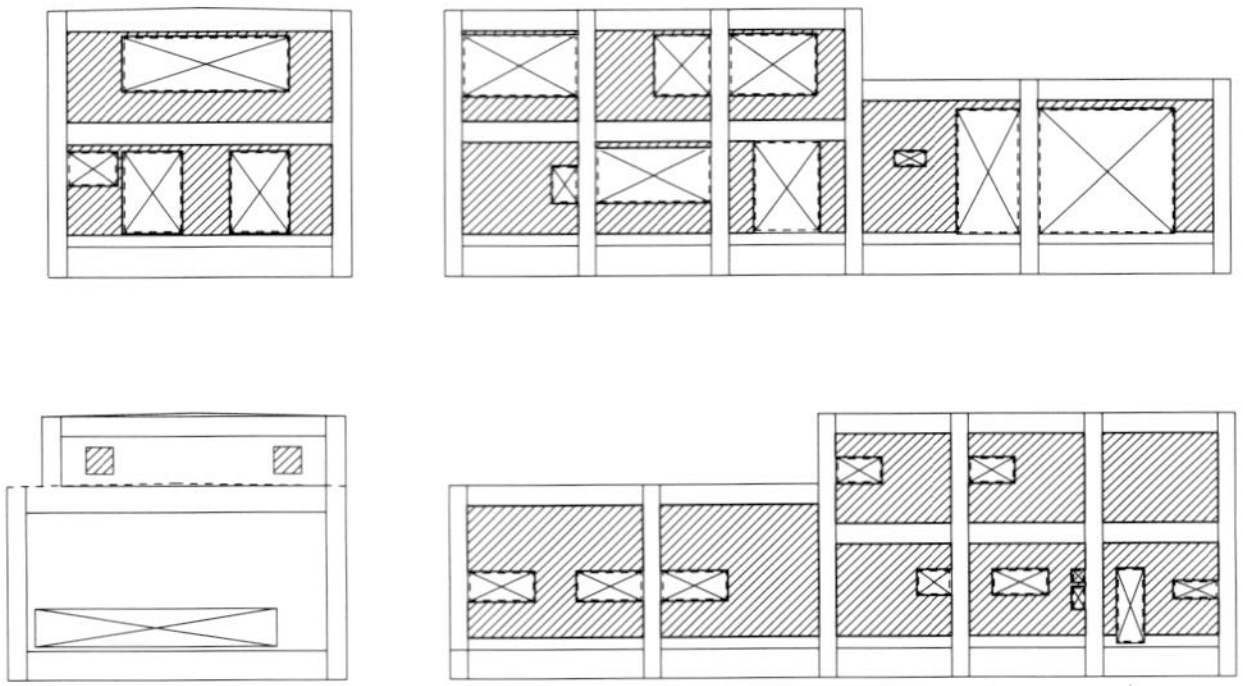

○解体計画

既存建物の主要構造部以外の部分はほぼ全て撤去し軽量化を試みた。階段も撤去したので確認申請の対象となり、既存部分に構造計算が必要で保有体力まで計算し安全性を確かめた。結果、補強は必要無くこの解体のみで計画できた。解体計画は構造計算に大きく影響を及ぼすので構造設計者との協議を十分に行うこと。

主要構造部の際まで行うので外部、内部からあらかじめカッターを入れておきそして解体する。特に入隅になるところは欠損してしまう恐れがあるので手作業での解体を指示しておく。又、その解体によって発生した欠損の責任の所在まで図示しておく。

5　具体的事例「西陵公民館・老人いこいの家複合施設」　1）-（5）概念図

1．現況既存建物

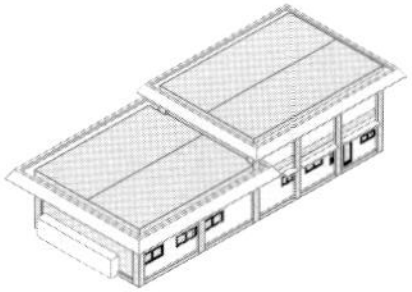

2．解体・撤去
既存建物の構造上不要な庇、雑壁モルタル仕上、さらにプランに支障のある階段を解体・撤去し、建物の軽量化を図ると共に、プランの自由度も高める。

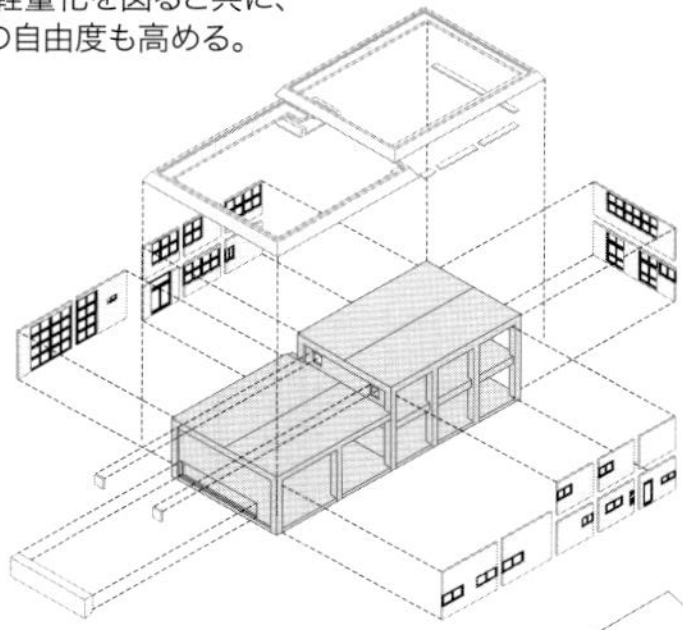

3．補修・外装・延命化
既存構造躯体の劣化状況に応じた補修を施す。クラック部分にはエポキシ樹脂低圧注入を、ジャンカ部分にはエポキシ樹脂モルタルを、空隙部分には無収縮モルタルを圧入、スラブ・露筋部分にはアルカリ性付与剤及び防錆ペーストを施した。既存躯体をタイル、金属板の仕上で覆うことにより外部の影響から既存躯体を保護して経年変化を遅らせ延命化を図った。

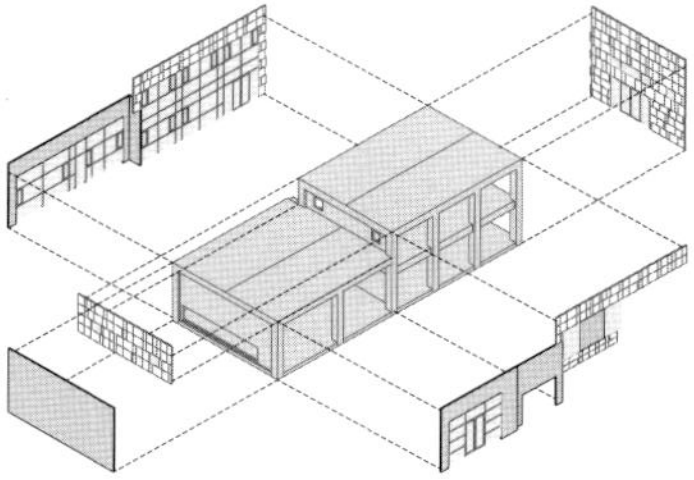

4．増築
増築を行うことで不足面積を確保し併せて建物にまったく新しいイメージを付加する。そして、屋上緑化も既存・増築部分RC屋根部分に試みている。
既存部分で面積等を確保できない講堂を増築部分に計画し、講堂と広場との連係を強めることで一体的に利用可能な形態とした。

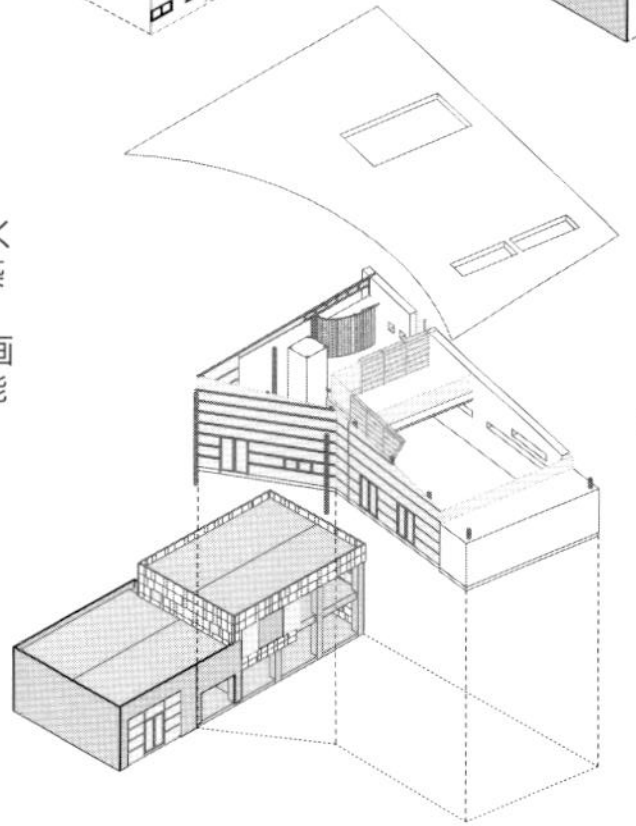

5．再生完了

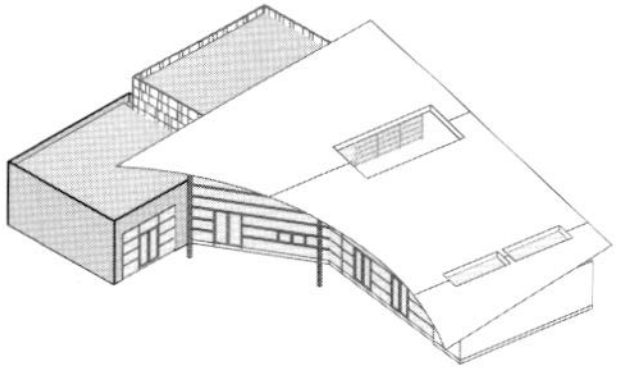

解体箇所写真　　補修箇所写真

①柱

②梁

不要な既設コンクリート壁を撤去し、鉄筋を切断した部分の補修を行った。高圧洗浄を行った後、アルカリ性付与材を塗り（リフリート工法）中性化抑制処理材を塗り、モルタルパウダーによって埋め戻した。

③スラブ

室内側のスラブは中性化が進んでいた為、アルカリ性付与材を塗り（リフリート工法）、中性化抑制処理材（ＲＦ防錆ペースト）を塗る補修を行った。

解体箇所写真　　補修箇所写真

④梁～壁

⑤梁～柱

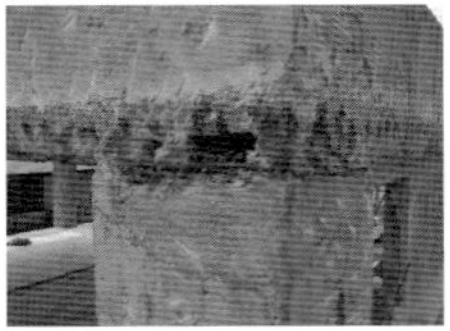

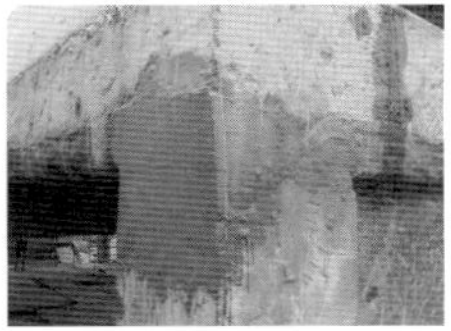

⑥梁～柱

既設コンクリートの部分に空隙等があったので、高圧洗浄を行った後、グラウト材を注入し、無収縮モルタルを圧入した。

■中性化データ及び考察

●壁中性化試験結果

		A.中性化深さ（mm）	B.モルタル厚（mm）	A+B.実質中性化深さ（mm）
屋外・モルタル仕上有	1-W-1	13.0	18.0	31.0
	1-W-2	1.0	41.0	42.0
	1-W-3	3.0	30.0	33.0
	1-W-4	1.0	25.0	26.0
	2-W-1	8.0	30.0	38.0
	2-W-2	1.0	28.0	29.0
平均値		4.5	28.7	33.2
最大値	1-W-1	13.0		
屋内・モルタル仕上有	1-W-1	10.0	15.0	25.0
	1-W-3	2.0	32.0	34.0
	2-W-1	1.0	28.0	29.0
平均値		4.3	25.0	29.3
最大値	1-W-1	10.0		
屋内・モルタル仕上無	1-W-2	15.0	0.0	15.0
	1-W-4	12.0	0.0	12.0
	2-W-2	30.0	0.0	30.0
平均値		19.0	0.0	19.0
最大値	2-W-2	30.0		

●考察

壁の中性化試験及び柱のかぶり厚調査を基に、柱、梁、スラブの中性化深さを想定した。

・柱、梁の検討
　モルタル仕上があった柱は、中性化していないかぶり厚さは左表より平均2.6mmと想定され実質平均32.4mmのかぶり厚が確保されている。したがって躯体部分の中性化はほとんどしていない。

　モルタル仕上の無い柱、梁は左表により若干中性化が進行していると予測される。しかし、クラックが全くみられなかった。

・スラブの検討
　柱、梁の仕上なしと同様に中性化が若干進行していると予測され露筋もみられた。

●柱かぶり厚調査結果

	A.かぶり厚（mm）	B.モルタル厚（mm）	B-33.2（mm）	C.予測中性化深さ（mm）	A-C.無中性化かぶり厚（mm
1-C-1	31	44	10.8	0	31
1-C-2	29	40	6.8	0	29
1-C-3	20	55	21.8	0	20
1-C-4	23	31	-2.2	2.2	20.8
2-C-1	56	28	-5.2	5.2	50.8
2-C-2	51	25	-8.2	8.2	42.8
平均値	35	37.167		2.6	32.4

■補修工事内容

補修内容	採用工法
中性化補修	中性化補修リフリート工法
設備配管部補修	無収縮モルタル圧入
躯体空隙部補修	無収縮モルタル圧入
コールドジョイント部補修	E-1工法（エポキシ樹脂自動低圧注入）※
ジャンカ部補修	J工法（エポキシ樹脂モルタル充填）※
解体時躯体欠損部補修	欠損補修リフリート工法

※：マニュアルによる。

1.現況既存建物

2.解体・撤去

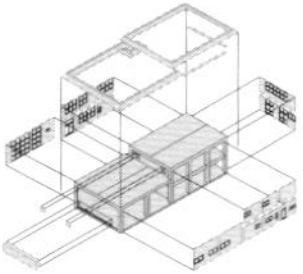

既存建物の構造上不要な庇、プランに支障のある階段等を解体・撤去する

3.補修・外装・延命化

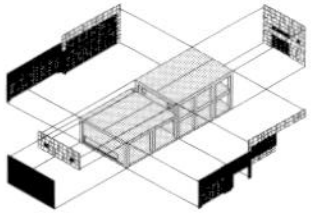

既存構造躯体の劣化状況に応じた補修を施す

4.増築

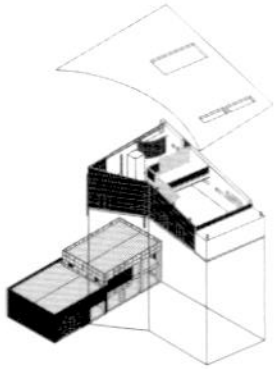

増築を行うことで不足面積を確保し、建物にまったく新しいイメージを付加する。

5.再生完了

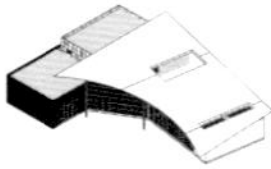

FTK BLD.

所在地：兵庫県神戸市灘区森後町 3-5-41

主要用途：貸店舗、診療所、共同住宅

設計

意匠：青木茂建築工房
担当／青木茂、神本豊秋

構造：川﨑建築構造設計事務所
担当／川﨑薫

設備：エムケイ設備設計
担当／野口正欣、白水一宏

電気：エムケイ設備設計
担当／野口正欣、佐志豪紀

監理：青木茂建築工房
担当／青木茂、神本豊秋

施工：日本建設
担当／瀧尻和則、谷口智和、伊賀将太

敷地面積：628.97㎡（区画整理後）

建築面積：463.4㎡（申請部分）

延床面積：1,444.97㎡（申請部分）

建蔽率：73.6%（許容：80%）

容積率：205.5%（許容：400%）

道路幅員：東／８～8.１m

地域地区：都市計画区域、市街化区域、防火地域、商業地域、近隣商業地域、地区計画（六甲道駅北地区）、角敷地等指定地区、東部駐車場整備地区

階数：地上５階建て

構造：鉄骨鉄筋コンクリート造＋鉄骨造

杭・基礎：ベタ基礎または浅層地盤改良の独立基礎

最高高さ：18.0m

最高軒高：17.3m

主なスパン：既存部：間口 4.0m、奥行 4.5m ／増築部：間口 6.6m、奥行 7.35m

・貸店舗

店舗数：５～12 戸（貸店舗）※分割可

仕上

屋根：外断熱改質アスファルト防水

外壁：ガルバリウムカラー鋼板、サイディング葺き

天井：既存部：既存ＲＣ軀体表し／増築部：デッキプレート表し、耐火被覆塗装

壁：既存部：既存ＲＣ軀体表し／増築部：ＡＬＣ板表し

床：既存部：既存ＲＣ軀体表し／増築部：ＲＣ直押え

空調方式：空冷ヒートポンプパッケージ式（将来テナント工事）

熱源：電気、ガスを引き込む（将来テナント工事）

衛生設備：給水：直圧給水方式（将来テナント工事）／給湯：（将来テナント工事）／排水：（将来テナント工事）

電気設備：低圧受電方式　※高圧受電用空配管及びスペース設置

防災設備：排煙設備

・共同住宅

住戸数：１６戸

駐車場：２台（内、付置義務台数２台）

駐輪場：1７台（内、付置義務台数1６台）

仕上

屋根：外断熱改質アスファルト防水

外壁：ガルバリウムカラー鋼板　竪ハゼ葺き　t=0.4　ガルバリウムカラー鋼板サイディング葺り

天井：EP 塗装　ビニルクロス貼り

壁：EP 塗装　ビニルクロス貼り　磁器質タイル貼り

床：フローリング㋐ 12　長尺塩ビシート㋐ 2.0 ホモジニアス P タイル

空調方式：ルームエアコン

熱源：電気、ガス

衛生設備：給水：直圧給水方式／給湯：局所ガス給湯方式（ガス瞬間給湯器）／排水：公共下水道（分流式）への生放流方式

電気設備：低圧受電方式

防災設備：避難ハッチ、緩降器、避難はしご、消化器設備、自火報、自然排煙

設計期間：2004 年９月～2008 年７月

工事期間：2008 年８月～2009 年６月

◉既存建物のデータ

主要用途：診療所＋個人住宅

竣工年：1972 年 11 月

延床面積：1,086.14㎡

建蔽率：50.5%

容積率：172.8%

構造：鉄筋コンクリート造

最高高さ：25.0m（違法増築あり）

最高軒高：17.1m

主なスパン：4.0m × 4.5m

イドネオ（JFE 機材）縦貼り
天井：PBt ＝ 9mm の上ビニルクロス、EP 塗装
壁：PBt ＝ 12.5mm の上，ビニルクロス
床：無垢フローリング t=18mm
空調方式：ルームエアコン方式
熱源：電気
衛生設備：給水：水道管直結増圧ポンプ方式／給湯：ガス給湯方式／排水：分流方式（雑排水・汚水：雨水）
電気設備：受電方式：低圧引込方式／契約電力：30A(20 戸）、共用 30A ／動力設備：8.2KVA
防災設備：消火：消火器、自動火災報知設備／排煙：自然排煙
その他
誘導灯設備：非常用照明設備
昇降機：乗用エレベーター（機械室レス式 9 人乗り 60m/min）× 1 台
基本設計期間：2006 年 9 月〜2007 年 1 月
実施設計期間：2007 年 1 月〜2007 年 12 月
工事期間：2007 年 12 月〜2009 年 6 月

◉既存建物のデータ
主要用途：社宅
竣工年：1969 年頃
延床面積：1007.44㎡
建蔽率：10.95%（許容：80%）
容積率：54.58%（許容：指定無し）
構造：鉄筋コンクリート造
最高高さ：15.0m
最高軒高：14.35m
主なスパン：6.3m × 7.58m

田川後藤寺サクラ園

所在地：福岡県田川市丸山町 1-4
主要用途：デイサービス付き寄宿舎
設計
意匠：青木茂建築工房
担当／青木茂、秋山徹、甲斐大器
構造：九州 C&C 事務所
担当／高平光和
設備：MK 設備設計
担当／野口正欣、白水一宏
電気：MK 設備設計
担当／野口正欣、佐志豪紀
監理：青木茂建築工房
担当／青木茂、秋山徹
施工：管組
担当／元兼孝徳、岡田寛昭、北村基次
敷地面積：2,917.19㎡
建築面積：797.63㎡
延床面積： 1,965.35㎡
既存棟：651.10㎡（既存部分）、134.66㎡（増築部分）
増築棟：1,179.59㎡（別棟増築部分）
建蔽率：27.35%（許容：60%）
容積率：67.37%（許容 :200%）
道路幅員：4.0m
地域地区：準工業地域、法 22 条地域
階数：地上４階
構造：鉄筋コンクリート造、一部鉄骨造
杭・基礎：既存棟：杭基礎（仕様不明）／増築棟：既製杭（PHC 杭） プレボーリング拡大根固め工法
最高高さ：11.934m
最高軒高：9.734m
主なスパン：5,200㎜× 6,600㎜（既存棟）／ 6,200㎜× 5,800㎜（増築棟）
仕上
屋根：シート防水、一部ガルバリウム鋼板タテハゼ葺き、ガルバリウム鋼板 折半山高 88
外壁：吹付けタイル、ガルバリウムカラー鋼板スパンドレル t=0.5、ガルバリウム鋼板折板 H88 t=0.6（パンチング加工）
天井：Pbt ＝ 9㎜の上ビニルクロス、既存躯体の上 EP、一部 PBt ＝ 9㎜の上寒冷紗パテシゴキの上内装用汚染防止 EP
壁：PBt ＝ 12.5 ㎜の上ビニルクロス、PBt=12.5㎜の上寒冷紗パテシゴキの上内装用汚染防止 EP
床：長尺塩ビシート t=2.0㎜、フローリング t=12㎜、50 角磁気質タイル
空調方式：空気熱源方式ヒートポンプパッケージ型
熱源：電気
衛生設備：給水：受水槽方式／給湯：プロパンガス方式（住戸、厨房）、温水ボイラー（1階共用浴室）／排水：浄化槽方式
電気設備：高圧受電方式
防災設備：消化器、スプリンクラー（住戸内に自主的に設置）
設計期間：2007 年 10 月〜2008 年 11 月
工事期間：2008 年 11 月〜2009 年 6 月

◉既存建物のデータ
主要用途：寄宿舎
竣工年：1966 年頃
延床面積：651.1㎡
建蔽率：不明
容積率：不明
構造：鉄筋コンクリート造
最高高さ：9.7m
最高軒高：9.4m
主なスパン：5.2m × 6.6m

福岡市T邸
所在地：福岡県福岡市
主要用途：専用住宅
設計
意匠：青木茂建築工房
担当／青木茂　奥村誠一　甲斐大器
構造：九州シー・アンド・シー
担当／高平光和　春山真人
設備：エムケイ設備設計
担当／野口正欣
電気：エムケイ設備設計
担当／外園祐三
監理：青木茂建築工房
担当／青木茂　奥村誠一　松岡記代＊（元所員）
施工：中岡建設
担当／八尋周三　福成勲
敷地面積：667.36㎡（別棟含む、特記なき場合は母屋の情報）
建築面積：247.74㎡
延床面積：249.74㎡
建蔽率：47.94%（許容：60%別棟含む）
容積率：54.88%（許容：150%別棟含む）
道路幅員：東 5.6m ／南 4.0m
地域地区：都市計画区域内市街化区域、法第２２条区域、第二種高度地区 15m、埋蔵文化財包蔵地、第一種中高層住居専用地域
階数：地上1階
構造：木造、一部鉄筋コンクリート造
杭・基礎：改良杭　ベタ基礎
最高高さ：8.627m
最高軒高：7.220m
主なスパン：4.056
仕上
屋根：ガルバリウムカラー鋼板葺き t=4.0mm
外壁：鉄筋コンクリート化粧打ち放し　撥水材塗布、スギ縁甲板　キシラデコール塗装、石材調塗料仕上げ（セラスキン）
天井：スギ板 t=12　PB9.5mm EP
壁：鉄筋コンクリート化粧打ち放し　撥水材塗布、アクリル系塗装材（アイカ工業）、既存木部補修の上水拭き磨き、サクラフローリング　t=15mm
空調方式：個別空調
熱源：電気、ガス
衛生設備：給水方式：直圧給水方式、給湯方式：エコウィル、ガス発電ユニット、廃熱利用給湯暖房ユニット
電気設備：低圧受電方式
設計期間：2006 年 8 月～ 2007 年 4 月
工事期間：2007 年 4 月～ 2007 年 12 月

◉既存建物のデータ
主要用途：専用住宅
竣工年：不明（築約 100 年）
延床面積：不明
建蔽率：不明
容積率：不明
構造：木造
最高高さ：8.51m
最高軒高：7.22m
主なスパン：1.98m × 4.06m

ルミナスコート壱番館
所在地：千葉県千葉市中央区村田町 893-24
主要用途：共同住宅
設計
意匠：青木茂建築工房
担当／青木茂、坂本匡史、榎本浩史
構造：九州シー・アンド・シー事務所
担当／高平光和、春山真人、伊藤淳
設備：現代設備計画事務所（機械）
担当／衛藤三夫
電気：杉設備計画（電気）
担当／大杉勝通
監理：青木茂建築工房
担当／青木茂、坂本匡史、榎本浩史
施工：メガテック（自社施工）
担当／川松定夫、原孝司
敷地面積：2,011.84㎡
建築面積：318.11㎡
延床面積：1,096.58㎡
建蔽率：23.07%（許容：70%）
容積率：68.72%（許容：200%）
道路幅員：西／ 4.00m、南／ 2.70m、北／ 6.40m
地域地区：第一種住居地域、22 条地域、第一種高度地区、都市計画道路内敷地（予定）
階数：地上 5 階
構造：既存部：鉄筋コンクリート造／増築部：鉄骨造
杭・基礎：既存部：杭基礎・既製コンクリート杭　増築部：杭基礎・既製コンクリート杭
最高高さ：14.55m
最高軒高：14.35m
主なスパン：間口 6,300㎜×奥行 7,580㎜
仕上
屋根：DWP 工法カラー GL 鋼板 t=0.5 アスファルトルーフィング断熱材（既存防水かぶせ工法、アサヒ金物）、ガルバリウム鋼板折板屋根 t=0.5（アサヒ金物）
外壁：吹付けタイル、カラー GL 鋼板（角波：Kスパン） t=0.5（メガテック）、ワ

壁：吹付塗装、石張り、木練付板仕上げ
床：御影石張り
・店舗
天井：スケルトン
壁：スケルトン
床：スケルトン
・オフィス
天井：ビニルクロス張り、長尺タイル
壁：ビニルクロス張り
床：OA フロア＋タイルカーペット
空調方式：空冷ヒートポンプ方式
衛生設備：給水：増圧給水方式／給湯：個別電気温水器方式／排水：分流方式
電気設備：受電方式：高圧受電方式／予備電源：非常用発電機
防災設備：屋内消火設備、自動火災報知、非常照明、防排煙連動(防火戸)、消火器、誘導標識、機械排煙
設計期間：2008 年 6 月～2008 年 11 月
工事期間：2009 年 2 月～2009 年 7 月

◉既存建物のデータ
主要用途：事務所
竣工年：1968 年
延床面積：3011.54㎡
建蔽率：61.12%（許容：91.91%）
容積率：393.88%（許容：346.43%）
構造：鉄筋コンクリート造
最高高さ：21.72m
最高軒高：21.00m
主なスパン：7.0m × 5.5m

豊田市 N 邸

所在地：愛知県豊田市
主要用途：専用住宅
設計
意匠：青木茂建築工房
担当／青木茂、奥村誠一、甲斐大器
構造：ちさき建築構造設計
担当／苣木將弘、和久津嘉男
設備：エムケー設備設計
担当／野口正欣、白水一宏
電気：エムケー設備設計
担当／野口正欣、佐志豪紀
監理：青木茂建築工房
担当／青木茂、奥村誠一
施工：岩部建設
担当／中野清伸、高津孝士
敷地面積：466.54㎡
建築面積：275.45㎡
延床面積：380.95㎡
建蔽率：59.05%（許容：60%）
容積率：75.27%（許容：200%）
道路幅員：東 4.38m ／南 4.0m
地域地区：都市計画区域内、準防火地域、七州城城下町地区、第一種住居地域
階数：地上 2 階
構造：鉄筋コンクリート造、木造
最高高さ：8.08m
最高軒高：5.95m
主なスパン：既存部：間口 3.64m、奥行 3.64m ／増築部：間口 3.92m、奥行 5.64m
仕上
屋根：野地板 t=12 の上、ゴムアスファルトルーフィング 22kg/㎡の上、日本瓦葺き
外壁：アスファルトルーフィング 17kg の上、メタルラスの上、セメントモルタル t=12 の上、漆喰塗漆
天井：赤松板 t=12　本実加工　OSCL
壁：ネオしっくい
床：サクラフローリング 12
空調方式：個別空調
熱源：ガス、電気
衛生設備：給水方式：直圧給水方式／給湯方式：（子世帯）エコウィルガス発電ユニット、廃熱利用給湯暖房ユニット／（親世帯）エコキュート、給湯ユニット、ヒートポンプユニット**電気設備：**低圧受電方式
設計期間：2008 年 4 月～2008 年 12 月
工事期間：2008 年 12 月～2009 年 9 月

◉既存建物のデータ
主要用途：専用住宅
竣工年：不明（築約 60 年）
延床面積：不明
建蔽率：不明
容積率：不明
構造：木造
最高高さ：7.62m
最高軒高：5.81m
主なスパン：3.64m × 3.64m

高根ハイツ
所在地：東京都中野区東中野 2-29-6
主要用途：共同住宅
設計
意匠：青木茂建築工房
担当／青木茂、坂本匡史、
永久正浩
構造：九州シー・アンド・シー事務所
担当／高平和光、春山真人、
伊藤淳
設備：愛住設計
担当／近藤公一、保倉徹
電気：愛住設計
担当／間野目伸之、中村尚美
監理：青木茂建築工房
担当／青木茂、坂本匡史、
永久正浩
施工：鉄建建設東京支店リニューアル部
敷地面積：870.27㎡
建築面積：324.73㎡
延床面積：1036.37㎡
建蔽率：37.31%（許容：60%）
容積率：97.76%（許容：150%）
道路幅員：東西／建築基準法 42 条 2 項道路
地域地区：都市計画区域、市街化区域、準防火地域、第 1 種低層住居専用地域、第 1 種高度地区
階数：地上 4 階
構造：壁式鉄筋コンクリート造
杭・基礎：直接基礎／独立基礎＋布基礎
最高高さ：14.09m
最高軒高：11.26m
主なスパン：7.2m × 5.1m
住戸数：22 戸
駐車場：5 台
仕上
・外部
屋根：塩ビシート防水外断熱工法
外壁：ガルバリウムカラー鋼板平葺、アルミスパンドレル、アルミパンチングメタル、アルミパネル、弾性吹付タイル
・共用部
天井：吹付塗装、EP 塗装、ビニルクロス張り、火山性ガラス質複層板張り
壁：EP 塗装、ビニルクロス張り
床：せっ器質タイル張り、タイルカーペット張り
・専有部
天井：ビニルクロス張り、EP 塗装
壁：ビニルクロス張り、EP 塗装、磁器質タイル張り
床：フローリング、ホモジニアスビニル床タイル、CF シート
空調方式：ルームエアコン
衛生設備：給水：増圧給水方式／給湯：個別ガス給湯方式／排水：合流方式
電気設備：受電方式：低圧受電方式
防災設備：自動火災報知設備、非常照明、防排煙連動（防火戸、防火シャッター）、消火器、誘導標識、避難梯子、自然排煙
設計期間：2008 年 9 月～2009 年 5 月
工事期間：2009 年 7 月～2010 年 1 月

◉既存建物のデータ
主要用途：共同住宅
竣工年：1963 年
延床面積：1188.29㎡
建蔽率：39.64%（許容：40%）
容積率：135.05%（許容：指定なし）
※容積対象面積に対する緩和なし
構造：壁式鉄筋コンクリート造（建設時／鉄筋コンクリートラーメン造）
最高高さ：14.09m
最高軒高：11.26m
主なスパン：7.2m × 5.1m

クローチェ神宮前ビル
所在地：東京都渋谷区神宮前 3-35-2
主要用途：事務所／店舗
設計
意匠：青木茂建築工房
担当／青木茂、坂本匡史、
神本豊秋、永久正浩
構造：大成建設一級建築士事務所
担当／小山実、勝倉靖
設備：愛住設計
担当／近藤公一、保倉徹
電気：愛住設計
担当／間野目伸之、中村尚美
監理：青木茂建築工房
担当／青木茂、坂本匡史、
永久正浩
施工：大成建設東京支店
担当／志村浩之
敷地面積：764.58㎡
建築面積：481.18㎡
延床面積：2969.83㎡
建蔽率：62.93%（許容：91.91%）
容積率：359.00%（許容：346.43%　既存不適格）
道路幅員：東／ 22m
地域地区：都市計画区域、市街化区域、防火地域、準防火地域、近隣商業地域、第 2 種住居地域、第 1 種中高層住居専用地域、第 2 種高度地区、第 3 種高度地区、第 1 種文教地区、第 2 種文教地区
階数：地上 6 階、地下 1 階
構造：鉄筋コンクリート造、一部鉄骨造
杭・基礎：場所打コンクリート杭、独立基礎
最高高さ：21.72m
最高軒高：21.00m
主なスパン：7.0m × 5.5m
駐車場：3 台
仕上
・外部
屋根：ウレタン塗布防水
外壁：塗り壁、吹付塗装、タイル張り、アルミカーテンウォール
外構：芝張り
・エントランス、エレベーターホール
天井：吹付塗装、EP 塗装

あとがき

リファイン建築を通じて、過去につくられた建築と向き合うにつれ、設計を業とする建築家と呼ばれる人々が、少し皮肉な言い方をすれば、極めて「前向き」な思考をしていることに気づかされた。新築の建物が完成し、施主に引き渡した瞬間、その建物を振り返ることはほとんどない。それが「前向きな建築家」というイメージである。しかし、リファイン建築に取り組むことによって、過去を検証しなければ前を向いて進むための学習はできない、という大きな勉強をさせていただいた。

今後、日本における建築の市場はますます縮小するだろう。このような状況の中、われわれ建築家はどう生き延びるかということを思考してみた。建築基準法は、度重なる改正により、かなり負担となっているが、しかしこれを簡素化すれば、必然的に建築家のフィーは下がる。僕は、縮小する建築界において、もっと徹底した設計監理を行い、責任の重い仕事を遂行することによって、より高いフィーを獲得すべきではないかと考えている。

さらにリファイン建築は、建築と環境の問題についても大きな示唆を与えてくれた。確かに、建築技術の開発はスピーディな手法をつくり上げてきたが、そのために起こった環境への影響は計り知れないものとなっている。僕は、伝統的な工法の再評価とそれを踏まえた手法の開発が必要ではないかと思う。また同時に、僕がリファインの対象としている築20年から40年前につくられた建築を支えていた技術の消滅が、再生建築をさまたげる大きな要因になってくるのではないかという危惧に駆られる。一方リファイン建築で、伝統的な工法と建設当時の技術の学習により、雇用の場は広がっていくのではなかろうかと思っている。新築に比べ、再生建築は人手がかかる。そこで、提案であるが、設計事務所や施工者にミシュランのガイドブックのような建設技術と環境負荷ランキングをつけ、それによって建設の際の保険料が変わるというシステムを開発すれば、必然的に技術と環境に対する思考や新たな技術開発が生まれてくるのではないかと考えている。

２００１年に福岡市西陵公民館の仕事がスタートした時、「リファイン建築は青木さんしかできないので随契で出すが、契約検査室を説得するためには何らかの条件がいる。そこで、この公民館に関する設計と監理マニュアルをつくって欲しい」と頼まれた。僕は、技術は基本的に公開したいと思っているので、マニュアルをつくり、提出した。内容は、再生建築が必要とされる社会的背景、再生建築とは何か、再生建築による環境保護、建物の長寿命化、経済性などの利点は何か等に加え、再生建築を進めるにあたり、僕の事務所で進めてきたリファイン建築の手法に関してその時点のすべてを公開したものである。そのマニュアルを提出した後、西陵公民館の設計に着手し、２００３年に完成した。この建物は福岡市景観賞を受賞し、一定の評価もいただいた。その後、福岡市の仕事は一度もないが、人との交流の機会は時々あり、近年になって、そのマニュアル作成について市役所内で大議論があったことをうかがった。すなわち、リファイン建築のマニュアルをつくり一般化すべきという意見と、マニュアルをつくっても無意味、という意見である。結果的に、福岡市では数件の公民館の再生建築を行ったが、このマニュアルを使うのは難しい、という結論に達したらしい。「やはり、青木さんがやったようなものはマニュアルではできない」というのが彼らの結論で、「必要なのは、マニュアルではなくノウハウだ」といわれた。また、福岡市に調査に来た国土交通省からマニュアルを公表してほしいとの要請が福岡市にあり、著作権は僕にあるということで話を振られたことがある。僕は当然、それを公開することとした。しかしながら、そのリファイン建築マニュアルはまだ一般化していないのが現状である。僕はリファイン建築は、あらゆることについて現場の経験を積み重ねながら、目に見えないノウハウをどう獲得するかが重要ではないかと思う。リファイン建築マニュアルが、国土交通省の手に渡った後、どのように使われているかはまったくわからないが、最近はこのような手法でプロポーザルなども行われるようになり、有効に使われているのではないかと思っている。このマニュアルを巻末に掲載している。

この本はリファイン建築に関する6冊目の著書になるが、この困難な仕事に挑戦してくれているクライアント、工事関係者、私の事務所のスタッフに感謝の意を表するとともに、いつも文章の指導と編集をしていただいている石堂威氏、小田道子氏、そしていつまでも慣れない僕のワープロ作業の仕事をほとんど引き受けてくれている秘書の宮崎いづみさんに感謝したい。

◉青木茂略歴

１９４８年大分県生まれ。

１９７１年近畿大学九州工学部建築学科卒業。鉄建建設入社。１９７２年家業の土建業を手伝う。１９７７年大分県佐伯市でアオキ建築設計事務所設立。１９９０年株式会社青木茂建築工房に組織変更。福岡事務所開設。２００７年東京事務所開設。

現在、首都大学東京戦略研究センター教授。

博士（東京大学工学）。

著書に『建物のリサイクル　躯体再利用・新旧併置のリファイン建築』（１９９９、学芸出版社）、『リファイン建築へ　青木茂の全仕事』（２００１、建築資料研究社）、『まちをリファインしよう』（２００５、建築資料研究社）、『再生建築　リファインで蘇る建築の生命』（２００９、総合資格）、『団地をリファインしよう。』（２００９、住宅新報社）など。

グッドデザイン賞（１９９９、２００５、２００８）、ＪＩＡ環境建築賞（２０００）、日本建築学会賞業績賞（２００１）、ＢＥＬＣＡ賞（２００１）、エコビルド賞（２００２）、福岡市都市景観賞（２００５、２００６）、GREEN GOOD DESIGN AWARD（２００９）、千葉市優秀建築賞（２００９）、兵庫県知事賞（２０１０）、ＪＦＭＡ賞（２０１０）などを受賞。

◉青木茂建築工房

・東京事務所
港区南麻布4-5-6（〒１０６-００４７）
電話：０３（５７８９）０４８８　ファックス：０３（５７８９）０４８９

・福岡事務所
福岡市中央区長浜1-2-6-206（〒８１０-００７２）
電話：０９２（７４１）８８４０　ファックス：０９２（７４１）９３５２

・大分事務所
大分市南津留13-21（〒８７０-０９３７）
電話：０９７（５５２）９７７７　ファックス：０９７（５５２）９７７８

◉写真撮影者：竣工写真担当

松岡満男
・福岡市西陵公民館　p.6
・ＦＴＫ ＢＬＤ.　p.14～57
・モノビル、デコビル　p.109

イメージグラム
・田川後藤寺サクラ園　p.58～79
・ルミナスコート壱番館　p.80～105
・豊田市Ｎ邸　p.128～151
・高根ハイツ　p.170～187

小野洋之
・福岡市Ｔ邸　p.106～127

エスエス東京
・クローチェ神宮前　p.152～169

市川かおり
・ＮＦビル　p.17

傍島利浩
・ＳＡ ＨＯＵＳＥ　p.118

エスエス名古屋
・リベラほうしょう　p.130

都市建築編集研究所
・ＦＴＫ ＢＬＤ.　p.48～49, 52～53
・高根ハイツ　p.182

既存状態・解体・補強写真：
青木茂建築工房

建築再生へ
リファイン建築の「建築法規」正面突破作戦

２０１０年３月１日　初版１刷発行

著者……………青木 茂
青木茂建築工房 福岡事務所
福岡県福岡市中央区長浜１—２—６—２０６［〒８１０—００７２］
電話：０９２（７４１）８８４０　ファックス：０９２（７４１）９３５２
http://www.aokou.jp

編集・制作……都市建築編集研究所［石堂 威・小田道子］
電話：０３（３２２１）５３５６　mail : sangensha@hb.tp1.jp
表紙デザイン…カケイ・グラフィクス［掛井浩三］
協力……………リファイン建築研究会［青木茂建築工房 福岡事務所内］
http://www.re-fine.co.jp

発行人…………馬場栄一
発行所…………株式会社 建築資料研究社
東京都豊島区池袋２—68—１　日建サテライト館５F（〒１７１—００１４）
電話：０３（３９８６）３２３９　ファックス：０３（３９８７）３２５６
http://www.ksknet.co.jp/book

印刷・製本……日本制作センター

© 2010 Shigeru Aoki, Printed in Japan
ISBN978-4-86358-051-0